国家自然科学基金资助项目(编号:40871069、41201120)

中国服务业发展及其空间结构

邱 灵　申玉铭　任旺兵　著

2014年·北京

图书在版编目(CIP)数据

中国服务业发展及其空间结构 / 邱灵,申玉铭,任旺兵著. —北京:商务印书馆,2014
ISBN 978-7-100-10315-2

Ⅰ.①中… Ⅱ.①邱…②申…③任… Ⅲ.①服务业—经济发展—研究—中国 Ⅳ.①F719

中国版本图书馆 CIP 数据核字(2013)第 234796 号

所有权利保留。
未经许可,不得以任何方式使用。

中国服务业发展及其空间结构
邱灵 申玉铭 任旺兵 著

商 务 印 书 馆 出 版
(北京王府井大街36号 邮政编码 100710)
商 务 印 书 馆 发 行
北京瑞古冠中印刷厂印刷
ISBN 978-7-100-10315-2

2014年9月第1版 开本 880×1230 1/32
2014年9月北京第1次印刷 印张 8⅛
定价:40.00元

前　言

进入 21 世纪以来,经济服务化现象正由发达国家向发展中国家快速推进,世界经济越来越显现出国民经济软化和制造业服务化趋势。目前,推动服务业大发展是我国推进经济结构战略性调整、建设资源节约型和环境友好型社会、全面提高开放型经济水平的重要举措。国家"十二五"规划纲要强调,要把推动服务业大发展作为产业结构优化升级的战略重点,营造有利于服务业发展的政策和体制环境。党的十八大报告提出了推动服务业特别是现代服务业发展壮大的任务要求,为服务业发展指明了方向。

基于经济学视角的服务业研究已有相当长的历史,17 世纪英国古典经济学家威廉·配第的产业结构演变规律研究就涉及服务业发展问题。随着西方国家服务业迅速发展并成为主导经济部门,服务业经济学方面的研究大量涌现,但已有研究更多涉及服务业内部结构演进及其与产业发展的内在联系,从地理学视角基于服务业空间规律的研究鲜有涉及。从学科理论发展来看,空间区位性是经济地理学、城市地理学和区域经济学等学科的重要特征,相对于成熟的农业区位论和工业区位论,服务业区位研究主要集中在以中心地理论为指导的零售业及商业区位,研究范围较窄,理论发展滞后。因此,系统开展服务业的空间发展规律研究,对于发展服务业区位论、推动服务业地理学学科建设,具有重要的理论价值。

本书作者及研究团队基于上述研究背景,自 2001 年开展服务业领域课题研究,十分关注并深入研究服务业发展及其空间结构问题。期间,先后主持完成了国家发展和改革委员会宏观经济研究院重点课题"加快发展我国第三产业的问题研究"(2001 年)、"加快我国服务业发展面临的问题与对策研究"(2005 年)、"我国服务业发展的国际比较研究"(2006 年)、"制造业发展转型期我国生产性服务业发展问题研究"(2007 年),并在国家自然科学基金项目"京津冀都市圈生产性服务业与制造业互动机理研究"(编号:40871069)、"大都市生产性服务业空间结构演化机理与调控模式研究——以北京市为例"(编号:41201120)等课题资助下,从地理学视角系统开展服务业尤其是生产性服务业发展及其空间规律研究,相关研究成果形成了本书的框架。

全书共分九章。第一章较为系统地梳理了国内外服务业地理学研究进展,厘清了服务业地理学的研究脉络与发展趋势。第二章以省级地域单元为空间分析对象,剖析了 20 世纪 90 年代以来我国服务业发展的空间分异特征及其影响因素,提出了服务业差异化发展路径。第三章以地级以上城市为空间分析对象,测度了我国城市对外服务流量,提出了城市服务职能体系分类。第四章基于生产性服务业与制造业互动发展视角,测算了我国生产性服务业的关联效应,分析了生产性服务业发展对国家经济转型的重要作用,提出了生产性服务业发展的重点区域和行业方向。第五章探讨了国际产业分工演化对生产性服务业快速增长及其空间集聚的影响,提出了生产性服务业空间集聚与城市发展的互动关系。第六章构建了城市生产性服务业竞争力评价的指标体系,测算了北京、天津、上海、广州、深圳等中心城市的生产性服务业竞争力。第七章测度了我国三大城市群服务业规模结构及其演化特征,分析了京津冀都市圈生产性服务业空间集聚特征,并从产业关联和空间分布角度进行了京沪生产性服务业发展的区域比较。第八章以北京市为例,基于GIS空间分析方法模拟了城市生产性服务业空间结构演化特征,结合宏观政策分析与微观企业调查探讨了政府与市场共同作用下城市生产性服务业空间结构演化机理。第九章简要分析了我国服务业发展政策的演进特征,重点从服务业企业认知视角测度了我国服务业发展的政策效应及其影响因素。

全书由邱灵、申玉铭负责总体框架设计,申玉铭、邱灵负责统稿。各章的写作分工如下:第一章由申玉铭、邱灵、柳坤执笔,第二章由申玉铭、邱灵、任旺兵执笔,第三章由申玉铭、曾春水、邱灵执笔,第四章由邱灵、申玉铭、任旺兵执笔,第五章、第六章、第八章由邱灵执笔,第七章由申玉铭、邱灵、尚于力、柳坤执笔,第九章由申玉铭、周侃、任旺兵执笔。

由于我国服务业地理学研究正在兴起,以地理学视角研究服务业发展问题是推动地理学与经济学进一步融合发展的积极探索,浅薄与不足之处在所难免,因此恳请各位专家批评指正!在本书写作过程中,参考了许多专家学者的研究成果,在此一并表示感谢!

目 录

前言

第一章 国内外服务业地理学研究进展 1
  第一节 服务业区位研究进展 2
  第二节 服务业空间过程研究进展 6
  第三节 服务业地域综合体研究进展 11
  第四节 服务业发展区域比较研究进展 14
  第五节 服务业地理相关研究方法 16
  第六节 研究进展总体评述 17

第二章 中国服务业发展的空间差异 20
  第一节 中国服务业综合发展水平评价 21
  第二节 中国服务业发展空间差异的区域分解 29
  第三节 中国服务业发展差异的影响因素 40
  第四节 中国服务业差异化发展路径 49

第三章 中国城市服务职能体系探讨 58
  第一节 城市职能与分工研究进展 58
  第二节 城市服务职能体系研究方法 60
  第三节 中国城市服务职能体系初步分析 64

第四章 制造业转型与中国生产性服务业发展 79
  第一节 生产性服务业与制造业互动发展 79
  第二节 中国生产性服务业发展的关联效应 87

第三节　生产性服务业发展与中国经济转型 …………… 102
第五章　生产性服务业空间集聚与城市互动发展 …………… 115
　　　第一节　国际产业分工演化对生产性服务业发展的影响 … 115
　　　第二节　城市发展条件对生产性服务业空间集聚的影响 … 124
　　　第三节　生产性服务业空间集聚对城市发展的影响 ……… 127
　　　第四节　主要结论与政策启示 ……………………………… 129
第六章　城市生产性服务业综合竞争力评价 ………………… 132
　　　第一节　生产性服务业综合竞争力评价模型 ……………… 133
　　　第二节　生产性服务业综合竞争力评价结果 ……………… 137
　　　第三节　提升生产性服务业综合竞争力的政策建议 ……… 145
第七章　大都市区生产性服务业发展 ………………………… 148
　　　第一节　中国三大城市群服务业的规模结构 ……………… 148
　　　第二节　京津冀都市圈生产性服务业的空间集聚 ………… 160
　　　第三节　京沪生产性服务业的区域比较 …………………… 182
第八章　大都市生产性服务业空间结构演化特征及机理
　　　　——以北京市为例 …………………………………… 198
　　　第一节　大都市生产性服务业空间结构研究进展 ………… 198
　　　第二节　北京市生产性服务业空间结构的演化特征 ……… 201
　　　第三节　北京市生产性服务业空间结构的影响机理 ……… 209
　　　第四节　大都市生产性服务业空间结构演化的中西比较 … 218
　　　第五节　主要结论与政策启示 ……………………………… 219
第九章　中国服务业发展的政策效应 ………………………… 222
　　　第一节　中国服务业发展政策演变 ………………………… 222
　　　第二节　中国服务业发展的政策效应 ……………………… 229
　　　第三节　结论与讨论 ………………………………………… 253

参考文献 …………………………………………………………… 258

第一章 国内外服务业地理学研究进展

随着经济全球化的加速和信息技术的迅猛发展,世界经济愈来愈显现出国民经济软化和制造业服务化趋势。发达国家在20世纪60年代完成了工业型经济形态向服务型经济形态的转换,一些学者纷纷用"后工业社会"(Bell,1973)、"服务社会"(Illeris and Sjoholt,1995)、"网络社会"(Castells,1996)和"服务世界"(Bryson et al.,2004)等概念来描述这一现象;新兴工业化国家和地区于80年代开始向服务型经济形态转换,发展中的工业化国家和地区则从90年代开始向服务型经济形态转换(钟韵和阎小培,2005)。"经济服务化"趋势由发达国家向发展中国家的快速波及被许多经济学家称为"全球经济服务化"(黄少军,2000)。服务业地理学作为地理学的新兴研究领域,始于西方国家进入后工业社会的20世纪70年代,它是以服务业活动的地域系统为核心内容、探索服务业空间活动规律的一门学科。从研究对象来看,服务业地理学主要研究服务业区位、服务业空间过程、服务业地域综合体等。从学科体系来看,服务业地理学是地理学、经济学、社会学等多学科交叉形成的学科体系,所研究对象都必须落实到一定的地表空间,深刻体现出综合性、地域性的研究特征。尽管服务经济学和经济地理学具有较长的发展历史和完善的理论研究,由于服务业地理学学科内部出现越来越多界限分明的研究议题,服务业地理学至今并未形成一套完善的理论体系,理论探索与实践创新成为服务业地理学突破研究难点、推动学科发展的关键。基于此,本章详尽梳理了近年来国内外服务业地理的研究成果,厘清服务业地理学的研究脉络与发展趋势,以期为未来服务业地理学研究提供参考。

第一节 服务业区位研究进展

一、服务业区位的理论研究

一直以来,区位论被认为是地理学的重要组成部分。区位理论是区域科学的基础,是解决空间问题的有力工具(Thisse,1968)。区位理论的研究框架经历了从古典区位论到新古典区位论,再到新经济地理学背景下的区位论。古典区位论建立了区位理论的局部均衡分析框架,把价格、供求、市场、竞争以及运输成本引入分析框架;新古典区位论的发展是对古典区位论的假定条件不断放宽,坚持完全竞争的市场结构,把规模报酬递增当作外生变量,建立了区位理论的一般均衡分析框架,使其更能在一般条件下较为准确地解释现实经济,从而更好地指导区域经济活动的过程(陈文福,2004)。随着经济全球化的迅猛发展及由此引发的投资、贸易、要素流动和区域政策问题也对区位理论的研究框架提出了新的要求,区位理论的研究框架进一步发展为新经济地理学背景下的区位论。新经济地理学基于收益递增、不完全竞争、多样化的需求假设,引入内在的区位因素(报酬递增、运输成本、偶然事件、路径依赖),建立多重均衡模型,从而丰富和完善了区位论,为新形势下发展传统区位论找到了突破口(段学军等,2010)。从区位理论的发展历程来看,区位理论研究涉及面不断延展,建构区位理论的假设条件不断放宽,并且更加重视非经济因素,引入计量方法等技术手段,从时间序列来研究地理要素随时间变化的规律,使得模型更具适用性和科学性。

伴随着西方发达国家服务业的兴起,服务业的产值和就业迅速增长,服务业区位理论逐步引起学界关注。从学科理论发展来看,服务业区位论是服务业地理学的核心内容,中心地理论一直被认为是服务业区位论的基本理论(方远平、闫小培,2008),理解服务业布局的基础(Daniels,1985)。当然,随着经济的发展及人们认识的深化,也有学者提出不同意见,如 Vance 批评此理论中的系统过于封闭,实际上中心大都市更多的是依靠外部力量发展,贸易和批发业对中心地模式和布局也有着很大的影响(Stanbackt,1980)。因此,仅考虑单一的经济因素已不能反映企业区位选择的目标,重视非经济区位以及行为因素的新区位理论也就应运而生。根据国内外相关研究,与服务业区位相关的理论大致可以分为经济学理论、行为及组织结构理论、制度结构理论、空间组织理论等。典型的经济学理论如地租理论和集聚理论,前者是服务业区位选择与空间布局的基础理论,它说明了各种经济活动区位主要是决定于与中心位置的接近性这一利益的追求和对地租的支付能力;后者在服务业上则主要体现为利益指向性、劳动力指向性和信息区位指向性的三种集聚原则。组织结构与行为理论主要包含了行为理论和企业地理理论,这以普雷德的"行为矩阵"为代表。结构主义理论主要从社会学角度探讨各种社会结构对企业产生的影响,为服务业区位提供非经济学的分析工具。空间组织理论主要包括了著名的中心地理论和城市空间结构理论,此外还有效率与公平理论等(张文忠,1999;方远平、闫小培,2008)。

二、服务业区位的实证研究

国内外学者在这方面的研究较为丰富,从研究内容来看主要集中在服务业区位特征、区位选择及影响因素的探讨。①关于服务业区位特征的探讨。Wyckoff(1989)根据科罗拉多州的商业资料分析服务业的布局发现,杂货店、医院、牙科诊所布局与人口分布一致,符合中心地理论,批发业的布局对应生产性服务业的理论区位。张文忠(1999)从经济区位论的角度研究了不同类型服务业的区位特征,以及服务业布局的理论依据,在此基础上分析了发达国家大城市服务业布局的特征和空间演变趋势。②关于服务业区位选择影响因素的探讨。Björn Surborg(2006)研究了河内市先进服务业集群,通过区位分析和景观区解释,认为服务业的选址决策主要受建筑环境、区域特点以及地价的影响。此外,陈殷、李金勇(2004)对生产性服务业区位模式及影响机制进行了研究,张诚、赵奇伟(2008)探讨了中国服务业外商直接投资的区位选择及影响因素,李非、蒋亚杰(2011)分析了台湾生产者服务业区位分布影响因素。

从研究视角选择来看又可以分为两类。①对服务业区位的综合研究。程大中、黄雯(2005)基于 LQ 指数、RCA 指数和 K-spec 指数,分析了中国服务业及其分部门的区位分布与地区专业化。陈建军、陈国亮(2009)对集聚视角下的服务业发展与区位选择进行综述。②对服务业内部分支行业的研究。Fortney(1996)从社会公平的角度分析公共服务设施区位选择,并构建了区位—分配模型,从而实现公共设施区位的最优化。Bertazzon and Zaninotto(1996)分析了意大利一些城镇新兴超市的区位选择模式。Jessica and Chandra(2007)、Aarhus(2000)分别对住宅、仓储业、酒店、办公活动区位进行研究。国内学者刘曙华和沈玉芳(2007)对生产性服务业的区位驱动力进行研究；叶立梅(1993)、吕晓蔚(2007)、陈祖华(2010)分别对金融服务业区位进行研究；阎小培(1996)分析了信息服务业区位选择；张景秋和陈叶龙(2011)、宁越敏(2000)分别对办公活动区位进行探讨；蔡国田等(2002)、陈忠暖和阎小培(2006)、张文忠和刘旺(2002)分别对零售业区位、公共服务业区位、住宅区位进行了研究。从文献梳理结果来看，国内对服务业区位的研究与国外基本保持一致，从研究的行业分布来看，相对集中于对生产性服务业，并且对金融业、信息服务业、办公活动等高级生产性服务业较为偏爱，这也与该类行业所起的作用较为突出并且发展迅猛有关。总体来看，服务业区位各领域的研究发展并不平衡，缺乏一般性规律的探讨与总结。

随着信息技术向生产和生活中的渗透，信息技术的支撑力越来越强，信息技术与社会的互动作用也改变着传统的思维范式。区位论正向区位因子软化、选择范围全球化、区位主体现实化、产业区位以信息知识产业为主以及中心地理论虚拟化的方向发展(张林、刘继生，2006)。随着人们认识的深入，传统的服务业区位理论亟须创新，需要在传统区位论中融入个人行为、社会制度、信息技术等决策影响因素，建立新的区位选择模型，而当前对信息技术影响下的服务业区位选择探讨的较少。多年来，国内外地理学者对区位论都偏向于宏观探讨，而对区位论在局地范围内(即微区位论)的研究较少。国内学者孙鹏、王兴中(2002)对西方国家社区环境中零售业微区位论进行归纳，白光润(2004)、白光润和李仙德(2008)对商业微区位进行了较为深入的研究。

第二节　服务业空间过程研究进展

服务业的空间过程是一个动态的过程,实质就是从时间的尺度来看待服务业产业空间发展,主要通过服务业的集聚、扩散、相互作用形成新的服务业空间形态或景观(吕拉昌、闫小培,2005)。对服务业空间规律的认识受到制造业空间规律的影响。因此,对服务业空间过程这一议题的研究主要包括服务业发展的空间格局、服务业集聚及扩散的机理、服务业空间相互作用。

一、服务业发展的空间格局研究

服务业空间差异是服务业空间格局的表现,是经济发展过程中的一种普遍现象,它的发展和变化对区域经济和社会发展等诸多方面都产生着直接、间接的影响。由于服务业门类广泛、部门性质差异较大以及服务业无形性、不可储存性、生产与消费的同时性等特征,使得对服务业地理的研究大多从具体行业部门出发,特别是生产性服务业,是目前服务业空间格局的主要关注对象。Daniels(1985)基于区域尺度分析了欧盟服务业发展的空间差异。Illeris(1989)、Illeris and Philippe(1993)的实证研究表明,西欧、北美典型国家20世纪70~80年代大都市区服务业发展水平普遍高于其他地区,北欧各国有70%以上的生产性服务业集中在首都,首都和一些经济较为发达的大都市区区位商大于1,非都市区区位商均小于1,人口不稠密的地区区位商甚至小于0.5。James(2009)研究发现,在过去的30年,专业服务已经呈现出异常迅猛的增长,功能整合的"集群"和明显的空间集聚,空间集聚是企业学习和创新、增强竞争力的基础。CBD是高端服务业集聚之地,近年来在国外又呈现出生产服务业在大都市中由中心区向外扩展的趋势,使大都市区生产性服务业的发展呈现出多中心化的发展态势(Longcore and Rases,1996;Forstall and Greene,1997;Fujii and Hartshorn,1995),但 Coffey and Shearmur (2002)通过对加拿大蒙特利尔高端服务业的研究发现,产业扩散促进了多中心城市结构的形成,优化了产业空间组织。

国内学者这方面的研究也颇为丰富。夏杰长(2007)对中国服务业的发展与财税政策选择的研究也表明,大都市区服务业发展水平普遍高于其他地区。邵晖(2008)对北京生产者服务业聚集特征分析发现,北京市的生产者服务业呈现明显的聚集特征,而向郊区扩散的趋势并不明显,并且金融业、信息咨询业、计算机服务业三类生产者服务业的聚集特征有所差别。林彰平、闫小培(2006)分析了广州市金融服务业变动格局,发现转型期广州市金融服务业向城市新区扩散和向城市中心区集聚并存,"集中于越秀"的初始空间格局变为"中心区多点集聚"的现状空间格局。胡霞(2009)对我国城市服务业空间集聚变动趋势研究表明,中国城市服务业呈现明显的产业集聚现象,其强度高于工业,并且集聚大小与行业的社会性质相关,东部和中部的集聚度在逐步减弱,而西部在提高。申玉铭等(2007)对我国服务业的空间分异特征研究发现,1990年以来中国服务业空间分异的基本格局总体稳定、略有波动;不同省(区、市)服务业内部结构存在着明显的梯度差异。

通过对以上相关文献梳理发现,服务业在区域间格局表现出明显的空间差异性,而在城市内部表现出的空间格局特征主要为:①中心性即服务业主要分布在城市地区尤其是大都市区;②集中的分散性即集聚于 CBD 以及多个中心地区,形成组织分散但产业关联密切的空间格局;③专业性即服务业中的专业服务业发展迅猛,呈现出明显的集聚特征。

二、服务业集聚与扩散的机理研究

对服务业空间集聚与扩散的机理关注时间并不长,服务业集聚与扩散机理研究很大程度上受到制造业集聚与扩散机理的影响。然而,Moullaert and Gallouj(1993)认为制造业集聚的理论与模型并不适合服务业,因为服务业企业提供的是差异性最大的定制性服务,其服务的特定性、创新性和专业性有别于单纯的制造业企业。Hsieh等(2011)发现服务集群不同于传统集群关注成本、生产和分发渠道,并更深层次的研究服务创新和网络联盟,用产业集群分析服务集群的价值创造过程,对服务集群获取和保持竞争优势提出新的见解,也为决策者提供一个新的视角来提升区域和全球的竞争力。Scott(1988)认为现代服务业从城市中心区域向边缘区域扩散是源于新经济发展的需要及弹性生产方式的出现,而信息网络技术的兴起使得经济发展呈现出更加分散的趋势,对于需要面对面接触的"前台"功能的现代服务业应保持集聚趋势,而"后台"功能的现代服务业不需要采用面对面接触方式,可以远离大城市的中心商务区,布局在大城市边缘区域,享受较低的商务成本。Daniels(1995)指出,现代服务业中的商务服务业在大城市的集聚与在偏远地区的扩散是同时存在的。因为不同的商务服务业企业的最优选址决策是不同的,对于集聚和扩散,不可能有哪一种模式处在完全主导地位;服务的交易频率、持续时间、复杂性和相互关联等都是影响现代服务业集聚或扩散的因素。Stein(2002)认为那些不复杂的、能够实现标准化的服务业会在空间布局上趋于分散,而那些复杂的、不能实现标准化的服务业会选择集聚的布局模式。

任英华等(2011)研究我国现代服务业集聚形成机理,发现技术差异在时间维度上对现代服务业集聚促进作用显著,在空间维度上并不显著;交易费用与现代服务业集聚有显著的负相关性;知识溢出、规模经济、政府行为对现代服务业集聚促进作用显著。林彰平、闫小培(2007)分析了东莞市金融服务业分散化空间格局和广州市金融服务业变动格局,认为社会经济体制和金融管理体制转型、金融机构行为变化以及城市空间扩张分别是金融服务业空间格局变动的前提条件、微观基础和空间张力;城市化集聚经济效应促进各区金融服务业差异化增长;依次集中兴建的城市办公活动空间吸引金融机构在城市特定地段集聚。易虹、叶嘉安(2011)分析了广州市生产服务业发展初期空间格局的形成机理,认为传统城市格局的空间重构、土地使用制度改革和地方政府调控以及生产服务业自身空间行为差异是其空间集聚发展的内在动因。

国内外学者从不同的视角对服务业集聚和扩散机理进行探索,得出的结论并不一致。国外学者的研究更多是从个性化服务的特征出发,国内学者的研究更多是将社会制度的影响纳入分析框架。服务业集聚有一般产业集聚的共性,但也有其特殊性。因此,对服务业集聚和扩散影响因素、形成机理的探究都需要结合服务业特有的性质以及社会制度的影响来分析。

三、服务业空间相互作用研究

区域经济是开放的,所以任何一个区域都会与其他区域发生经济联系,其中服务业空间作用也必不可少。服务业的空间相互作用是指区域服务业之间相互作用的过程,包括区域服务业的贸易、合作与竞争,对区域之间经济关系的建立和经济发展有很大影响。一方面能够加强区域经济联系,拓展彼此的发展空间;另一方面能够引起区域之间对资源、要素、机遇的竞争。

服务业通过贸易对区域与外部的联系产生作用,进而影响到区域发展。出口基础理论认为,出口是区域经济的发展动力,出口部门能够带动其他部门的发展。Smith(1984)对威斯康星地区的研究表明,服务业在非大都市地区也可成为出口的基础部门。服务业出口的一个重要方式是出口生产性服务给其他地区的企业。消费性服务的出口对象主要是游客和旅行者。当然服务业贸易方面也存在较多障碍,为了克服这个障碍,服务业企业选择通过分支机构间接地出口或选择服务贸易合作伙伴进行贸易,旅游和商业服务业已经国际化了。发达国家一般是服务贸易的净输出国,但净输入对经济发展有积极作用(曾慧琴,2009)。服务贸易出口和服务贸易进口对服务业和经济增长都具有促进作用,从长期来看,服务贸易进口对于服务业具有显著的推动效应,而服务贸易出口对于经济增长具有更显著的推动效应。以上文献是对服务业贸易结果或影响的研究,而对区域之间如何开展服务业贸易分工以及服务业贸易可能对区域产业结构及产业空间重新组织等深层次的问题并没有给予重视。

当前,全球服务经营日益网络化、信息化,服务业与制造业呈现融合的态势,政府对服务业进入的管制宽严有度的同时开放程度逐渐提高(段杰、闫小培,2003),这些为区域服务业合作营造了良好的外部条件。国内对区域服务业合作的研究主要集中在粤港澳(郭海宏等,2009)、闽台(程春生、魏澄荣,2009;林其屏,2007),这些区域有着良好的区位优势和合作基础,而对其他区域的服务业合作研究较少。区域服务业竞争也同其他竞争一样,是市场经济的内在属性和固有规律及本质特征。竞争能够增强服务经济的活力,是推动服务经济进步的主要因素。服务业竞争力是一个地区服务业的综合竞争能力和发展水平的直接体现,研究区域服务业竞争力对推动区域经济总量的扩张和产业结构调整、增强城市综合竞争力、扩大就业等都具有重要意义(赵莹,2005;尚慧丽,2010;夏传文、刘亦文,2010)。

第三节 服务业地域综合体研究进展

服务业地域综合体是指在一定区域范围内以农业和工业为基础,各服务业部门相互依存、相互制约,按一定比例协调发展的有机体,它是以城市为核心形成不同层次各具特色的地域经济单元,是服务业地理学的重要研究对象。当前,对服务业地域综合体的研究主要集中在以下方面。

一、服务业与 CBD 的研究

服务业产业——空间结合的一种形式就是 CBD(Central Business District),CBD 从本质上讲是服务业的集聚之地,是服务业发展的载体,其核心功能的形成发展要靠高级服务业的大量发展与高度集聚。李立勋、买买提江(2011)分析了广州生产服务业发展对 CBD 形成发展的影响,蒋三庚、张杰(2009)总结了中国 CBD 现代服务业的发展特点。Ozdemir(2002)研究服务业的外商直接投资,发现外国公司的区位偏好一般是在中央商务区(CBD),同时外国投资者的位置偏好为出现的新中心扩展做出了贡献。然而 Coffey 等

(1996)研究发现高级服务业有远离CBD向郊区集聚的趋势,主要原因是便于接近市场及客户联系。当然,高级服务业出现离心化趋势并不意味着大都市区CBD的衰落,有的是伴随着城市空间结构的调整,更多的则是强化CBD专业化和核心化管理功能的需要,这也是高级服务业高度集聚在几个主要的全球城市的原因。目前,国内许多城市都在盲目建设CBD,CBD的功能被泛化、弱化,在开发中走样,而CBD是城市化水平、经济水平和产业结构发展到特定阶段的产物,因为CBD增长的源泉主要来自全球性商务机构的聚集,只有当一个城市进入到具有越来越大的区域性或全球性的影响力和跨国公司、国际金融机构及相伴而生的各种服务机构大量出现的阶段,这样的城市才会产生建设CBD的客观需要。但是,当前对CBD建设及成长需要哪些条件以及CBD对服务业发展的影响等这类富有指导意义的研究还鲜有涉及。

二、服务业与区域及城市的研究

伴随着区域与城市的发展,服务业与区域及城市的研究日渐丰富。服务业的发展对区域与城市发展的影响主要体现在两个方面。一是对其经济发展的影响。Coffey and Polese(1989)研究发现生产性服务业对发达地区和落后地区的作用是不同的,生产性服务业对促进落后地区的发展所起的积极作用较弱。Damesick(1986)探讨了英国劳动力向服务业转移的原因,重点研究了生产性服务业在区域经济增长中的作用及区域差距的形成。以上学者都是将服务业就业与区域发展放在一起,分别研究了服务业发展在区域经济发展中的作用,同时为之后的进一步研究埋下伏笔。Hutton(2003)认为"先进的服务"专业化、中介服务、先进的技术服务及创意服务业在亚太地区城市发展过程中起着相当关键的作用,服务业就业增长和人力资本形成对城市经济(或出口)基地、柔性生产系统的运作及竞争优势的形成有重要作用。这些城市服务业的发展将需要创新的政策承诺和监管调整,将多中心的、专门的城市服务走廊功能作为区域经济增长的引擎。钟韵(2007)实证分析广州市生产性服务业的发展历程,探讨其生产性服务业对珠江三角洲经济发展的影响。二是对其空间结构的影响。Gleave(1997)研究了港口服务业对塑造港口城市空间结构的影响。Gritsai(1997)探讨经济转型背景下商务服务业对首都莫斯科的城市空间重构的影响,利用已有研究成果和商务服务业区位的资料分析,讨论了莫斯科商务服务业的空间结构与世界其他首都的相似性和差异性,试图解释在一个广阔的历史和政治背景下的商务服务业地理。国内学者王缉宪(2010)研究了港口服务业对城市空间及功能发展演变的影响。闫小培(1999)研究广州信息密集服务业对城市地域结构的影响并揭示了信息密集服务业发展与城市地域运动的关系。

城市群是具有层次性和系统性的高度城市化的区域,同样也是服务业发展水平较高的区域。针对城市群的服务业发展,国内学者也做了相关研究,丰富了服务业与区域及城市的研究范畴。袁瑞娟(2009)探讨了长三角服务业一体化的思路和具体措施。彭迪云、李林(2011)探讨了中部地区生产性服务业发展的分工协作机制。夏传文和刘亦文(2010)、张旺等(2011)分别对长株潭城市群服务业竞争力和生产性服务业集聚的空间特征进行研究。

三、服务业与全球生产网络的研究

全球生产网络是一个包含全球、城市及区域多尺度的空间,它是在全球化背景下国际劳动空间分工作用的结果。世界经济自由化程度的加深以及信息技术的广泛应用,服务业国际化成为全球产业与市场整合的黏合剂。服务业国际化是经济全球化发展的核心所在(郑吉昌,2004)。作为沟通全球经济贸易活动和企业跨国生产经营的联系纽带,在构建世界统一市场的进程中,服务业有着传统制造业所无法比拟的特殊功能和重要地位(Johanson and Vahlne,1977)。在构建全球生产网络中起着关键的作用,生产性服务业活动是衡量一个城市在世界网络中位置的重要参照。目前,世界城市的研究由两个基础的论点引导:一是全球城市在不同的地理范畴对公司提供生产性服务,将地方、区域和全国的经济纳入世界经济;二是因为生产性服务业不只是被视为在生产网络中起润滑功能的技术必需,而且意味着构成全球控制的能力,所以全球城市在世界经济的组织中出现了高度集中的命令指向(Parnreiter,2010)。因此,随着经济全球化的纵深推进,服务业与全球生产网络的研究将成为学者们关注的另一个焦点。

第四节 服务业发展区域比较研究进展

服务业发展的比较研究主要集中在国际间比较及区域间比较,通过比较研究可以总结一些服务业发展的规律及有意义的启示。Singelman(1978)在对英国、法国、德国、意大利四国1920~1970年服务业就业的变动趋势研究发现,为生产者服务的部门(包括金融业、房地产、租赁及商务服务业)和社会服务业(政府、教育、医疗卫生及其他非营利性组织)的就业比重上升明显,而其他服务业就业趋势变动不明显。Gershuny and Miles(1983)对欧共体国家 1963~1978 年服务业内部各行业就业比重变动趋势分析时发现,为生产者服务部门和非市场方式提供的最终服务部门(教育、医疗卫生、社会福利、政府服务等)的就业比重迅速上升,其他服务部门的就业比重则下降或者变动不明显。国内学者王泉泉(2007)从产业结构、服务业贸易总量与结构、服务业贸易竞争力指数三方面比较研究了中印两国服务业的竞争力,并借助波特的"钻石体系"理论,对中印两国的要素条件、需求条件、相关支持产业及对外开放等因素进行了分析,认为虽然印度在目前取得了服务业的竞争优势,但是中国在今后的发展中更具潜力。李冠霖、任旺兵(2003)将我国服务业产业结构偏离度的演变轨迹同国际比较,认为我国服务业吸纳就业的空间相对较小,如果没有新的服务需求出现,服务业进一步吸纳就业的能力难以提高。高传胜、李善同(2008)运用投入产出分析表明,中国服务业不仅在服务使用结构及其变化趋势上与美、日、德等经济强国有很大差异,而且在产业的服务投入水平上也存在明显差距。李文秀、胡继明(2008)对我国服务业的集聚程度进行研究并与国际进行比较发现,虽然我国服务业中的绝大部分行业的集聚程度呈上升趋势,但与 OECD 国家相比,我国服务业无论是行业区域集聚程度还是行业内企业集聚程度都远低于发达国家,尤其是行业内企业的集聚程度较低,导致我国服务业的集聚结构较差。

Kirn(1987)比较了美国四大都市区服务业部门的增长和变化,发现考察期内各自服务业的结构呈越来越相似趋势。服务业活动区域分布的变化集中在商业和专业服务业以及金融、保险和房地产,与经济增长有着非常紧密的联系。以上对比分析表明,生产性服务业在推动区域就业和经济发展方面作用较为突出,发达国家的服务业就业比重上升普遍是生产者服务业和社会服务业推动的。国内学者张克(2009)、刘畅和吴国蔚(2008)分别对武汉与上海、北京与台湾的服务业发展进行比较研究,都得出了有价值的结论。

由于服务业的发展总是伴随着城市及区域的发展,因此研究区域大多都是城市化水平和服务业发展水平较高的地区,而对农村服务业的研究较少。Vias(2009)对比研究了农村服务业和城市服务业,认为在城市和农村地区的服务部门传统上一直依赖于本地需求,战略和定位服务场所的理念是完全不同的。此外,服务业内部行业组成都与对方完全不同,空间对服务业内部行业就业的影响也将有所不同。与城市服务业相比,农村服务业在农村经济中的作用和服务的性质差别很大。

第五节 服务业地理相关研究方法

从工作环境来看,服务业地理学的研究方法包括室内工作和田野调查,室内工作又可以分为文献总结、统计分析及图上作业等。服务业地理不只是对服务业企业个体研究,还涉及服务业区域及部门的分析。主要采用方法为定量分析和综合评价,即在定量分析的基础上,建立综合评价指标和模型。当前,服务业地理研究仍以宏观统计性描述为主,并引入计量经济学的分析方法,数据来源主要是统计资料,如统计年鉴、经济普查数据等。然而,统计资料并不能反映微观尺度及深层次的问题,尤其制约了对机理及影响因素的认识。当然,目前注重第一手资料的获取初现端倪,吸取地理学、社会学、信息技术科学的研究技术,采用质性方法,如问卷调查、深度访谈等形式,研究更注重微观层次的行为探讨,注重地理过程的时间序列分析,研究的技术路线多采用实证和归纳相结合的方法。质性分析和定量研究并不对立,两者可以融合。质性研究可以在进行量的研究之前开展,以便更好地把握问题及背景理论。质性研究能够较好地把握过程和细节,深入剖析现象产生的动力机制及影响因素,探讨深层次的结构问题(冯健、吴芳芳,2011)。通过定量与定性相结合、引入时间序列动态的多层面研究获得对服务业地理更深的认识。

目前,国内对服务业地理的研究数据主要来源仍然是统计数据,这就涉及服务业统计数据问题。我国服务业统计不仅严重滞后于第一、二产业统计,而且相对滞后于其他发达国家,造成服务业地理一些领域的研究不能深入以及无法和国际比较。因此,建立一套完善的服务业统计调查制度不只是统计问题,甚至影响到经济结构调整和服务业政策的深入贯彻。

第六节 研究进展总体评述

结合服务业地理研究对象的界定,系统地梳理了国内外服务业区位研究、服务业对区域和城市发展的影响、服务业发展的空间差异、服务业发展的比较研究、服务业的集聚及扩散、服务业的空间相互作用、服务业地域综合体及服务业地理相关研究方法,得出如下结论。

(1)从服务业地理的理论来看,服务经济理论及产业服务化理论为服务业经济发展提供理论支撑,服务业地理研究议题内部形成些相对独立的理论,其中服务业结构演变理论、服务业区位理论、服务业集聚与扩散理论相对丰富,服务业空间相互作用理论还有待深化和提炼。同时,服务业地理一般性的综合研究及理论深化还不够到位,各个研究议题之间的融合深度不够,缺乏有机的统一,使得该学科内部的研究议题及理论呈分异与深化交织的趋势,服务业地理的理论体系并不完善。既然经济学、地理学及社会学等多学科交叉形成的学科,那么在完善其理论的同时应该注重吸收多学科的理论涵养来促进服务业地理学理论的深度融合。

(2)从服务业地理的研究方法来看,当前已有的研究主要还是侧重实证研究,而服务业地理兴起于实证主义、人本主义和结构主义方法论引入地理学之后,这些方法论的精髓还没有很好地被服务业地理学吸收。在服务业地理学日益需要对微观领域,剖析其动力机制及影响因素研究的今天,走定量分析和质性研究相结合的研究路线,注重第一手资料的获取和多元化的研究方法相结合应成为今后的研究趋向。当然,统计数据仍然是重要来源,建立和完善我国的服务业统计制度也是促进我国服务业的发展及深化服务业地理研究的一个迫切要务。

(3)从服务业地理的研究内容来看,今后深化服务业地理的研究需要从以下几个方面展开和深化。①随着产业结构转型升级过程的深入,服务业的地位及作用不断突出,对服务业与区域经济可持续发展这一主题的研究将更加深入。②随着对个人行为、社会制度、信息技术等决策影响因素认识日渐深入,需要建立新的区位选择模型,今后对信息技术影响下的服务业区位选择将成为一个重要议题。同时,鉴于以往对服务业区位的探讨都集中于宏观领域,今后对服务业在局地范围内(即微区位论)的研究也需给予关注。③服务业有一般产业的共性也有其特殊性,对服务业集聚和扩散影响因素、形成机理的探究都需要结合服务业特有的性质以及社会制度的影响来分析。④在服务业贸易方面,已有的研究对区域之间如何开展服务业贸易分工以及服务业贸易可能对区域产业结构及经济地理的重新组织等深层次的问题涉及较少。在服务业的竞争与合作方面,国内学者研究的区域大都集中在经济较为发达的区域,而对经济欠发达的地域的服务业空间相互作用也应该予以关注。⑤服务业地域综合体的研究主要集中于服务业与CBD、服务业与区域及城市、服务业与全球生产网络。其中,服务业与CBD建设与成长条件以及CBD对服务业发展影响等这类富有指导意义的探讨需要开展;服务业与区域及城市的研究内容较为丰富并且开始向服务业与城市群的深入;随着服务业国际化的深入,服务业构架世界统一市场的作用愈加突出,服务业与全球生产网络的研究也需与时俱进。⑥服务业的国际间和区域间的比较研究已经取得了许多有价值的结论,而农村服务业和城市服务业的对比研究鲜有问津。农村服务业是推动农村生产力提高的巨大推动力量,针对农村服务业这一极具发展潜力领域的研究亟须加强。

第二章 中国服务业发展的空间差异

服务业发展水平是衡量经济社会发展程度的重要标志。改革开放以来,我国服务业发展大致经历了20世纪80年代初期到中期的高速增长阶段、80年代中期到90年代初期的增长减缓阶段、90年代初期至今的回升平稳增长阶段(申玉铭等,2007),服务业对经济社会发展的支撑和拉动作用日益突出。国家"十二五"规划纲要强调,要把推动服务业大发展作为产业结构优化升级的战略重点,营造有利于服务业发展的政策和体制环境。党的十八大报告提出了推动服务业特别是现代服务业发展壮大的任务要求,为服务业发展指明了方向。但目前我国服务业发展的区域不均衡问题日渐突出,迫切需要统筹考虑区域服务业的差异化发展。

服务业空间差异研究是经济地理学领域的重要议题之一。Illeris and Philippe(1993)、洪银兴(2003)认为,相对制造业而言,服务业更依赖本地市场容量,具有更强的空间集聚效应。Illeris(1989)对西欧和北美典型国家的研究发现,大都市区服务业发展水平普遍高于其他地区。Coffey and Bailly(1992)指出,功能不同的服务企业通过前后相联系呈现出地理集群现象,并在国际性城市形成"组织活动复合体"。闫小培和姚一民(1997)、Dipasquale and Wheaton(2002)通过考察广州、波士顿的服务业空间分布特征,进一步证明了服务业的空间集聚特性。胡霞(2007)则利用分层线性模型检验集聚效应对我国城市服务业发展差异的影响。此外,城市与乡村、沿海与内陆之间服务业发展的非均衡性非常明显,如李江帆(1994)、程大中(2003)、江小涓和李辉(2004)、李辉(2004)、倪鹏飞(2004)、任旺兵(2005)、马风华和刘俊(2006)、夏杰长(2007)对中国服务业发展地区差异的研究。本章主要基于省级地域单元,系统剖析了20世纪90年代以来我国服务业发展格局的演变特征及其影响因素,并尝试提出了服务业差异化的发展路径。

第一节 中国服务业综合发展水平评价

一、服务业综合发展水平的评价方法

在均方差权数决策基础上,对中国服务业综合发展水平进行综合评价。首先对指标体系中有单位的指标进行无量纲化处理,因不同影响因子对服务业综合发展水平作用不同,分正向和负向指标。该研究中指标均为正向指标,如人均服务业增加值、服务业效率等,所以无量纲化采用均方差的方法处理,式中 $i=1,2,\cdots n$,其中 $n=14; j=1,2,\cdots m$ 这里 $m=31$。y_{min}, y_{max} 分别为31个省份的14个不同类型服务业指标的最小值和最大值,Z_{ij} 表示对31个省份的14个指标 y_{ij} 无量纲化后的指标,y_{ij} 是无量纲化前的指标。

均方差决策法反映随机变量离散程度最重要的也最常用的指标是该随机变量的均方差。这种方法的基本思路是:以各评价指标为随机变量,各方案 A_i 在指标 B_j 下的无量纲化属性值为该随机变量的取值,首先求出这些随机变量的均方差,将这些均方差归一化,其结果即为该指标的权重系数。该方法的计算步骤为:

(1) 变量 Z_{ij} 的均值 $E(B_i)$ 　　$E(B_i)=\dfrac{1}{m}\sum\limits_{i=1}^{m}Z_{ij}$ 　　(1)

(2) 求 Z_i 权重系数 $W(B_i)$

$$\delta(B_i)=\sqrt{\dfrac{1}{m}\sum_{j=1}^{m}[Z_{ij}-E(B_i)]^2}\quad W(B_i)=\dfrac{\delta(B_i)}{\sum\limits_{i=1}^{n}\delta(B_i)} \quad (2)$$

式中,$\delta(B_i)$ 表示 31 个省份 14 种服务业发展指标变量 Z_{ij} 的均方差值;$W(B_i)$ 表示 14 种服务业各指标 Z_i 的不同权重值。

(3) 服务业综合发展水平的计算与汇总

评价金融、教育、科学研究和技术服务等服务业发展水平等调控层指标时,发现不同类型服务业发展水平之间存在相互作用关系,为了简洁便于操作,运用公式进行如下计算。

$$F_j=\sum Z_{ij}W(B_i) \quad (3)$$

F_j 表示 31 个省份服务业调控层的值,Z_{ij} 表示各个指标标准化后值,$W(B_i)$ 为各指标的权重。经计算汇总,全国各省市服务业主要发展水平指标如表 2—1 所示。

二、服务业综合发展水平的空间格局

根据 31 个省份服务密度、服务业劳动生产率、服务业增加值、服务业增加值比重、服务业从业人员比重、服务业固定资产投资比重等指标,采用综合评价测度出 31 个省份 2005 年和 2010 年服务业综合发展水平。

(一) 总体呈现东高西低的空间格局

如图 2—1 所示,31 个省份在 2005 年和 2010 年综合服务水平方面,北京、上海、广东、天津、浙江和江苏发展水平较高,稳居全国前

表2—1 2010年中国省域服务业综合发展水平评价

省份	服务密度(万元/平方公里)	服务业劳动生产率(元/人)	服务业增加值(亿元)	人均服务业增加值(元/人)	服务业增加值比重(%)	服务业从业人员比重(%)	服务业固定资产投资比重(%)	综合服务水平	排序
北京	6 943.37	108 524.51	10 600.84	54 033.54	75.1	74.13	90.85	0.777	1
上海	15 979.41	18 790.23	9 833.51	42 704.99	57.3	58.5	75.95	0.746	2
广东	1 095.58	91 014.77	20 711.55	19 836.82	45	39.39	71.22	0.455	3
天津	3 877.66	183 166.24	4 238.65	32 622.82	46	44.43	54.69	0.447	4
浙江	1 187.41	83 701.43	12 063.82	22 149.63	43.5	36.13	72	0.378	5
江苏	1 753.37	100 389.01	17 131.45	21 769.87	41.4	36.07	52.27	0.374	6
山东	976.87	79 227.7	14 343.14	14 959.68	36.6	32.02	52.09	0.28	7
海南	247.53	55 071.95	953.67	10 980.01	46.2	38.16	84.51	0.271	8
福建	460.43	80 266.58	5 850.62	15 842.46	39.7	33.42	63.29	0.258	9
辽宁	507.59	71 982.78	6 849.37	15 656.06	37.1	42.52	52.05	0.241	10
内蒙古	39.53	103 296.31	4 209.02	17 025.55	36.1	34.4	45.94	0.21	11
湖北	327.82	45 996.93	6 053.37	10 568.19	37.9	41.33	56.46	0.205	12
西藏	2.31	43 857.45	274.82	9 138.68	54.2	35.8	63.39	0.201	13
河北	406.7	67 236.66	7 123.77	9 902.93	34.9	27.95	54.6	0.184	14
湖南	294.02	49 956.07	6 369.27	9 694.33	39.7	31.81	53.7	0.18	15
贵州	120.18	23 534.27	2 177.07	6 257.85	47.3	38.51	64.53	0.179	16

续表

省份	服务密度(万元/平方公里)	服务业劳动生产率(元/人)	服务业增加值(亿元)	人均服务业增加值(元/人)	服务业增加值比重(%)	服务业从业人员比重(%)	服务业固定资产投资比重(%)	综合服务水平	排序
陕西	186.57	60 654.26	3 688.93	9 876.05	36.4	31.16	60.47	0.178	17
重庆	355.05	39 808.5	2 881.08	9 987.73	36.4	37.85	61.69	0.174	18
黑龙江	92.91	61 183.03	3 861.59	10 073.53	37.2	36.2	51.29	0.169	19
四川	125.8	35 433.01	6 030.41	7 495.92	35.1	34.05	59.1	0.164	20
山西	229.4	58 166.59	3 412.38	9 547.48	37.1	35.23	51.19	0.158	21
云南	71.54	38 059.41	2 892.31	6 285.44	40	27	63.58	0.146	22
宁夏	146.92	63 019.67	702.45	11 097.86	41.6	34.19	45.36	0.139	23
吉林	175.36	68 002.44	3 111.12	11 327.16	35.9	36.64	39.37	0.137	24
广西	134.79	44 829.69	3 383.11	7 338.63	35.4	25.62	59.8	0.133	25
安徽	302.64	35 666.01	4 193.68	7 040.26	33.9	30.57	51.64	0.116	26
新疆	11.56	59 556.8	1 766.69	8 085.13	32.5	34.79	45.1	0.109	27
青海	6.87	45 142.97	470.88	8 363.77	34.9	35.47	45.54	0.096	28
河南	413.76	41 915.7	6 607.89	7 025.58	28.6	26.09	43.52	0.092	29
甘肃	40.16	31 738.92	1 536.5	6 002	37.3	33.81	45.69	0.086	30
江西	183	41 354.66	3 121.4	6 995.13	33	32.73	37.75	0.075	31

资料来源:据《中国统计年鉴》(2011)、《中国第三产业统计年鉴》(2011)整理计算。

6名,其中北京和上海水平较高,分别位居第一和第二。另外,服务业发展水平较高的六省市与中国三大城市群:京津冀城市群、长江三角洲城市群、珠江三角洲城市群在空间上重叠交织。2008至今,中国东中西部地区的服务业增加值总量和人均水平均持续增长,但服务业发展的地带间差异较大。东部地区服务业增加值占全国的比重从1990年的56.29%上升到2010的64.09%(表2—2)。中西部地区服务业产值占全国的比重则呈下降趋势,东部地区和中西部地区的服务业发展差异有扩大趋势。

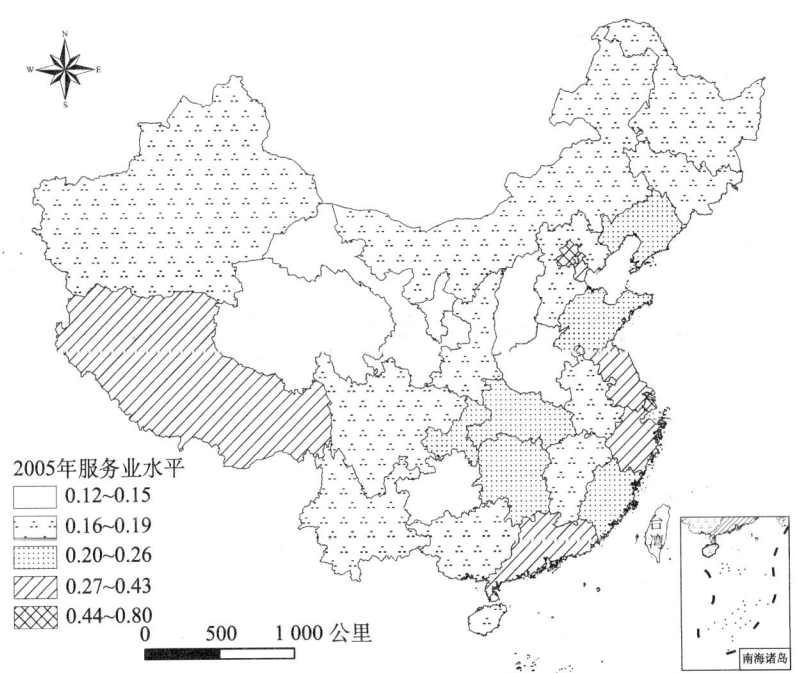

26 中国服务业发展及其空间结构

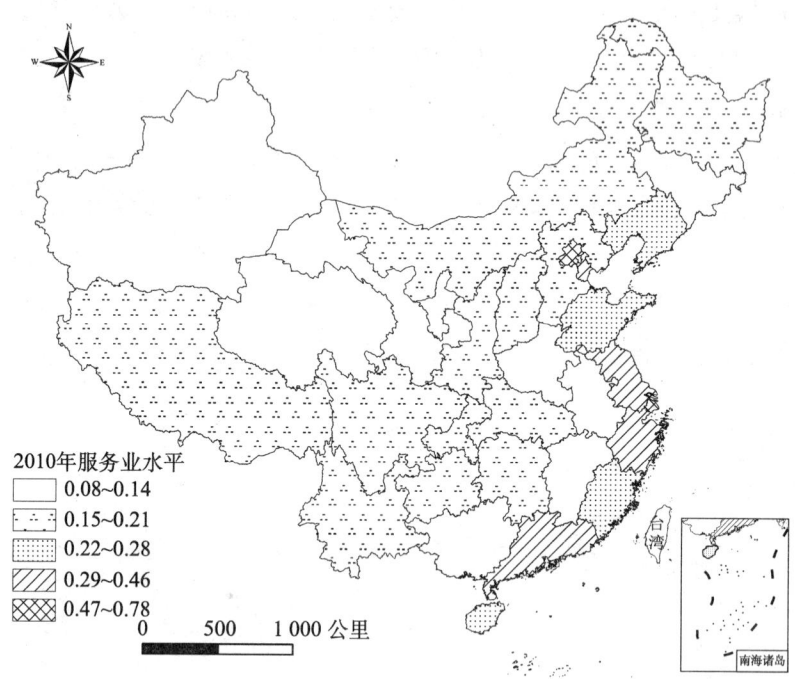

图 2—1 2005 年和 2010 年 31 个省份服务业综合发展水平

表 2—2 中国三大地带 GDP、第二三产业占全国的比重(%)

	2008 年			2009 年			2010 年		
	东部	中部	西部	东部	中部	西部	东部	中部	西部
GDP 比重	60.57	26.19	13.24	60.13	26.33	13.54	59.50	26.73	13.77
第二产业	61.29	26.30	12.41	60.22	26.83	12.94	58.64	27.81	13.55
第三产业	64.01	23.42	12.57	63.63	23.47	12.90	64.09	23.20	12.71

资料来源:《中国统计年鉴》(2011、2010、2009)。

（二）服务密度在空间上具有沿海指向性

2010年末，31个省份服务业密度差异较大（图2—2），最大值上海（15 979万元/平方公里）是第2位北京（6 943.3万元/平方公里）的2.3倍，是最小值西藏（2.3万元/平方公里）的6 915倍，服务业密度高的省份主要分布在沿海地区的辽宁、北京、天津、山东、江苏、浙江、上海、福建、广东等省市，而中西部地区的湖南、陕西、江西、四川、贵州、甘肃服务业发展水平较低。

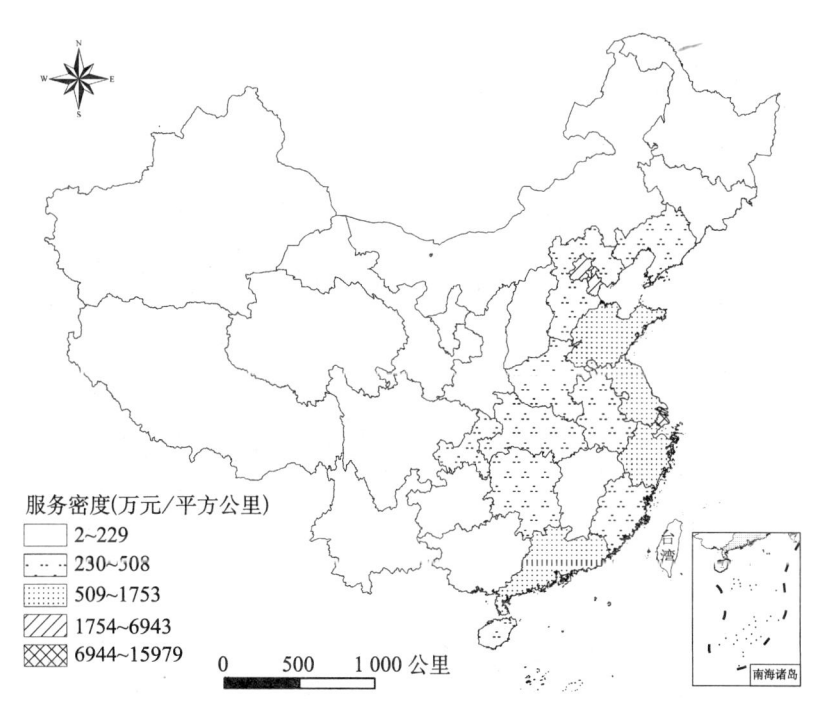

图2—2 2010年31个省份服务密度

（三）服务业劳动生产率和固定资产投资呈现空间一致性

从表2—1可以看出,服务业劳动生产率较高区域(图2—3)和服务业固定资产投资比重较高区域基本一致,较高区域主要集中在沿海的环渤海地区、长江三角洲和珠江三角洲地区,而西部地区和东部沿海的江西、河南、安徽、湖北服务业劳动生产率和固定资产投资均较低,今后河南、安徽和湖北应加强服务业固定投资,提高服务业劳动生产率。

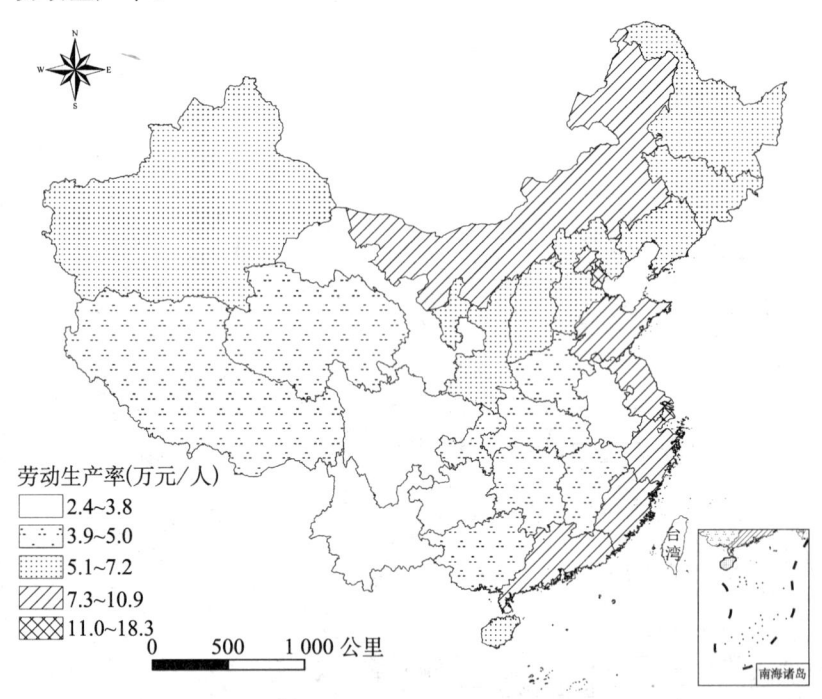

图2—3　2010年31个省份服务业劳动生产率

第二节 中国服务业发展空间差异的区域分解

一、空间差异的分解方法

(一) 区位熵

采用区位熵法研究不同类型服务业在31个省份中地位、专业化程度,以及某一省市在高层次区域中的地位和作用。区位熵由哈盖特(HaggettP)首次提出并用于区位分析。

$$Q_i = \frac{d_i / \sum_{i=1}^{n} d_i}{D_i / \sum_{i=1}^{n} D_i} \quad i = 1,2,3\cdots n \quad (4)$$

Q_i 为某区域部门对于高层次区域的区位熵;d_i 为某区域服务业的有关指标;D_i 为高层次部门的服务业指标;n 为服务业的部门数量。若 Q_i 大于1,表示该产业在某区域具有比较优势,Q_i 小于1则表明该产业不具有比较优势。通过区位熵可以具体判断不同类型服务业在31个省份中是否构成专业化部门及其服务业的集聚程度。

(二) 锡尔系数

锡尔(Theil)系数可以把整体差异分解成组内差异和组间差异,用于分析不同部分对于整体差异的贡献。锡尔系数 T 分解指标是以 GDP 比重加权,这里是通过服务业增加值计算的。其中,锡尔 T 的总差异计算公式为公式(5),地带内和地带间差异分解的计算公式为(6)。锡尔 T 指标越大,就表示各地区间服务业发展水平差异越大;反之,锡尔 T 指标越小,就表示各地区之间服务业发展水平差异越小。

$$T_{差异} = \sum_i \sum_j \left(\frac{Y_{ij}}{Y}\right) ln\left(\frac{Y_{ij}/Y}{N_{ij}/N}\right) \tag{5}$$

$$T_{总差异} = T_{地带间差异} + T_{地带内部差异}$$
$$= \sum_i \frac{Y_i}{Y} ln\left(\frac{Y_i/Y}{N_i/N}\right) + \sum_i \left(\frac{Y_i}{Y}\right)\left[\sum_j \frac{Y_{ij}}{Y_i} ln\frac{Y_{ij}/Y_i}{N_{ij}/N_i}\right] \tag{6}$$

式中,i 为地带数,j 为 i 地带中第 j 省(市),Y 为中国总的人均服务业增加值,Y_i 为 i 地带服务业增加值,Y_{ij} 为 i 地带中第 j 省(市)服务业增加值,N 为中国总人口数,N_i 为 i 地带人口数,N_{ij} 为 i 地带中第 j 省(市)人口数。

二、空间差异的结果分析

(一)三大地带间的差异

通过中国人均服务业增加值计算出 1990~2010 年服务业锡尔系数(图 2—4),20 世纪 90 年代以来中国服务业差异大致划分为四个阶段:1990~1994 年快速扩大阶段,1994~2002 年呈波浪式缓慢增长阶段,2002~2007 年呈稳定阶段,属于高位的均衡状态,2007 年以来呈缩小阶段。

三大地带内和地带间服务业发展水平异较大,其中,东部和西部地带内差异性有减小趋势,而中部地带内差异性有增大趋势。东部锡尔系数最大值(0.164 7)是最小值(0.086 5)的 1.9 倍,中部锡尔系数最大值(0.037 5)是最小值(0.013 5)的 2.7 倍,西部最大值(0.037 7)是最小值(0.018 3)的 2.1 倍,1990~2010 年东部整体水平一直大

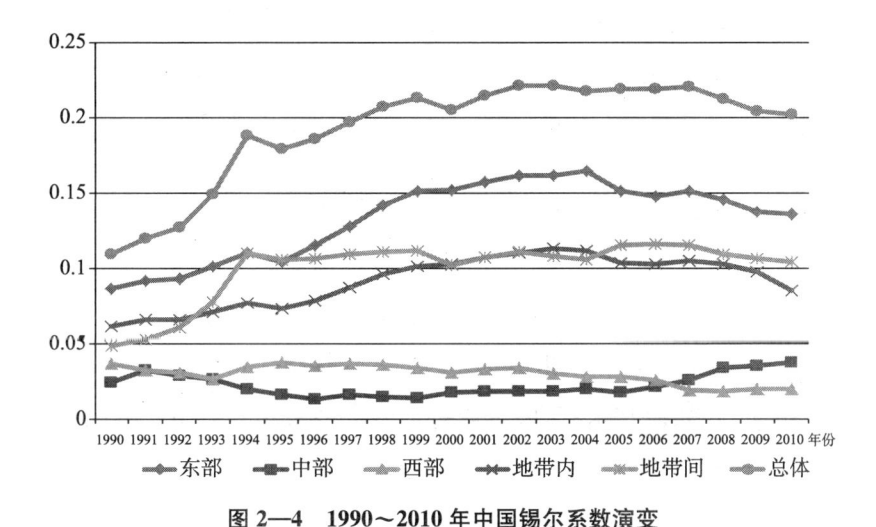

图 2—4 1990～2010 年中国锡尔系数演变

于中西部(2010 年东部＞中部＞西部)，西部 1990～2006 年差异性高于中部，2007～2010 年中部发展差异性高于西部。服务业差异性地带内和地带间交互作用，地带间差异性高于地带内差异。1990～1993 年地带内差异略大于地带间差异；1992～1994 年地带间差异扩大迅速，反而比地带内大；1994～2004 年地带间差异贡献率较稳定，而地带内差异贡献率从 1992～2002 年持续增长，2000～2002 年两者贡献率接近；2004～2009 年，贡献率均有所下降，但地带内差异下降更明显，即地带间差异大于地带内差异。

（二）服务业专业化水平的空间差异

利用服务业从业人员、服务业增加值数据，计算出 31 个省份服务业的区位熵。可以发现以下特点。①北京、上海服务业专业化和集聚性较强，对全国服务业发展起到示范引导作用。特别是北京、上海的信息传输、计算机服务和软件业、租赁和商务服务业、科学研究、技术服务业、金融业等在全国扮演着核心作用。②东部沿海服务业专业化水平和集聚性较高(图 2—5)。2010 年区位熵大于 1 的省份包括北京(4.085)、上海(3.228)、天津(2.466)、浙江(1.674)、江苏(1.646)、广东(1.5)、内蒙古(1.287)、福建(1.198)、辽宁(1.184)、山东(1.131),其余 21 个省份服务业区位熵均小于 1,其中云南(0.475)、贵州(0.473)、甘肃(0.454)三省服务业区位熵不到 0.5,表明三省服务业专业化水平较低,空间分布相对松散。③从 2005~2010 年区位熵演化来看,区位熵持续增大的省市有江苏、山东、宁

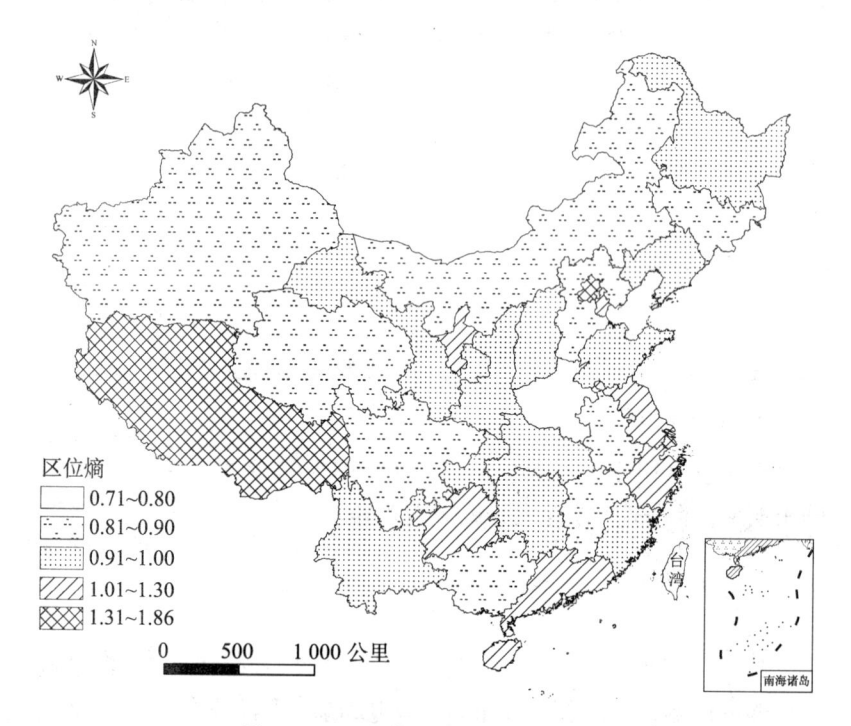

区位熵
0.71~0.80
0.81~0.90
0.91~1.00
1.01~1.30
1.31~1.86

图 2—5　2010 年中国服务业区位熵

夏、海南、湖北、陕西、四川、贵州,特别是沿海的江苏和山东,西部的陕西和四川服务业发展潜力较大,呈现持续增长和集聚态势。

(三) 不同服务业行业间的差异

1. 租赁商务和房地产业、信息传输计算机服务和软件业省域间差异较大

通过2005年和2010年对中国14部门服务业发展差异性测度,发现差异性程度较大的集中在租赁商务和房地产业、信息传输计算机服务和软件业、居民服务和其他服务。2010年,Theil系数从大到小顺序是租赁商务和房地产业(0.675)＞居民服务和其他服务业(0.596)＞信息传输、计算机服务和软件业(0.507)＞科学研究、技术服务和地质勘查业(0.368)＞房地产业(0.363)＞住宿和餐饮业(0.326)＞文化、体育和娱乐业(0.193)＞批发和零售业(0.184)＞交通运输、仓储和邮政业(0.150)＞金融业(0.096)＞水利、环境和公共设施管理业(0.072)＞公共管理和社会组织(0.029)＞卫生、社会保障和社会福利业(0.027)＞教育(0.014)(图2—6)。

2. 知识密集型生产性服务业差异性扩大,社会福利公共性服务业差异性在缩小

从服务业差异性演化趋势来看,差异性随着城镇化和经济发展每年递增的有信息传输、计算机服务业和软件业,批发和零售业,租赁商务和房地产业,科学研究、技术服务和地质勘查业四种类型行业。其中,信息传输、计算机服务业和软件业增加幅度最大,2005年、2007年和2010年分别是0.331、0.460、0.507,2005～2010年增

教育
卫生、社会保障和社会福利业
公共管理和社会组织
水利、环境和公共设施管理业
金融业
交通运输、仓储和邮政业
批发和零售业
文化、体育和娱乐业
住宿和餐饮业
房地产业
科学研究、技术服务和地质勘查业
信息传输、计算机服务和软件业
居民服务和其他服务业
租赁商务和房地产业

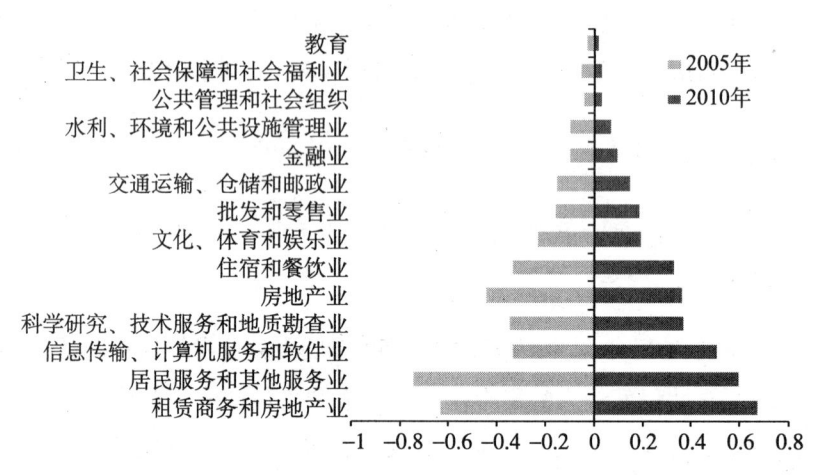

图2—6 14类服务业2005~2010年锡尔系数变化

加 0.176；另外，差异性逐年递减的服务业包括房地产业，水利环境和公共设施管理业，居民服务和其他服务业，教育，卫生、社会保障和社会福利业，文化、体育和娱乐业，公共管理和社会组织服务业。其中，居民服务和其他服务业、房地产业及文化体育和娱乐业降低最多。其次，差异性在波动变化中曾现降低的有交通运输、仓储和邮政业，住宿和餐饮业，金融业。

随着服务业结构转换与升级速度加快，物流、金融、信息服务等生产性服务业的带动作用开始显现，旅游、文化、教育培训、医疗卫生、体育、会展、中介服务、动漫、创意等需求潜力大的新兴服务业发展迅速。现代技术型、知识型服务业迅速发展，各种新型业态层出不穷，提升了服务业对国民经济特别是对制造业的支撑能力。但交通运输邮电通信业、批发和零售贸易餐饮等传统产业的主导地位并未改变，现代物流、信息、金融等现代服务业发展总体水平仍然偏低。

服务业发展的层次存在明显的梯度差异,最发达的上海、北京、广州的工业化任务基本完成,产业结构已经演变为"三、二、一"格局。在这些发达地区,服务业发展正在向现代服务业转变,如信息咨询服务业、商务服务业、计算机应用服务业、现代金融业等新兴服务行业增长迅速,已成为服务业发展的主力军。中西部欠发达地区除教育和旅游发展条件较好外,整体上服务业发展层次较低,发展后劲不足。

三、中国城市群及重点城市的服务业集聚特点

根据现有政策基础及服务业发展趋势,依托区域现有发展基础,可以归纳出服务业在区域层面及城市层面的集聚特点。

(一)城市群地区的服务业集聚

伴随区域专业化分工的深化、市场的发育、城镇化的提升、社会生产和生活需求多样化等,服务业发展呈现出以金融、保险、房地产和商务服务为主的现代服务业增加值比重上升最多,知识密集型服务业(生产性服务业)发展最为迅速,促进新技术发展的同时,提升自身发展水平。因此,"十二五"时期全国及31个省份发展服务业将呈现以某种类型服务业为主的多种类型服务业集聚在特定空间进行综合发展,形成特定类型的服务业基地成为服务业发展的新趋势。

综合考虑我国三大地带人均GDP、人均收入、城市化水平、城市规模、人口密度、资源禀赋、地理位置优势、产业集聚特征、经济发展水平、科技发展水平、产业结构、市场发育程度、交通通信水平、经济全球化水平、人力资源丰度、政策倾斜、后发优势、制度环境等影响服务业发展的多要素,今后中国服务业发展集中在以下22个集聚区内。其中,东部沿海地带将会出现7个集聚区、中部8个集聚区、西

部 7 个集聚区(图 2—7)。其不同发展方向各有侧重(表 2—3)。

表 2—3　三大地带服务业集聚区及特点

地带	省份	服务业集聚区	服务业发展特点
东部	辽宁、河北、北京、天津、山东、江苏、浙江、上海、福建、广东、广西和海南(12个)	辽中南、京津冀、山东半岛、长江三角洲、海峡西岸、珠江三角洲、南北钦防(7个)	我国服务业,特别金融、文化创意、信息技术等生产性服务业融入国际产业分工,参与国际产业竞争的主力军。在我国经济发展总体格局中占有重要地位和影响力。提升参与经济全球化的能力为发展的基本导向,建设成为国家创新体系和现代服务业的中心,先进制造业和高技术产业的引领区。
中部	黑龙江、吉林、内蒙古、山西、河南、湖北、江西、安徽和湖南(9个)	长株潭、环鄱阳湖、武汉、江淮、中原、晋中、呼包鄂、哈大长(8个)	以传统服务业中的批发零售业、交通运输仓储和邮政业为主,金融服务业相对薄弱。服务业发展基础设施完善,区位条件优越,雄厚的产业基础,巨大的发展潜力和广阔的发展前景。
西部	陕西、甘肃、青海、宁夏、新疆、四川、重庆、云南、贵州和西藏(10个)	渝中、黔中、成渝、关中—天水、兰白西、银川、天山北坡(7个)	除重庆、西安、乌鲁木齐外,金融服务业较弱,以传统批发零售和交通仓储为主。在今后应扩大服务基础设施投入,推进城市化进程,提高服务业的科研能力,加快服务业体制改革,充分发挥后发优势,发挥中心城市的辐射和带动能力,调整服务业内部结构,优化服务业空间布局。

(二)重点城市的服务业集聚

特别是生产性服务业,具有知识含量高、风险性大、创新性强,与

第二章 中国服务业发展的空间差异 37

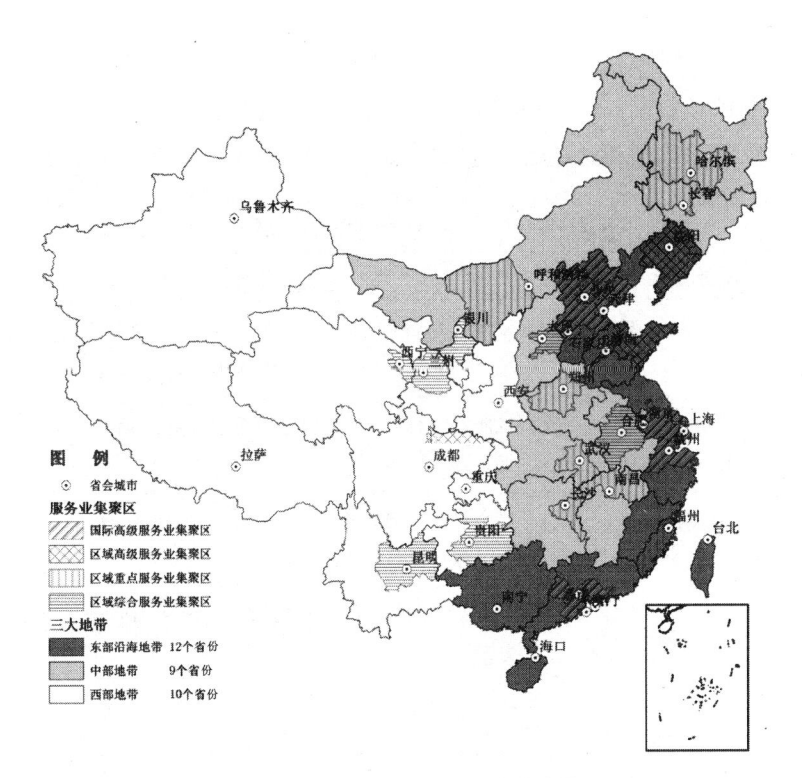

图2—7 中国服务业三大地带的集聚区

制造业在产前、产后存在着紧密的前后向和侧向联系。城市内部因基础设施、人力资源、市场腹地和城市总体规划等因素影响,服务业在城市空间布局具有明显的空间指向性。"十一五"期间在北京、上海、天津等特大城市已经初步形成了特定类型的服务业集聚区(功能区建设)(表2—4),促进服务业集聚发展,打造现代服务业发展载体。其形式包括微型CBD、总部基地、软件与服务外包基地、科技创业园、创意产业园、物流园区、生产性服务业集聚区、新型专业市场、文化商旅集聚区。这些现代服务业集聚区位居不同规模、不同等级的城市内部,也可能临近现代制造业或现代农业基地。通过服务业集聚区、功能区建设,引领和带动服务业集聚发展,有效促进产业结构优化升级、产业集群和老城区改造,加快城镇化和城市功能转型过程。

表2—4 主要城市服务业基地和功能定位

城市	服务业基地(功能区)	定位与特色
北京	金融街金融产业功能区	发挥金融管理中心的优势,发展债券、产权交易市场,促进金融街资源优势转化为产业优势。
	西单—王府井—前门商贸集聚区	发展中华传统商品精品店,重点发展西单商业街区综合商贸服务,使其成为传统文化旅游商业街区。
	中关村科教创新功能区	增强中关村科技园区的辐射带动能力,打造国家一流水平的研发、创新和软件产业基地。
	商务中心区	建设商务服务集中、功能齐全的商务中心区,大力发展商务、金融、文化、会展等行业。
	临空经济区	依托空港积极构建首都临空经济服务集聚区。
上海	外滩—陆家嘴金融贸易核心区	通过整合国际航运产业和物流产业,建立以市场信息为基础、产业配送为主业、现代仓储为配套、多式联运为手段、商品交易为依托的运行体系,实现多种运作功能的集成,提供国际性、高效率的物流配套服务。
	虹桥商务区	国内外企业和机构服务的商务服务、展览采购、现代物流以及相关的信息服务、专业服务、总部经济、宾馆服务等。
	国际航运与保税物流核心区	实现生产、技术、资本、贸易、人口的聚集,形成多功能服务业集聚区域,并承担引导发展现代制造业以及空港物流、会展、国际交往、体育休闲等功能。

续表

城市	服务业基地(功能区)	定位与特色
天津	中心城区 CBD	金融、商务服务、总部基地。
	滨海新区 CBD	金融、商务服务、总部基地、商贸流通。
	东丽商贸城	大型专业市场等商贸流通、城市配送中心。
	航空城	空港物流、临空服务经济。
重庆	江北嘴中央商务区	金融服务。
	保税功能区	将重点布局国际配送、国际采购、国际转口贸易和出口加工项目,建成具备港口作业、保税加工、保税物流等功能,以及政策优惠、模式灵活、通关便捷、服务高效的现代化保税港区。
	鱼复现代功能区	全国区域性物流中心、国家级物流节点的重要对接平台,是西部地区最重要的水铁联运基地和港口物流集散地,以及寸滩港部分保税功能转移的主要承接地。布局现代制造业和临港船舶制造基地。
南京	新街口现代商务集聚区	形成以高端商务为主的现代服务业核心片区。
	龙潭物流基地	依托龙潭保税物流中心,重点打造粮食物流园区、保税仓储分拨配送中心、物流流通加工区、集装箱辅助区和临港加工产业区。
	城南商贸集聚区暨产品交易市场群	形成汽车产品交易市场和辐射周边地区的商贸服务区。
	宁南 IT 软件研发现代服务业集聚区	形成以软件研发为主的现代服务业集聚区。

续表

城市	服务业基地(功能区)	定位与特色
广州	中央商务区	主要形成以商务、会展、金融服务为主题的大中央商务区发展格局。
	东部生产服务区	主要依托广州东部产业密集带形成生产服务功能区,建成主要服务东部或东莞地区的区域生产服务功能区。
	东北部科技创新核心区	以天河软件园、黄花岗信息园、广州科学城为核心,建成支撑广州产业发展、辐射珠三角的华南地区最高水平的信息服务、科技和金融创新中心。
西安	中央商务区、海峡两岸商务园、西安金融商务区	吸引国内外银行、保险、证券、基金、信托、资产管理等方面的金融机构,支持各类新兴金融机构和金融组织发展。
	城市商务会展中心、曲江国际会议中心	组建会展业投资控股公司,优化会展资源配置,发展主导产业类专业性展会。

第三节 中国服务业发展差异的影响因素

参考目前对服务业差异影响因素的研究,依据科学性、代表性、阶段性、数据可获得性等原则,选取或构建了以下六个影响因素,分析了各要素在中国的空间格局,再应用地理联系率分析各要素在空间上与人均服务业增加值的关联度,用定量方法检验各要素重要程度。数据来源为《2011年中国第三产业统计年鉴》、《2010年中国第三产业统计年鉴》、《2000年中国第三产业统计资料汇编》、《2010年中国统计年鉴》。

地理联系率反映两经济要素在地理分布上的联系情况,通过相似程度的差异反映空间结构的不同,判别服务业与影响因素空间分布的一致性,其计算式为:

$$G = 100 - \frac{1}{2}\sum_{i=1}^{n}|S_i - P_i|$$

式中,G为地理联系率,n为省级行政单元数量,S_i、P_i分别为每个行政单元各经济要素的百分比。当G值较大时,表明两经济要素的地理联系较为密切,S_i与P_i的地理分布较为一致;当G值较小时,表明两经济要素的地理联系不密切,S_i与P_i的地理分布差异较大。

一、经济发展水平

根据配第—克拉克定理,随着科学技术的发展,产业结构演变规律表现出第一产业向第二产业转移,再从第二产业转向第三产业的一般规律,世界产业结构调整也验证了这一规律,经济发展水平是服务业发展的重要影响因素。选取人均GDP来反映经济发展水平,经测算2009年中国各省份的人均服务业增加值与人均GDP的地理联系率高达91.0,验证了服务业发展水平与经济发展水平的紧密相关。

中国人均GDP的空间格局表现出显著的东部到西部阶梯状递减的趋势(图2—8)。东部省份除海南、广西、河北未超过3万元,其他均超过,特别是北京、上海、天津均高于5万元;中部地区只有内蒙古为 4.0 万元超过了 3 万元,其他均低于 3 万元,江西和安徽甚至低于 2 万元;西部超过 2 万元的仅有重庆 2.3 万元和宁夏 2.2 万元,西藏、新疆、青海、四川在 1.5～2 万元,而云南、甘肃、贵州仍然低于 1.5 万元。

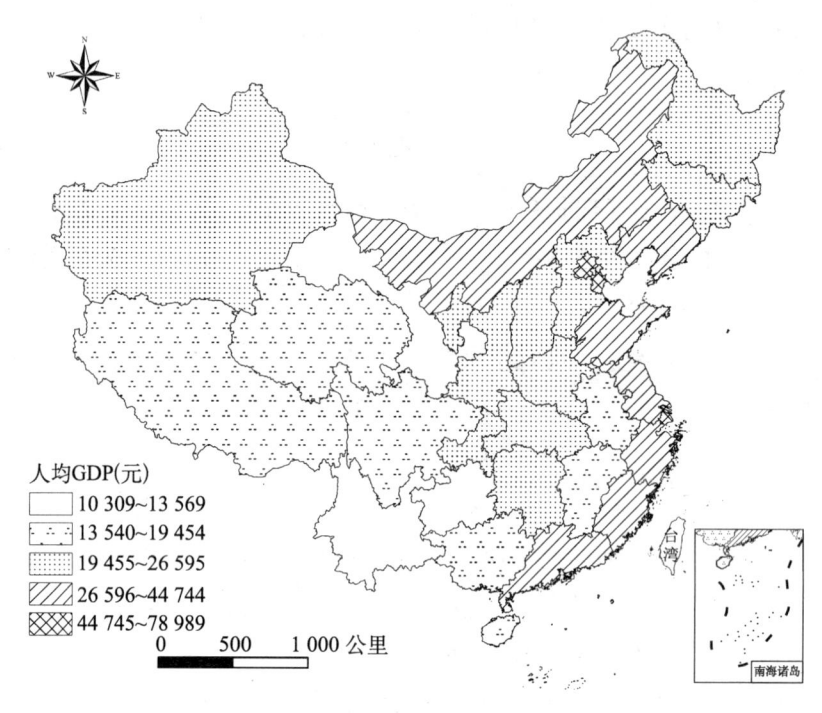

图 2—8　2009 年中国人均 GDP 空间分布

二、城市化水平

经典的中心地理论深刻地揭露了服务业产品特征与城市等级、最低门槛人口数的关系。城市化是服务业发展的助推器,通过多方面的影响服务业的供给与需求,具体表现在城市化进程中的人口集聚、工业集聚将促进生活和生产服务业的规模扩展,引发生活方式的市场化转变,为服务业发展提供市场条件。经测算2009年中国各省份的人均服务业增加值与城市化水平的地理联系率高达80.9,验证了服务业发展水平与城市化水平的紧密相关。

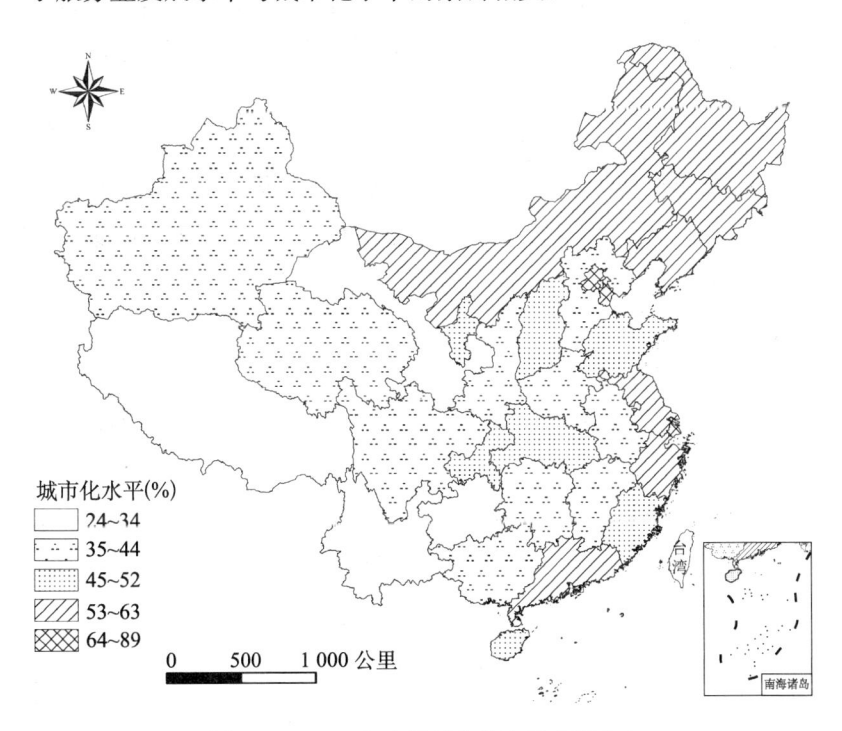

图2—9 2009年中国城市化水平空间分布

从城市化率来看(图2—9),上海88.6%、北京85.0%、天津78.0%,均已经步入城市化后期;广东、辽宁达到60%以上;内蒙古、吉林、黑龙江、江苏、浙江、福建、重庆也较高,均大于50%。而其他地区目前城市化水平依然较低,处在快速城市化发展阶段,特别是西部地区,除了青海、重庆,城市化率均低于40%。

三、市场发育程度

市场发育是服务业增长的基本动力,综合考虑人口因素和经济因素,构建市场发育指数来反映地区市场规模,其计算公式为:$MD = \frac{ED+PD}{2} = \frac{(GDP/A+POP/A)}{2}$,其中,$MD$ 表示市场发育指数,ED 表示经济密度,PD 表示人口密度,GDP 表示地区生产总值,POP 表示人口总数,A 表示地区国土面积。因为 ED 和 PD 量纲不一样,对其进行无量纲化处理,公式为:极差标准化 $= \frac{X-Xmin}{Xmax-Xmin}$,再带入公式算 MD。

经测算2009年中国各省份的人均服务业增加值与市场发育指数的地理联系率达到73.4(图2—10),进一步说明服务业发展水平与市场发育程度的紧密相关。中国市场发育程度最好的依次是上海、北京、天津和江苏,较好的依次是山东、广东、浙江、河南,中等的依次是安徽、河北、重庆、福建、辽宁、湖北、湖南、江西、内蒙古、海南处于中等水平,其他地区市场发育还处于很低水平,提升空间很大。

四、人力资源丰度

人力资源是服务业供给的重要要素,人力资源状况对服务业发展的层次和结构具有重要影响,大量具有较高知识水平和技术水平的劳动力能够为智力密集型、技术密集型服务业的发展提供

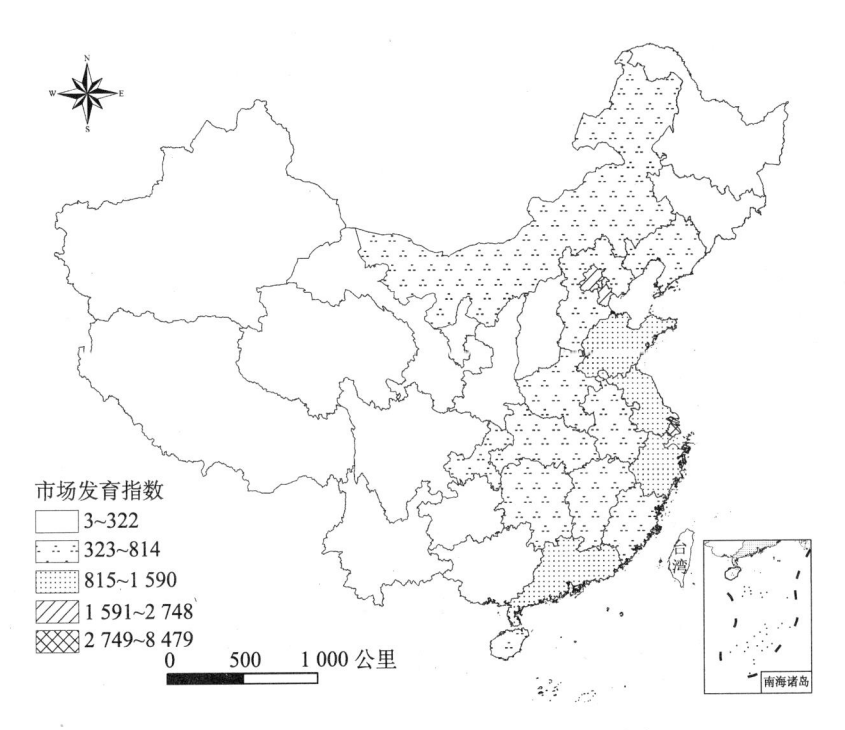

图 2—10 2009 年中国市场发育程度空间分布

智力支持。构建人力资源丰度指数来测度人力资源状况,其公式为: $HR=\sqrt[3]{SC\times RD\times EF}$,其中 HR 表示人力资源指数,SC 表示高等学校普通本专科学生数,RD 表示 R&D 人数,EF 表示科研经费支出。经测算,人均服务业增加值与人力资源丰度指数的地理联系率达到 70.3,表明服务业发展水平与人力资源丰度的关系紧密。

中国人力资源丰度表现较特殊的空间格局,并没有表现出明显的东中西阶梯递减的格局(图 2—11)。人力资源最丰富即人力资源丰度指数大于 0.4 的依次为北京、江苏、四川、陕西、山东,人力资源较丰富即人力资源丰度指数为 0.2~0.4 之间的依次为湖北、河南、广东、上海、河北、辽宁、湖南、安徽、浙江、黑龙江,人力资源非常匮乏即人力资源丰度指数小于 0.1 的有内蒙古、贵州、新疆、海南、青海、西藏。

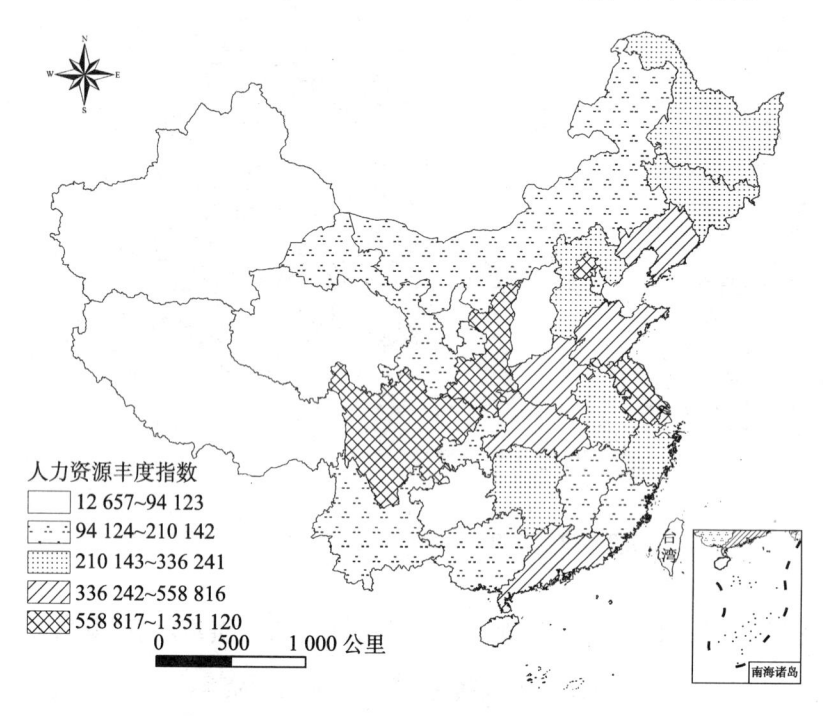

人力资源丰度指数
12 657~94 123
94 124~210 142
210 143~336 241
336 242~558 816
558 817~1 351 120

图 2—11 2009 年中国人力资源丰度空间分布

五、交通通信水平

交通与通信水平是区域发展最重要的基础设施之一,也是服务业生产、流通、消费联系的纽带,交通通信水平的提高为降低服务业供给和交易成本具有重要意义。构建交通通信指数来反映地区交通通信发展水平，其计算公式为 $TT=\dfrac{PK+FK+BV+TP}{4}$，其中 TT 表示交通通信指数，PK 表示旅客周转量(亿人/公里)，FK 表示货物周转量(亿吨/公里)，BV 表示邮电业务总量(亿元)，TP 表示电话普及率(部/百人)，先对 PK、FK、BV 和 TP 进行极差标准化处理，再代入公式算 TT。经测算，2009 年中国各省份的人均服务业增加值与交通通信水平指数的地理联系率达到 72.7，表明服务业发展水平与交通通信发展水平具有重大的关系。

中国交通通信水平的空间格局是典型的沿海到内陆依次递减的趋势(图2—12)，广东交通通信水平最高，其指数均大于0.6；上海、

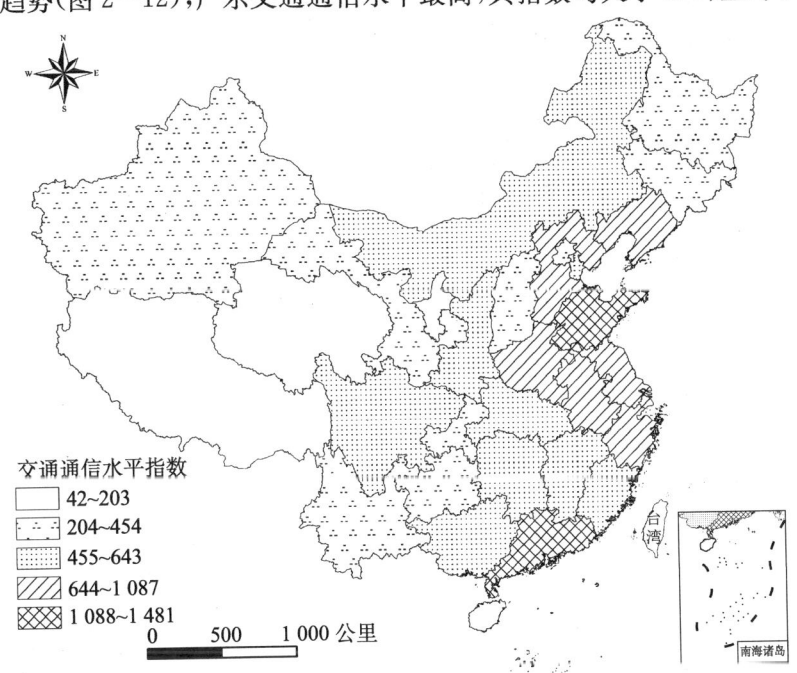

图2—12 2009年中国交通通信水平空间分布

山东、浙江、江苏、河南、辽宁交通通信水平也较高,其指数属于0.4~0.6;天津、河北、北京、安徽、福建、湖南、湖北、四川、陕西、内蒙古属于中等,其指数属于0.2~0.4;而其他省市交通通信水平很差,其指数均低于0.2。

六、经济全球化水平

经济全球化为资源、技术、劳动力、资本、市场各要素在全球流动和重新配置提供了可能,改革开放和加入WTO以来,我国经济融入世界的进程大大加快,为服务业发展提供了新的机遇,经济全球化已

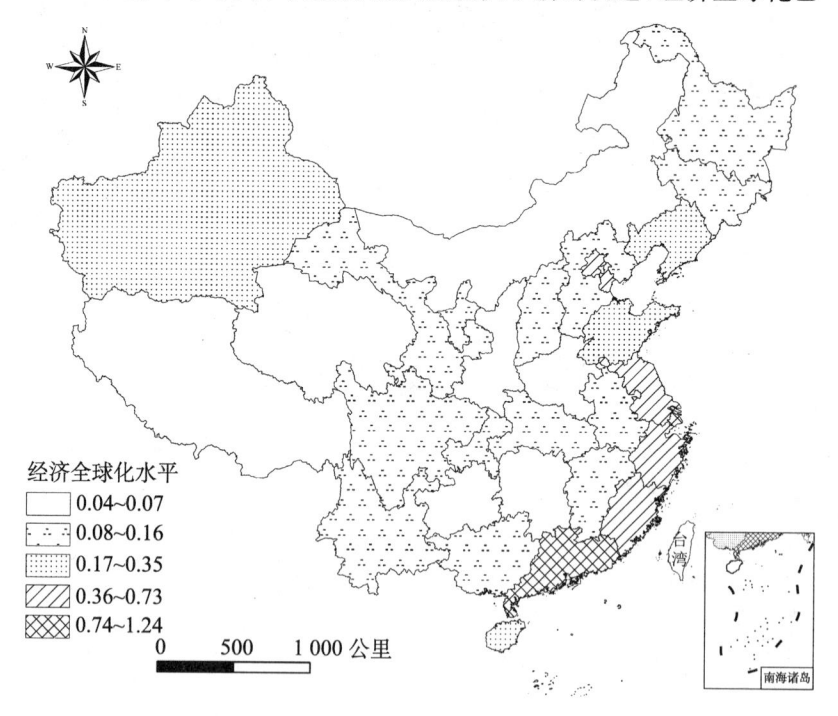

图2—13 2009年中国经济全球化水平空间分布

经济全球化水平
- 0.04~0.07
- 0.08~0.16
- 0.17~0.35
- 0.36~0.73
- 0.74~1.24

经成为影响服务业发展的重要因素。本文以年进出口商品总值来表示经济全球化。经测算2009年中国各省份的人均服务业增加值与经济全球化指数的地理联系率达到74.2,表明服务业发展水平与经济全球化水平联系密切。

中国经济全球化水平的空间格局差异很大(图2—13),集聚现象明显,经济全球化指数大于0.3的全部属于东部沿海地区,其中上海和广东都大于1,依次为1.24和1.09,大于0.5的还有江苏、天津和浙江;指数在0.1~0.3之间主要是沿海或靠近沿海地区即河北、黑龙江、吉林、安徽、江西、广西,还有新疆、宁夏和四川;指数小于0.1的个数较多有12个,全部属于中西部地区。

第四节 中国服务业差异化发展路径

加快发展服务业是推进我国经济结构调整、产业结构优化升级的重大任务,是适应对外开放新形势、提升综合国力的有效途径,也是扩大就业、满足人民群众日益增长的物质文化生活需要的内在要求。统筹考虑我国三大地带及省域服务业发展的现有基础和有利条件,提出因地制宜的差异化发展路径,有利于全力推动服务业的发展提速、比重提高、水平提升。

一、三大地带服务业差异化发展路径

根据服务业发展"十二五"规划,近期我国服务业发展重点主要包括:围绕促进工业转型升级和加快农业现代化进程,加快发展金融服务业、交通运输业、现代物流业、高技术服务业、设计咨询、科技服

务业、商务服务业、电子商务、工程咨询服务业、人力资源服务业、节能环保服务业等生产性服务业；围绕满足人民群众多层次多样化需求，大力发展商贸服务业、文化产业、旅游业、健康服务业、法律服务业、家庭服务业、体育产业、养老服务业、房地产业等生活性服务业；提升农村服务业水平；拓展海洋服务业领域。我国三大地带服务业发展需要根据区域经济发展阶段、产业结构发展层级、基础设施完善程度、经济全球化水平等多种因素，提出服务业差异化的发展路径，形成一批主体功能突出、辐射带动作用强的国家或者区域性服务业中心，建设一批各具特色、充满活力的服务业集聚发展示范区，培育一批成长性好、发展潜力大的新兴服务产业，发展一批主业突出、竞争力强的服务企业（图2—14）。其中，东部地区以培育国际高级服

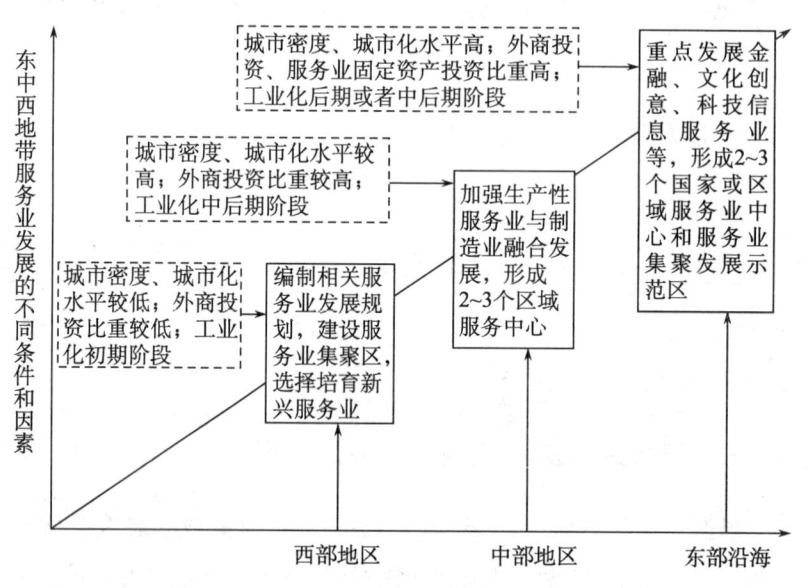

图2—14 我国三大地带服务业差异化发展路径

务业集聚区为主,中部地区培育区域重点服务业集聚区,西部地区培育区域综合服务业集聚区为重点。

(一)东部地区以京津冀、长三角、珠三角等服务业集聚区为载体,以北京、天津、上海和广州等综合改革试点城市为重点,发展现代金融、文化创意、高技术服务等生产性服务业

回顾国外沿海地区的发展,工业化开始至今,世界上最重要的工业化中心始终在沿海城市转换,如英国伦敦、法国巴黎、美国纽约、日本东京等。由于服务业能够在服务过程中实现知识增值,产生比制造业更强的规模效应,各种服务相互融合的聚积效应也更加明显。因此,沿海城市作为工业化中心城市的同时,也成为服务业汇聚的首选之地,像伦敦、纽约、东京、巴黎等工业化之都,都拥有众多的国际性咨询企业、金融企业、网络服务企业、市场中介组织、教育培训基地、研发中心等,这些企业带动了整个城市乃至周边地区的服务业大发展,最终这些城市无一例外地完成了从制造业中心向服务业中心的转换。这说明沿海地区是世界范围内生产力布局的重点区域。

我国东部沿海城市化水平较高,服务业发展基础较好,基础完善、区位优越,重点发展金融、文化创意和科技信息等主业突出、竞争力强的服务业企业,形成北京、上海、广州等对外服务功能突出、辐射带动作用强的国家或者区域性服务业中心。其中,金融服务业加强金融监管技术开发与应用,债券发行、交易服务体系建设,金融产品研发和应用,知识产权、收益权等无形资产贷款质押业务开发,人民币跨境结算、清算体系建设,信贷、保险、证券统计数据信息系统建设等。高技术服务业重点发展信息技术服务、电子商务服务、数字内容

服务、研发设计服务、生物技术服务、知识产权服务、科技成果转化服务等。文化创意服务业重点发展广播影视制作、发行、交易、播映、出版、衍生品开发,动漫创作、制作、传播、出版、衍生产品开发,移动多媒体广播电视、广播影视数字化、数字电影服务监管技术及应用,网络视听节目技术服务、开发。

(二)中部地区以哈大长、武汉城市圈、中原城市群等服务业集聚区为载体,以哈尔滨、武汉、郑州等综合改革试点城市为重点,发展金融服务、现代物流、服务外包等产业

一直以来,中部地区经济发展缓慢,与东部沿海地区差距越来越大。因此,我国提出中部地区崛起战略,并制订了具体的规划和措施。促进中部崛起已成为我国区域经济均衡发展的必然。其中,大力发展现代服务业对于促进中部经济发展具有重要意义。

中部地区中心城市要依托区位、人才、资源等优势和现实基础,以工业园区或产业集群为重点,探索生产性服务业与制造业有机结合、相互促进的发展模式。积极开发具有带动示范效应的重大项目,不失时机地加快发展现代物流、金融保险、信息服务、科技服务、商务服务、环保服务、工程总包、国际服务外包等现代服务业,使之成为中部地区服务业创新的亮点。以发展科研院所、信息传输和文化传媒为载体,打造一批软件、工商设计、信息传输和文化产业集群,以金融为载体,构建现代投资服务体系。针对工业园区、产业集群转型升级迫切需要,科学规划产业布局,积极发展研发设计、信息咨询、融资担保、物流配送、检验检测、节能环保、职业培训等配套生产服务业。在高技术产业、现代服务业等高端产业发展方面率先突破,壮大支柱产业,提升服务业发展水平。其中,金融服务业加强信用担保服务体系

建设,重点建设好大连、哈尔滨、大庆三个服务外包示范城市,积极支持沈阳、长春、吉林、延吉、绥芬河等城市发展软件和服务外包产业。推动设立大连软件和服务外包产业试验区。支持大连商品交易所拓展服务功能,完善交易品种体系,加快建设亚洲重要的期货交易中心。以品牌战略为突破口,增强服务业发展的竞争优势。鼓励优势企业以名牌为纽带,推进资产重组,实行规模化、集约化、网络化、品牌化经营。

(三)西部地区以关中—天水、成渝、天山北坡等服务业集聚区为载体,以西安、重庆、成都、乌鲁木齐等综合改革试点城市为重点,提升发展商贸流通、文化旅游等传统优势产业,完善农业综合服务体系

西部地区由于特殊的地理位置及其历史原因,随着西部大开发的深入和西部地区工业化进程的加速,所面临的资源环境约束不断增强。在现代分工条件下,服务业的地位不断上升,西部地区应积极拓展现代服务业,构筑比较完善的服务支撑体系,转变经济发展方式,增强自主创新能力,实现区域经济的可持续发展。对于西部地区而言,现代服务业的发展还处于起步阶段,与发达地区相比在效益水平、服务能力、服务范围等方面还存在较大差距,大力发展现代服务业对于促进西部区域经济发展,增强西部地区可持续发展能力和综合竞争力,提升其参与国际国内分工的地位等方面都具有重要的意义。

发展壮大金融和会展服务业。其中,金融服务业加强农业保险、责任保险、信用保险,农村金融服务体系建设,创业投资。另外,充分发挥西安作为国家级物流节点城市的辐射带动作用,积极研究设立西安陆港型综合保税区,着力打造在国内有重要影响的

内陆港口岸和亚欧大陆桥上重要的现代物流中心,逐步形成区域一体化的物流新格局。

承接东部转移的服务业。深入实施"万村千乡"市场工程,引导城市大型商贸流通企业等向农村延伸服务,推进农村电子商务体系建设,发展高效的农村物流配送体系,提高农村物流效率。面向农村居民生活需要,积极发展通信、文化、餐饮、旅游、娱乐等生活性服务业,丰富服务产品类型,扩大服务供给,提高服务质量,满足和方便农民多样化的生活需求。

另外,发挥西安、重庆和成都等城市人才、技术、信息等要素资源密集的优势,以城带乡、统筹城乡服务业发展。围绕农业产前、产中服务,加快构建和完善以科技、营销、信息、金融和技能培训等服务为主体的农业产业化服务体系。建立传统交易市场与新型商业业态相结合、有形市场与虚拟市场相结合的现代农业流通体系,延伸产业链条,建设集会展营销、科技推广、体验休闲、绿色环保等多种功能的农业产业化服务示范基地。加快发展科技推广、专利应用、信息服务、农机服务、农产品质量安全检验检测、农产品商标及地理标志注册推广服务等农业专业服务,培育一批农业专业化服务龙头企业。

二、省域服务业差异化发展路径

基于服务业总体发展水平的分析,将我国31个省(自治区、直辖市)服务业发展划分为发达、较发达、一般发达、欠发达和不发达等五种类型区,每种类型区服务业发展特点如下(表2—5)。

表2—5 中国省域服务业发展特点

等级	区域	发展特点
发达	北京、上海	现代服务业主导特征明显,形成较强的综合服务业能力。金融保险业、信息传输、计算机服务业和软件业、租赁及商务服务业具有突出优势。
较发达	广东、天津、浙江、江苏	批发零售业、交通运输仓储和邮政业等传统服务业具有较突出优势,金融保险业、租赁和商务服务业稳步提升,科学研究、技术服务业领域有所欠缺。
一般发达	山东、海南、福建、辽宁、内蒙古、湖北、西藏	批发零售业、交通运输仓储和邮政业的优势并不明显,科学研究和技术服务业发展不足,政府在公共服务方面的投入较低。
欠发达	河北、湖南、贵州、陕西、重庆、黑龙江、四川、山西、云南、宁夏、吉林、广西、安徽、新疆	服务业各门类发展水平良莠不齐,批发零售业、交通仓储和邮政业发展水平不高,社会服务业、生产性服务业明显不足,服务业市场化水平较低。
不发达	青海、河南、甘肃、江西	传统服务业部门发展水平不高,金融保险业、现代物流等生产性服务业发展滞后,服务业固定资产投资不足,服务业市场化水平较低。

不同地区的资源优势和产业优势存在较大差异,对以上五类地区政府应突破异质行政区的同质化管理模式,因地制宜,采取差异化的服务业政策导向。针对不同类型省份服务业的发展特点及面临问题,提出以下几点发展路径。

发达地区的服务业发展路径选择：当前北京、上海作为京津冀都市圈和长三角地区的增长核心，其产业结构优势十分明显。在服务业发展上，生产性服务业、创意产业发展显著，同时在物流、金融和创建科技服务平台上都领先一步，今后继续优化服务业结构，围绕服务业战略新兴结合实施产业发展规划，强化企业技术创新能力建设，建设产业创新支撑体系，加快培养造就高素质人才，集中力量突破一批支撑战略性新兴产业发展的关键共性技术。

较发达地区的服务业发展路径选择：较发达地区的广东、天津、浙江、江苏都属于制造业比较发达的大省，应以向制造业两端延伸和中间分离为突破口，加大科技投入，推动传统制造业向产业高端跃进，推动科学研究、技术服务业发展，拓展生产性服务业的发展领域。与区域中心城市紧密互动合作，建立"高增值、强辐射、广就业"的服务体系，着力推进服务业市场化，提升商贸物流、金融保险、旅游会展、文化和房地产等优势服务业。

一般发达地区的服务业发展路径选择：大力促进服务业与制造业的融合发展，加强传统服务业的改造，根据商业环境的变化不断创新商业模式、服务方式和经营业态，开拓新的市场空间；加大政府的公共投入力度，提高公共服务业发展水平，发展消费性服务业，建立现代化的面向民生的消费性服务体系。

欠发达地区的服务业发展路径选择：提高公共服务业发展水平，建立覆盖城乡、惠及全民、大致均等的公共服务体系。对传统消费性服务业进行改造升级，引入现代服务业元素，提高消费性服务业的质量，丰富消费性服务业的业态。推动生产性服务业集聚区建设，通过"筑巢引凤"，推动服务业集聚和制造业升级。

不发达地区的服务业发展路径选择：加大服务业固定资产投资，

完善服务业基础设施建设,完善包括教育、公共卫生与基本医疗,社会保障、市政设施、生态环境等公共服务体系。着力推动金融保险业创新发展、拓展现代物流业,充分发挥在促进制造业的转型升级中的基础地位。顺应市场需求变化,因势利导,充分发挥市场配置资源的基础性作用,完善服务业市场环境,促进服务业供需互动。

第三章 中国城市服务职能体系探讨

第一节 城市职能与分工研究进展

现阶段我国正处在工业化和城镇化的中期,发展服务业是我国满足民生、扩大就业、转变增长方式、节约资源、节能减排、调整经济结构和走新型工业化道路的必然选择,服务业的地位上升到新的高度(荆林波,2011)。我国实行市辖县的行政体制,地级市是经济空间组织的重要单元,也是我国发展服务业的主要载体。随着我国加速向服务经济时代迈进,城市职能从生产功能逐渐转变到服务功能,一些城市已经率先转变为以服务功能为主,如北京、上海、广州、深圳服务业增加值比重2012年分别达到76.4%、60.0%、63.6%、55.7%。在这样的背景下对城市服务职能的研究显得尤为重要。城市服务职能特指城市为外地服务部分的经济活动,是其在全国城市服务业体系中所承担的分工和作用。城市服务职能研究的实质是对各城市进行现状服务职能的比较研究,明确各城市服务业在全国或区域中的分工地位和作用(周一星,1988),为构建中国城市服务业分工体系和制定各城市差异化发展战略提供科学依据。

国外对分工机理研究较早,其经典理论如成本学说包括亚当·斯密绝对成本学说、大卫·李嘉图比较成本学说、要素禀赋学说(赫克歇尔—俄林模型)、以克鲁格曼和赫尔普曼等为代表的新贸易理论。这些理论从比较优势、要素禀赋、规模经济、产品差异性和不完全竞争市场等方面,较好地揭示了国家或区域之间分工与贸易的动力机制和分工优势行业选择等(田文祝,1991)。国内学者对城市职能与分工做了许多实证研究,如周一星(1988)等提出城市工业职能的概念包括城市的专业化部门、职能强度和职能规模三个要素,采用纳尔逊分类方法把中国 295 个城市(包括辖县)的工业职能划分成三个大类、十九个亚类和五十四个职能。田文祝等(1991)以中国 295 个城市市区为单元,研究了中国城市体系的工业职能类型特征,认为城市职能分类必须以结构性资料为主,这是由城市职能概念的内涵决定的,并首次采用城市劳动力结构资料,得出比较符合实际的、能与国际接轨的全国综合性城市职能分类。刘云刚(2004)从优势职能、突出职能、职能强度和职能规模四要素角度对中国资源型城市的职能变化与职能差异进行分析。王德利等(2010)基于投入产出分析方法的扩展运用,构建区域产业分工模型与跨区域产业联动模型,从具体产业角度探索中国跨区域产业分工与联动的特征。卢明华等(2003)受东京大都市圈内各核心城市的职能分工的启示对京津冀都市圈的职能分工进行了探索。李学鑫等(2006)运用区位熵灰色关联分析法测度区域产业结构,测度两地区产业结构的总体相似程度,反映地区产业的专业化、比较优势和区域分工的程度。在服务业分工方面,彭迪云等(2011)测度了中部六省生产性服务业行业结构相似系数基本上都在 0.9 以上,说明同构化现象非常严重。谷永芬等(2007)指出长三角都市圈生产性服务业发展的互补性不明显,在"十一五"规划期间,两省一市都把金融、物流、会展业等作为各自的重点。许媛等(2009)认为长三角三地之间软件产业的合作情况不乐观,企业间合作较少,竞争关系大于合作关系,合作主要还停留在政府层面、民间组织。马风华(2011)分析了珠三角九个城市服务业的比较优势,发现城市间的服务业专业化程度差异较大,应根据服务业发展水平层次采取不同策略,服务业发展好的城市应该按照比较优势错位发展,而服务业基础较差的城市,多数服务行业难以形成比较优势,必须通过服务输入,完善自身的服务体系,再逐步形成比较优势。闫小培等(2005)通过微观视角对广州生产性服务机构做问卷调查,从服务范围、服务对象及服务产品销量研究探讨了广州生产性服务业的对外辐射功能。

通过已有研究文献的梳理,学者在城市职能和工业职能研究较成熟,但对服务职能研究较薄弱,更未见以全国城市尺度下的服务业分工相关研究。中心地理论表明服务业存在服务半径,已往的分工理论能较好解释服务业分工的动力机制,但并没有解决哪些服务业在城市之间适合或重点分工合作?中国城市服务业各行业的分工程度如何,演变趋势怎样?中国具有重要服务职能的城市有哪些,呈现什么样的等级体系和空间格局,各城市服务职能又是什么?另外,城市的对外职能研究较多,鲜见对输入地区产业特征的研究。事实上,只有综合分析服务业输入和输出,才能清晰地剖析服务业地域供需结构。基于回答这些问题,开展本章相关研究。

第二节 城市服务职能体系研究方法

一、数据来源

2003年开始我国服务业采用新的分类统计口径,为了保证行业数据口径的一致性,选取2003~2010年为研究年份。《国民经济行业分类》(GB/T4754-2002)中的服务业分类如下：交通运输、仓储及邮政业，信息传输、计算机服务和软件业，批发和零售业，住宿、餐饮业，金融业，房地产业，租赁和商业服务业，科学研究、技术服务和地质勘查业，文化、体育和娱乐业，居民服务和其他服务业，教育，卫生、社会保障和社会福利业，水利、环境和公共设施管理业，公共管理和社会组织。其中，最后四个行业是典型的公共服务业，在我国体制下公共服务业实际测算输出流量会出现如北京等大城市为负值，而一些中小城市区位熵极高的情况，与现实分工不符，所以把公共服务业剔除。选取的十个行业在图表中为了减少篇幅用第一个字作为简称，依次为"交、信、批、住、金、房、租、科、居、文"。选取中国287个地级及以上城市为样本单元，原始数据来源于2004～2011年《中国城市统计年鉴》，个别缺失数据用年均增长率计算。

二、研究方法

（一）城市服务流量规模测度方法

借助区位熵的原理，可以计算出中心城市的各产业行业从业人员的基本部分，即城市的外向服务功能量。设 i 城市 j 行业从业人员的区位熵为 Lq_{ij}，公式为(1)，式中 G_{ij} 为 i 城市 j 行业从业人员数量，G_i 为 i 城市从业人员总量，G_j 为全国 j 行业从业人员数量，G 为全国总从业人员总量。若 $Lq_{ij}>1$，则可认为 i 城市 j 行业存在外向服务功能，因为 i 城市的总从业人员中分配给 j 行业的比例超过了全国的分配比例，该行业可以为城市以外区域提供服务，其输出流量为 A_{ij}，公式为(2)。若 $Lq_{ij}<1$，则认为 i 城市 j 行业存在对外依赖

性,因为 i 城市的总从业人员中分配给 j 行业的比例小于全国的分配比例,该行业需要从城市以外区域提供服务,来满足本区域服务业的需要,其输入流量为 B_{ij},公式为(3)。中国城市服务业 j 行业输出流量和输入流量累计分别为 A_j 与 B_j,公式为(4)。

$$Lq_{ij} = \frac{(G_{ij}/G_i)}{(G_j/G)} \tag{1}$$

$$A_{ij} = G_{ij} * ((Lq_{ij} - 1)/Lq_{ij}) \tag{2}$$

$$B_{ij} = \frac{G_{ij}}{Lq_{ij}} - G_{ij} = G_{ij} * ((1 - Lq_{ij})/Lq_{ij}) \tag{3}$$

$$A_j = \sum_{i=1}^{i=n} A_{ij} = B_j = \sum_{i=1}^{i=n} B_{ij} \tag{4}$$

另外,引入对外服务率概念,某行业输出就业流量占该行业总就业人数的比重,其值越大表示服务业对外服务的比重越大,外向服务强度越大,分工深度越深,公式为(5)。

$$外服率 = A_j/G_j \tag{5}$$

(二)城市服务职能强度测度方法

纳尔逊分类方法在城市职能行业确定和职能强度测度中,因其理论上逻辑清楚,划分强度比较客观,又简单容易操作,成为最常用的方法。该方法核心是得到每个行业的职工比重后,分别计算所有城市每个行业职工比重的算术平方值和标准差,公式为(6)。在以往研究城市和工业主要职能行业均以高于平均值加 1 个标准差为确定城市主导职能的标准(Nelson,1995),考虑服务业更依赖本地市场容量,没有工业那么高专业化程度(Illeris,Philippe J,1993),如果以这个标准各行业被定为主要职能行业仅有 11% 左右的城市,将漏掉许多重要的服务职能城市(表 3—1)。因此,本文以高于 0.5 个标准差就确定为城市主导职能的标准,以高于平均值以上几个标准差的数量来表示城市该职能的强度,其数值越大,职能强度越大。

$$\bar{X}=\frac{\sum_{i=1}^{n}X_i}{n}, S.D=\sqrt{\frac{1}{n-1}\sum_{i=1}^{n}(x_i-\bar{x})^2} \quad (6)$$

表 3—1 中国 287 个城市服务职能强度纳尔逊方法分析的结果

行业	交	信	批	住	金	房	租	科	居	文
平均值(M)	3.49	1.14	3.44	1.22	3.66	1.15	1.43	1.57	0.38	0.92
标准差(S.D)	2.08	0.81	1.71	1.94	1.29	0.92	1.31	1.24	0.63	0.50
M+0.5S.D	22	25	28	17	41	24	19	17	13	28
M+1S.D	19	13	24	7	26	27	21	21	15	24
M+2S.D	11	2	13	2	5	7	7	8	7	6
M+3S.D+	6	4	2	1	4	4	5	6	5	4

(三)全局空间自相关

全局空间自相关可度量区域内部单元的某种地理现象或属性值与邻近单元上同一现象或属性值的整体相关程度,可用于检验某种现象在空间上是否存在集聚,描述其在整个研究区域的空间特征。常用 Moran's I 测度,其计算公式(7)如下:

$$\text{Moran's I}=\frac{\sum_{i=1}^{n}\sum_{j=1}^{n}(X_i-\bar{x})(X_j-\bar{X})}{\frac{\sum_{i=1}^{n}(X_i-\bar{X})^2}{n}\sum_{i=1}^{n}\sum_{j=1}^{n}W_{ij}} \quad (7)$$

式中，n 为空间单元数量，X_i、X_j 分别表示某属性特征 X 在空间单元 i 和 j 上的观测值，W_{ij} 为空间权重矩阵，空间相邻为 1，不相邻为 0。对 Moran's I 采用 Z 检验，在给定显著性水平时，若 Moran's I 绝对值趋近于 1，表示服务业属性水平较高（或较低）区域在空间上显著集聚；若趋近于 0，表示研究区内各单元经济活动呈现无规律的随机分布状态。

第三节　中国城市服务职能体系初步分析

一、城市服务职能分为五个服务中心等级

对外服务流量是城市对外服务职能大小的直接反映，是最重要的城市职能要素。通过城市服务输出流量规模模型计算得到各城市对外服务流量，根据流量大小把城市分为五个服务中心等级：⩾30 为 Ⅰ 全国综合服务中心、10～30 为 Ⅱ 区域综合服务中心、2～10 为 Ⅲ 省区服务中心、0.5～2 为 Ⅳ 地方服务中心、0～0.5 为 Ⅴ 地方次服务中心。为了区分综合性、专业化、本地服务城市，在大类的基础上划分了亚类。通过纳尔逊分类方法确定了城市的主要职能行业，其中个数⩾3 个的确定为综合服务城市，1～2 个的为专业化服务城市，没有的为本地服务城市。在大类中，Ⅰ、Ⅱ 全部为综合性服务城市，Ⅲ、Ⅳ 有综合服务城市和专业化服务城市 2 个亚类，Ⅴ 有综合服务城市、专业化服务城市和本地服务城市 3 个亚类（表 3—2）。

表 3—2　2010 年中国城市服务职能规模、行业、强度

等级	城市名称和对外服务流量值(服务职能行业、职能强度)
Ⅰ 全国综合服务中心	北京 230.30(租 8,信 6,科 4,房 4,交 2,批 2,住 1,居 1,文 1)、上海 74.16(科 3,交 2,租 2,金 1,房 1,批 1,信 0.5,住 0.5,居 0.5,文 0.5)、广州 35.07(交 2,房 2,信 1,住 1,租 1,科 1,居 1,文 1,批 0.5)
Ⅱ 区域综合服务中心	深圳 29.53(房 4,租 2,交 1,信 1,批 1,住 0.5,居 0.5)、西安 18.24(信 3,科 3,交 1,房 1,居 1,文 1,批 0.5,住 0.5)、天津 18.21(居 4,交 1,批 1,租 1,科 1,住 0.5,房 0.5)、杭州 17.37(信 3,批 1,住 1,房 1,租 1,科 1)、武汉 15.33(交 2,批 2,科 1,住 0.5,房 0.5)、哈尔滨 13.11(交 2,批 2,科 1,居 1,房 0.5,信 0.5,文 0.5)、沈阳 13.08(交 2,租 2,科 2,居 1,文 1,批 0.5,房 0.5)、南京 11.98(批 2,交 1,租 1,科 1,信 0.5,住 0.5,房 0.5,文 0.5)、昆明 11.82(交 2,批 2,房 1,租 1,科 1,文 1,信 0.5,住 0.5)、长沙 10.20(房 2,科 1,文 1,批 1,住 1,金 0.5)
Ⅲ 省区服务中心	Ⅲ₁ 省区综合服务中心	济南 8.05(交 1,批 1,房 1,金 0.5,租 0.5,居 0.5,文 0.5)、石家庄 6.71(交 1,批 2,金 1,文 1,科 0.5)、太原 6.34(交 2,科 1,文 1,住 0.5)、福州 5.90(租 3,科 1,房 1,文 0.5)、大连 5.86(房 2,交 1,信 1,金 1,住 0.5)、长春 5.72(科 2,信 1,房 1,租 1,文 1,批 0.5)、乌鲁木齐 5.60(交 4,科 2,文 2,批 0.5,租 0.5)、海口 5.32(房 5,交 2,文 2,批 1,住 1,科 1,租 0.5,信 0.5,居 0.5)、南宁 5.21(租 2,批 1,房 1,科 1,文 1)、贵阳 5.50(批 2,房 2,居 1,租 0.5,住 0.5,科 0.5,信 0.5,文 0.5)、合肥 4.74(交 1,批 1,房 1,科 1,文 1)、重庆 4.44(交 0.5,批 0.5,房 0.5)、十堰 4.40(批 5,交 1,信 1,居 0.5)、郑州 3.82(房 1,文 1,科 0.5,批 0.5,住 0.5)、厦门 3.42(房 0.5,住 0.5,租 0.5,居 0.5,交 0.5)、秦皇岛 2.97(交 4,金 1,文 1)、西宁 2.58(交 2,科 2,文 1,信 1,批 0.5,金 0.5)、三亚 2.57(住 15,房 5,文 2,交 1)、东营 2.43(居 5,科 2,租 1)、兰州 2.19(科 2,文 2,租 0.5)
	Ⅲ₂ 省区专业化服务中心	大庆 6.62(居 8,科 6)、南昌 5.44(交 3,文 1)、成都 4.59(科 1,批 0.5)、徐州 3.44(交 3)、齐齐哈尔 2.70(交 3)、南阳 2.55(批 2)、宁波 2.07(租 1)

续表

等级	城市名称和对外服务流量值(服务职能行业、职能强度)
Ⅳ地方服务中心 — Ⅳ₁ 地方综合服务中心	舟山 1.81(租 4,住 0.5,房 1)、大同 1.62(租 2,房 1,批 0.5,文 0.5)、开封 1.58(批 1,房 1,居 0.5,文 0.5)、拉萨 1.54(文 6,信 4,科 4,金 3,住 1,交 0.5)、沧州 1.46(居 3,信 0.5,金 0.5)、唐山 1.39(交 0.5,批 0.5,金 0.5)、银川 1.35(金 1,租 1,科 1,文 1,房 0.5)、荆门 1.26(批 2,居 1,房 0.5,租 0.5)、衡水 1.05(金 2,交 1,信 0.5,批 0.5)、防城港 0.98(交 4,房 1,居 1)、桂林 0.97(租 1,文 1,住 0.5,科 0.5)、日照 0.95(交 1,批 1,金 0.5)、丹东 0.95(房 2,信 1,科 1,交 0.5,批 0.5,文 0.5)、承德 0.90(金 1,交 0.5,信 0.5,文 0.5)、蚌埠 0.86(交 1,金 1,科 1)、阜阳 0.81(金 1,交 0.5,批 0.5)、池州 0.74(文 6,金 3,居 2,租 1)、黄山 0.72(住 2,金 2,信 1)、营口 0.67(交 1,文 1,金 0.5,房 0.5,租 0.5)、黄石 0.66(住 0.5,房 0.5,居 0.5,文 0.5)、佳木斯 0.61(居 2,交 0.5,批 0.5)、丽水 0.53(金 1,文 1,租 0.5,信 0.5)、益阳 0.53(金 1,租 1,房 0.5)、自贡 0.51(金 1,交 0.5,房 0.5)
Ⅳ₂ 地方专业化服务中心	临汾 1.68(交 2)、绵阳 1.49(科 3,金 0.5)、东莞 1.42(金 4)、孝感 1.42(批 1,房 1)、柳州 1.40(租 3)、周口 1.33(批 2)、信阳 1.26(批 2)、龙岩 1.21(租 3)、驻马店 1.20(批 1,房 1)、广元 1.19(信 8,金 1)、潍坊 1.11(批 1)、佛山 1.08(信 0.5,金 0.5)、洛阳 1.06(科 2)、玉溪 1.00(批 3)、南充 0.99(金 2,房 0.5)、牡丹江 0.99(金 3)、白山 0.99(信 7,租 0.5)、包头 0.98(金 1,信 0.5)、宝鸡 0.93(交 1,批 1)、台州 0.87(金 0.5)、汕头 0.86(批 1,金 0.5)、青岛 0.85(交 0.5)、锦州 0.81(交 0.5)、淮南 0.80(房 1,租 1)、连云港 0.78(交 1,金 0.5)、亳州 0.75(批 1,金 1)、朝阳 0.75(金 1,居 1)、保定 0.74(科 1)、濮阳 0.73(租 2)、盐城 0.67(金 0.5,租 0.5)、衢州 0.67(金 2)、忻州 0.64(批 1,信 0.5)、三门峡 0.63(批 2)、烟台 0.62(房 0.5)、廊坊 0.61(房 1,科 1)、盘锦 0.61(租 1)、芜湖 0.61(交 1)、呼伦贝尔 0.60(交 1,文 0.5)、南通 0.60(金 0.5)、湛江 0.57(交 1)、朔州 0.56(批 1,租 1)、临沂 0.56(金 0.5)、珠海 0.54(房 1)、焦作 0.53(金 1)、丽江 0.53(住 2,文 1)、双鸭山 0.53(居 2)、克拉玛依 0.52(租 2,房 1)

续表

等级		城市名称和对外服务流量值(服务职能行业、职能强度)
V 地方次服务中心	V₁ 地方综合服务次中心	乌兰察布 0.46(信 1,金 1,文 1,交 0.5,批 0.5)、武威 0.45(交 0.5,金 0.5,房 1,租 0.5,科 1,文 3)、阳江 0.45(房 2,批 1,信 0.5)、宁德 0.45(房 2,批 1,信 0.5)、酒泉 0.44(文 2,金 1,居 1,科 0.5,住 0.5)、张掖 0.44(居 2,金 1,科 1,文 0.5)、吉安 0.37(交 0.5,信 0.5,金 0.5)、南平 0.34(信 0.5,金 0.5,文 0.5)、鄂尔多斯 0.26(信 0.5,金 0.5,文 0.5)、宣城 0.23(房 1,金 0.5,租 0.5)、鹰潭 0.21(居 2,科 0.5,文 0.5)
	V₂ 地方专业化服务次中心	金华 0.49(租 0.5)、湘潭 0.49(批 1,房 0.5)、株洲 0.47(房 1,租 1)、济宁 0.46(金 0.5)、晋中 0.46(金 0.5)、晋城 0.45(批 1)、德州 0.43(批 0.5)、枣庄 0.43(租 1)、渭南 0.38(金 0.5)、梅州 0.37(金 1,信 0.5)、白城 0.36(居 2,文 0.5)、三明 0.36(租 1,金 0.5)、邢台 0.35(金 0.5)、运城 0.34(文 1)、常德 0.33(租 1)、景德镇 0.33(信 1)、吴忠 0.33(居 5,金 0.5)、黑河 0.32(居 1)、雅安 0.32(信 1,金 1)、常州 0.32(交 0.5)、达州 0.31(信 1,金 1)、滁州 0.30(交 0.5)、聊城 0.30(金 0.5)、张家界 0.29(信 1,住 1)、上饶 0.29(信 0.5,批 0.5)、四平 0.29(文 1,科 0.5)、通化 0.29(金 0.5,文 0.5)、中山 0.29(金 0.5)、鄂州 0.28(批 1,房 0.5)、安庆 0.28(金 0.5,文 0.5)、怀化 0.28(交 0.5,信 0.5)、镇江 0.28(金 0.5)、德阳 0.28(金 0.5)、商洛 0.27(金 1,文 0.5)、威海 0.26(批 0.5,房 0.5)、汉中 0.25(金 0.5)、广安 0.23(金 1,信 0.5)、安康 0.22(金 1)、商丘 0.22(批 0.5)、梧州 0.21(房 1,居 1)、嘉兴 0.21(房 0.5,租 0.5)、资阳 0.21(金 0.5)、张家口 0.20(批 0.5,房 0.5)、鞍山 0.20(科 0.5,居 0.5)、新乡 0.20(批 0.5)、淄博 0.19(批 0.5)、九江 0.18(租 1)、茂名 0.18(居 0.5,文 0.5)、鹤岗 0.18(居 1)、本溪 0.18(房 1)、阜新 0.17(文 0.5)、巴彦淖尔 0.16(金 0.5)、北海 0.15(房 0.5)、庆阳 0.15(居 1,金 0.5)、云浮 0.15(批 0.5)、绥化 0.14(房 1)、潮州 0.13(信 1)、铁岭 0.12(租 0.5,科 0.5)、天水 0.12(科 0.5,文 0.5)、辽源 0.11(金 0.5,文 0.5)、鸡西 0.10

续表

等级		城市名称和对外服务流量值(服务职能行业、职能强度)
V 地方次服务中心	V₂ 地方专业化服务次中心	(居0.5)、泰安0.09(批0.5)、遵义0.09(交0.5)、铜川0.08(金0.5)、固原0.08(交0.5,文1)、贵港0.08(交0.5)、平凉0.07(科0.5)、襄阳0.06(科0.5)、金昌0.05(居1)、来宾0.05(科0.5)、安顺0.05(房0.5)、百色0.04(信0.5)、汕尾0.04(信0.5)、保山0.04(房0.5)、钦州0.04(交0.5)、铜陵0.03(居0.5)、定西0.03(文0.5)、崇左0.02(科0.5)、巢湖0.02(批0.5)、乐山0.02(科0.5)、平顶山0.01(批0.5)、咸宁0.01(科0.5)、漯河0.01(租0.5)、韶关0.01(租0.5)
	V₃ 本地服务中心	无锡0.25、吉林0.22、邵阳0.18、江门0.17、宿州0.14、长治0.14、安阳0.09、铜川0.08、七台河0.08、肇庆0.08、岳阳0.07、萍乡0.07、宜春0.06、榆林0.06、宜宾0.05、赤峰0.05、马鞍山0.05、赣州0.05、葫芦岛0.04、延安0.04、衡阳0.02、郴州0.02、贺州0.01、松原0.01、永州0.01、陇南0.01,流量为0有辽阳、阳泉、乌海、通辽、抚顺、伊春、苏州、淮安、扬州、宿迁、温州、湖州、绍兴、淮北、六安、莆田、泉州、漳州、新余、抚州、莱芜、滨州、菏泽、鹤壁、许昌、荆州、黄冈、随州、娄底、惠州、河源、清远、揭阳、玉林、河池、攀枝花、泸州、内江、眉山、巴中、六盘水、曲靖、昭通、思茅、临沧、咸阳、嘉峪关、白银、石嘴山

二、对外服务输出流量高度集中于高级服务中心,各等级服务中心的职能结构差异较大

各服务等级城市个数依次为3、10、29、71、174个,呈"金字塔"等级体系,而各服务等级城市的对外服务流量依次为339.5、158.9、127.0、65.2、24.7,呈"倒金字塔"型。后一等级服务中心个数除于前一等级服务中心的比率K分别是3.3、2.9、2.4、2.5。服务输出等级个数表现出较明显的克里斯泰勒中心地等级体系特征,即较高等级

的中心地下面镶嵌着一些次级的中心地,均值 K=2.78。进一步分析在Ⅰ全国综合服务中心和Ⅱ区域综合服务中心类型中仅有 13 个城市,却占了总服务业流量的 68.7%,而Ⅳ地方服务中心、Ⅴ地方次服务中心类型总共有 245 个城市却只占了 12.6% 的分工职能,表明我国城市服务对外输出流量高度地集中于少数高级服务中心。其原因可以用克里斯泰勒中心地理论来解释:低层次服务业的服务半径小,各城市以自我供给为主,而高层次服务业的服务业半径大,但人口门槛、技术门槛要求高,很多只能由高级服务业中心提供,服务流量主要在不同等级服务中心之间,而较少在同一等级城市之间的流动,所以低等级服务中心对外服务能力很有限,高级服务中心占有绝对的优势。

各等级服务中心的行业职能结构差异较大,整体上等级越高承担的租赁和商业服务业,信息传输、计算机服务和软件业,科学研究、技术服务和地质勘查业,房地产,交通运输、仓储及邮政业等生产服务职能越强,而住宿、餐饮业,居民服务业和其他服务业,文化、体育和娱乐业等消费服务业职能越弱(图 3—1)。Ⅰ全国综合服务中心平均比重 47.5%,在各服务业行业均有较大的比重,特别是租赁和商业服务业,信息传输、计算机服务和软件业分别高达 70.3% 和 69.3%,科学研究、技术服务和地质勘查业均超过 50%,而在居民服务业和其他服务业,金融业比重相对比较低分别是 26.6% 和 23.8%;Ⅱ区域综合服务中心平均比重 22.2%,最突出的服务职能是居民服务和其他服务业,住宿、餐饮业,交通运输、仓储及邮政业,批发和零售业,比重均高于 25%,而职能较弱行业是信息传输、计算机服务和软件业,文化、体育和娱乐业,金融业分别只占 17.4%、15.9% 和 7.3%;Ⅲ省区服务中心平均比重 17.8%,其中服务职能较高的是文化、体育和娱乐业30.6%,交通运输、仓储及邮政业25.4%,批发和零售业20.7%,居民服务和其他服务业20.7%,科学研究、技术服务和地质勘查业20.1%,而较低的是金融业13.5%,租赁和商业服务业8.3%,信息传输、计算机服务和软件业5.4%。Ⅳ地方服务中心平均比重9.1%,在金融业的分工职能非常突出,是所有等级类别城市中最高的,占34.2%,超过10%的还有批发和零售业11.8%和居民服务业和其他服务业11.0%。Ⅴ地方次服务中心平均比重3.5%,在金融业的分工占了21.2%,有一定的分工职能,而其他行业均比较小。

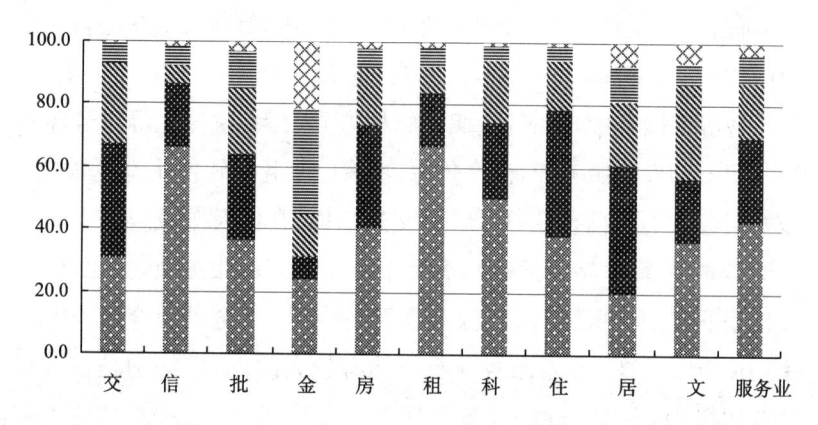

图3—1　2010年各等级服务中心的分工职能(%)

三、城市服务行业分工深度存在差异,服务业整体分工不断深化

对外服务率大小可以反映分工的深度,以及在现阶段各行业在

城市尺度上是否适于分工,根据2003~2010年各行业的平均对外服务率可划分为三类(图3—2):强分工职能行业(对外服务率≥30%)有居民服务和其他服务业(49.2%),租赁和商业服务业(35.9%),科学研究、技术服务和地质勘查业(33.5%),房地产业(30.5%);中等分工职能行业(20%≤对外服务率<30%)有住宿、餐饮业(28.8%),信息传输、计算机服务和软件业(24.4%),交通运输、仓储及邮政业(22.4%),文化、体育和娱乐业(21.4%);弱分工职能行业(对外服务率<20%)有批发和零售业(17.5%),金融业(12.1%)。

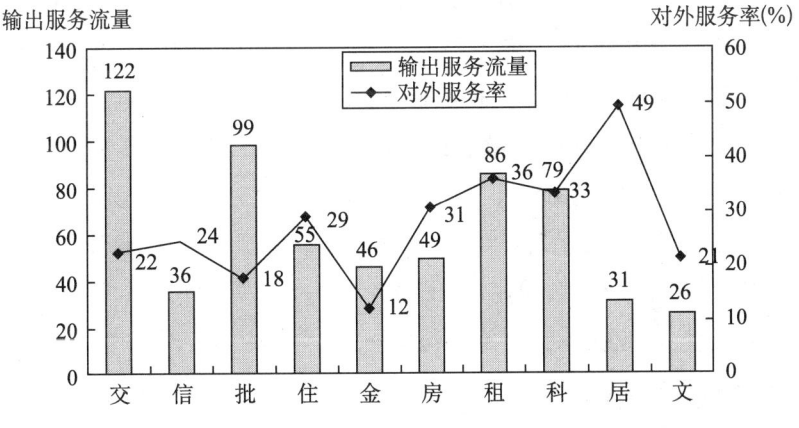

图3—2 2003~2010年服务行业年均对外服务率和输出服务流量

服务业分工的地位,不仅要考虑对外服务率,还要考虑该行业的规模,如某行业具有强的分工强度,但是市场规模很小,在全国城市层面的意义也不大。所以选取输出服务流量来反映各服务业在分工中的地位。地位较高的行业有:交通运输、仓储及邮政业(122),批发和零售业(99),租赁和商业服务业(86),科学研究、技术服务和地质勘查业(79);地位较低的行业有住宿、餐饮业(55),房地产业(49),金融业(46),信息传输、计算机服务和软件业(36),居民服务和其他服务业(31),文化、体育和娱乐业(26)。

2003~2010年,中国城市服务业流量由537.6上升到715.3,年均增长4.6%,服务业整体的分工在深化(表3—3)主要由于交通运输、仓储及邮政业,信息传输、计算机服务和软件业,房地产业,租赁和商业服务业,科学研究、技术服务和地质勘查业对外流量的增长。从各行业来看,地域分工深化迅快行业是信息传输、计算机服务和软件业,租赁和商业服务业,房地产业,输出服务流量年均增长率分别为13.2%、10.0%、8.5%,对外服务功能地位分别由3.9上升到7.1、10.3上升到15.1、6.5到8.6;地域分工有所深化而速度较慢的行业有金融业,科学研究、技术服务和地质勘查业,交通运输、仓储及邮政业输出服务流量年均增长率分别为4.8%、4.8%、3.4%,对外服务功能地位分别由7.4上升到7.7、10.2上升到12.7、19.9下降到18.9;地域分工稳定,年均增长率在−0.1~0.5%,行业分别是批发和零售业,住宿、餐饮业,居民服务和其他服务业,文化、体育和娱乐业,这些行业在分工中的地位均下降,分别从19.2下降到14.3、11.0到8.2、4.9到3.9、4.7到3.6。

表3—3 服务业各行业输出流量及增长率

行业	交	信	批	住	金	房	租	科	居	文	服务业
2003年输出流量	107.0 (19.9)	21.2 (3.9)	103.0 (19.2)	59.1 (11.0)	39.6 (7.4)	35.0 (6.5)	55.5 (10.3)	65.7 (12.2)	26.6 (4.9)	25.0 (4.7)	537.6 (100)
2010年输出流量	135.1 (18.9)	50.4 (7.1)	102.0 (14.3)	58.5 (8.2)	55.0 (7.7)	61.8 (8.6)	107.8 (15.1)	91.2 (12.7)	27.6 (3.9)	25.8 (3.6)	715.3 (100)
年均增长率(%)	3.4	13.2	−0.1	−0.1	4.8	8.5	10.0	4.8	0.5	0.5	4.2

注:括号内为各行业输出流量占服务业总输出流量的百分比。

四、城市服务输入流量的集中性较低,可根据服务需求类型采取相应产业策略

选取2010年服务业及各行业输入流量和输出流量的50强城市进行对比分析发现,服务输入流量占41.7%,而输出流量比重高达89.2%,即服务业供给的城市显著集中,但服务需求流量并不是集中于少数城市,说明中国城市对其他城市服务业的需求普遍存在。从各行业占总需求比重来看,交通运输、仓储及邮政业为52.0%,信息传输、计算机服务和软件业为55.2%,批发和零售业为51.6%,住宿、餐饮业为43.1%,金融业为72.2%,房地产业为46.8%,租赁和商业服务业为46.8%,科学研究、技术服务和地质勘查业为50.9%,居民服务和其他服务业为47.6%,文化、体育和娱乐业为58.0%。除了金融业对外需求流量特别集中,其他行业与对外输出相比集中性比较低。

按对外需求规模和行业多样性可分成四种类型,应采取不同的产业策略。第一类是规模大需求门类多,该类第三产业整体滞后,对服务业各行业需求均比较大,如制造业大市的泉州、绍兴、苏州等,资源型城市的淄博、济宁、大庆等,农业大市的商丘、漳州、赣州等。应采取的产业策略是发展与本地农业、制造业或采掘业产业关联较强的服务业,促进产业结构调整升级。第二类是规模大需求门类少,该类服务业的比重一般较高,本地缺少发展某些类别服务业的条件或为了得到分工经济从外部输入,有些服务业存在结构性短板,如天津的信息传输、计算机服务和软件业,金融业,深圳的文化、体育和娱乐业,厦门的金融业,科学研究、技术服务和地质勘查业,文化、体育和娱乐业,应采取的产业策略是错位发展,加

快该短板服务业低层次服务业的发展,满足本地市场的需求,对于高层次服务业可继续保留由外地输入。第三类是需求规模小门类少,可能是服务业发展水平高的全国或区域综合性服务中心,如北京、西安、沈阳、昆明等,服务业发展水平高,门类较齐全,对外需求少,应根据本地优势,重点发展目前强、中等分工和分工深化的服务行业,扩展服务辐射范围和水平,带动区域发展。也可能是服务业发展水平低,但门类齐全,如嘉峪关、乌兰察布、南平。由于远离服务中心,交通通信闭塞等原因,服务业主要由本地供给,形成了门类多,层次低。这类城市应加强基础设施建设,加强与服务中心的可达性,加强高等级服务业的输入,带动本地服务业发展。第四类是需求规模小门类多,如六盘水、曲靖、石嘴山等服务业基础较差的城市,多数服务行业难以形成比较优势,必须通过服务输入,完善自身的服务体系,再逐步形成比较优势。

五、城市服务输出流量空间不相关,而服务输入流量呈弱空间集聚特征

对 2010 年中国城市服务业及各行业流量作全局空间自相关分析(表 3—4),通过显著性检验的,即 $|Z|>1.96$,$|P|<0.05$,仅有居民服务和其他服务业,总服务业输入,Moran's I 指数较小分别为 0.02 和 0.07,存在弱空间自相关性,空间上有存在一些区域的集聚特征。而其他行业均未通过显著性检验 $|Z|<1.96$,$|P|>0.05$,且 Moran's I 指数非常小均 ≤ 0.01,说明大多数服务业行业流量并不存在空间自相关,没有集聚特征。

表3—4 中国城市服务业及各行业流量空间自相关系数

行业	交	信	批	住	金	房	租	科	居	文	总服务业输出	总服务业输入
Moran's I 指数	−0.01	0	0	−0.01	0	0	0	0.02	0	0	0	0.07
Z	−0.92	0.07	0.62	−0.65	0.58	−0.08	0.03	−0.15	3.76	1.02	0.05	9.09
P	0.36	0.94	0.54	0.52	0.56	0.94	0.97	0.88	0	0.31	0.96	0

注：服务业各行业流量是由输出和输入数据共同组成，把输出流量取为正数，输入流量取为负数，而服务业输出全为非负数，服务业输入全为非正数。

中国城市服务输出流量的空间特征方面，Ⅰ全国综合服务中心北京、上海、广州都位于东部沿海地区，但其空间距离均比较远是相对分散的，主要是我国东部经济和服务业发展高有较好的腹地，且高等级服务中心需要足够大的腹地支撑，其空间较分散的。Ⅱ区域综合服务中心包括深圳、西安、天津、杭州、武汉、哈尔滨、沈阳、南京、昆明、长沙也需要较大的腹地，它们之间也保持较大的距离，在空间上相对分散，在东部中部西部东北"四大板块"都有分布，未出现一个省内出现两个区域中心。而较低级的服务业中心围绕着这些高级服务业中心，构成了相对完整的中心地服务业等级体系。在区域上表现出多个分散的相对平行的服务等级体系，服务流量在空间没有自相关，没有显著的高高或低低集聚的区域（图3—3）。

中国城市服务的输入流量在地带性尺度上表现出与我国经济发展水平和服务业整体发展水平呈"东高西低"三级递减特征相似，空间上表现出大分散小集聚的特征，集聚的城市呈"群"状分布，与我国重要城市群分布拟合较好，主要分布于长三角、山东半岛、珠三角、海峡西岸、武汉、成渝、中原、辽中南、京津冀城市群地区（图3—4）。其

输出流量
● 全国综合服务中心
● 区域综合服务中心
● 省区服务中心
· 地方服务中心
· 地方次服务中心

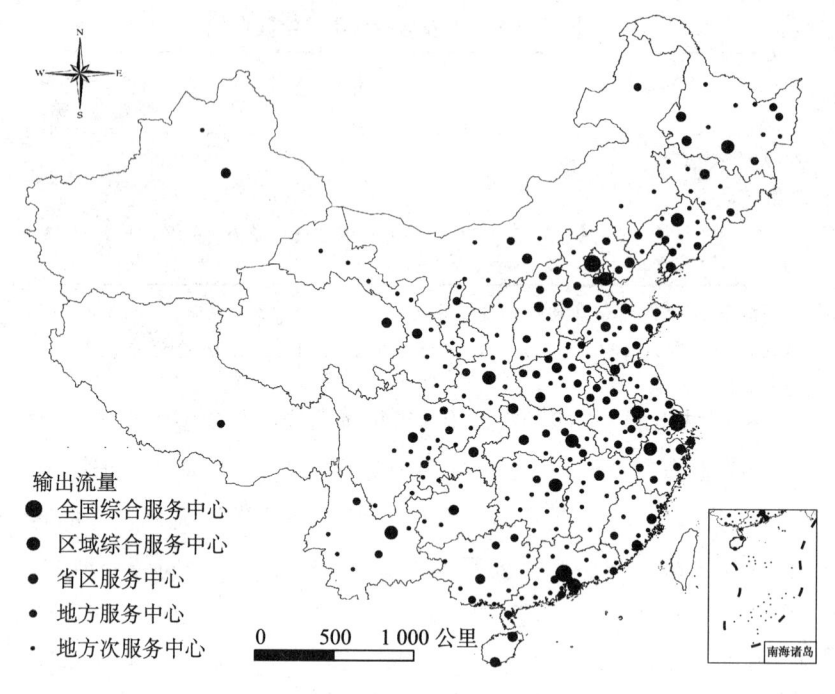

图 3—3　中国城市服务业输出流量空间分布

原因主要是这些地区的城市经济发展较好，城市体系发育良好，在城市职能分工上，各等级服务中心承担着更多的服务职能，而周边城市的工业职能更突出，服务业发展相对滞后，对外服务需求较大。

六、结论与讨论

（1）中国城市分为五个等级的服务中心：Ⅰ全国综合服务中心、Ⅱ区域综合服务中心、Ⅲ省区服务中心、Ⅳ地方服务中心、Ⅴ地方次服务中心。各等级服务中心的服务行业职能结构差异较大，等级越高承担的生产性服务业的职能越强，消费性服务业越弱。

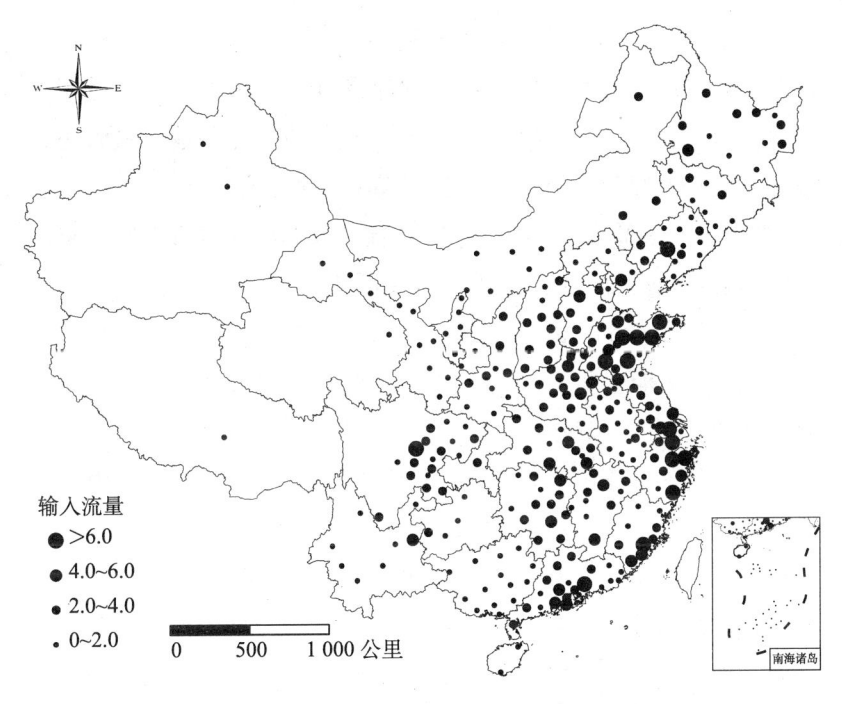

图 3—4　中国城市服务业输入流量空间分布

（2）服务分工等级符合克里斯泰勒中心地等级体系理论，计算的均值 K＝2.78。输出流量高度集中，具有较强供给能力的集中于少数高等级城市，分工形式以垂直分工为主，水平分工很弱，整体分工水平较低。

（3）在城市尺度上强分工职能有居民服务和其他服务业，租赁和商业服务业，科学研究、技术服务和地质勘查业，房地产业；中等分工职能有住宿、餐饮业，信息传输、计算机服务和软件业，交通运输、仓储及邮政业，文化、体育和娱乐业；弱分工职能有批发和零售业，金融业。

（4）2003～2010年分工深化迅速的行业有交通运输、仓储及邮政业，信息传输、计算机服务和软件业，房地产业，租赁和商业服务业，科学研究、技术服务和地质勘查业，而批发和零售业，住宿、餐饮业，居民服务和其他服务业，文化、体育和娱乐业分工程度稳定。

（5）中国城市服务需求流量集中性低，大部分城市都有输入服务业的需求，应根据需求类型，采取不同的产业策略。

（6）中国城市在服务输出流量上没有空间集聚特征，而在服务输入流量上有弱空间集聚特征，集聚的城市呈"群"状分布，与我国重要城市群分布拟合较好。

由于我国服务业分类标准相对较粗，没有更微观的行业内和产品内的分工数据，事实上这类数据也没办法较精确统计，导致忽略了更精细服务行业的分工，现实中的分工对外流量应该更多。统计年鉴数据的局限性，未能分析各城市服务输出流量的去向和服务输入来源的规模和结构，即城市服务流量的网络结构。另外，对于服务业分工程度的演变机理和中国城市服务职能体系是否合理，如何重构服务职能体系将是未来进一步研究的重点。

第四章 制造业转型与中国生产性服务业发展

第一节 生产性服务业与制造业互动发展

生产性服务(也称生产者服务)是指被其他商品和服务的生产者用作中间投入的服务(格鲁伯·沃克,1993)。对应地,生产性服务业则指独立核算的生产性服务企业的集合体。西方发达国家20世纪80年代经济发展的显著特点之一就是生产性服务业逐步取代制造业成为经济增长的主要动力和创新源泉(Bayson,1997)。由此,生产性服务业与制造业的互动引起了经济学者、地理学者和社会学者的关注。随着我国经济发展,转变经济增长方式、调整优化产业结构和提升产业竞争力将成为今后一个时期我国经济结构战略性调整的中心环节。因此,探讨生产性服务业与制造业的互动以及生产性服务业在提升制造业竞争力中的作用,对于深化认识生产性服务业的重要性、探索新型工业化的途径具有重要的现实意义。本文拟从生产性服务业与制造业的互动关系、区位特点和研究方法三个方面,对国内外文献进行综述,进而提出当前我国生产性服务业与制造业互动的地理学研究方向。

一、生产性服务业与制造业的互动关系

20世纪70年代以来,西方发达国家的生产性服务业作为服务业中最具活力的部门,其发展速度已经超过制造业,在制造业增加值比重和就业比重不断下降的同时,生产性服务业的增加值比重和就业比重呈现逐年上升趋势。经济越发达,这种现象越明显。许多学者开始重新审视生产性服务业在国民经济中的地位以及生产性服务业与制造业的关系问题。关于生产性服务业与制造业的互动关系,目前主要存在以下四种观点。

(一)需求论

认为制造业是(生产性)服务业发展的前提和基础,没有制造业的发展,生产性服务业就失去了需求来源;相对于制造业而言,(生产性)服务业处于补充和附属地位,即通过国民经济增长,尤其是制造业扩张所引致的服务需求对生产性服务业的发展产生影响。

持这种观点的国外学者有 Cohen and Zysman(1987)、Rowthorn and Ramaswamy(1999)、Klodt(2000)、Guerrieri and Meliciani(2003)等。Cohen and Zysman 指出,许多服务部门的发展必须依靠制造业的发展,因为制造业是服务业产出的重要需求部门,没有制造业,社会就几乎没有对这些服务的需求。Geo(1991)认为,制造业企业的内部技术缺陷促使企业对相关服务的需求必须通过外部购买来实现,从而促进生产性服务业的发展。我国学者江小涓、李辉(2004)研究指出,过去20多年来,我国服务业没有取得预期的高速增长,服务业在国民经济中的地位也没有显著提升,但国民经济却能在这段时期保持全球最高的增长速度,服务业发展滞后并没有成

为经济增长的障碍。因此,我国经济发展尚未进入需要服务业迅速增长的阶段。显然,这个判断也暗含着如下假设:服务业发展是经济增长的附属物。张世贤(2000)认为,工业化是我国社会经济发展难以跨越的"卡夫丁峡谷",只有工业化和城市化都达到一定水平,才能形成对服务业的需求,服务业才可能获得高要素投入回报。

(二) 供给论

认为(生产性)服务业是制造业生产率得以提高的前提和基础,没有发达的(生产性)服务业,就不可能形成具有竞争力的制造业,相对于制造业而言,(生产性)服务业处于供给主导地位。

持这种观点的国外学者有 O'Farrell and Hitchen(1990)、Eswaran and Kotwal(2002)、Pappas and Sheehan(1998)等。日本学者并木信义认为,在国际竞争舞台中互相角逐的是制造业产品,而(生产性)服务业则在制造业背后间接地规定着制造业的竞争力。生产性服务业是人力资本与知识资本的传输体、商品生产率提高的重要源泉,以及企业或产品比较优势的重要决定因素(格鲁伯、沃克,1993)。有效率的生产性服务业是制造业提高劳动生产率、提升产品竞争力的前提和保障(Dnniels,1989)。一个地区缺乏生产性服务业,或者生产性服务业竞争力不足,将会阻碍当地制造业的生产效率和产业竞争力,进而破坏区域发展进程(O'Faeeell and Hitchen,1990)。成功的制造业企业需要及时反馈的市场信息、更贴近顾客的产品以及短期内更加有效的沟通,而这些活动都取决于下游服务部门的一体化(Quinn and Doorley,1988)。在开放经济背景下,服务分工的深化和服务种类的增多将有效降低制造业的生产成本(Eswaran and Kotwal,2002)。我国学者刘志彪(2006)指出,现代生产者服务业是制造业知识密集化的构成要素,是其心脏、大脑和起飞的翅膀,是现代制造业发展中竞争力的基本源泉。制造业的发展程度取决于生产性服务业的发展水平,生产性服务业已成为企业提供差异化产品和增值的主要源泉(王贵全,2002)。唐钰岚(2004)研究了国际化大都市与生产性服务业集聚的关系,认为生产性服务业对提高上海制造业的产品附加值具有决定性作用。以上海为龙头的长三角地区之所以能够实现国内其他地区都难以实现的制造业大量集聚与良好发展,是由于上海相对发达的生产者服务业的支撑作用(高传胜、刘志彪,2005)。

(三)互动论

认为生产性服务业与制造业之间呈现相互作用、相互依赖、共同发展的互补性关系。一方面,制造业的发展会扩大生产性服务业的中间投入需求,从而带动生产性服务业的发展;另一方面,生产性服务业的发展,又要依靠制造业中间投入需求的增加,并促进制造业生产率的提高。随着国民经济的发展,特别是经济服务化程度的提高,生产性服务业与制造业之间的互动关系将不断深化。

Francois(1990)、Diaz(1998)认为,制造业与生产性服务业是互动关系,技术变化所引起的"垂直分离"促使服务在新的社会地域分工中独立出来,增强了制造业与生产性服务业的相互依赖。随着服务经济的发展,服务与制造已经卷入二者高度相关和补充的阶段。制造业企业的生产创新引发生产性服务业的过程创新,而生产性服务业的需求又引致制造业企业的生产创新(Hansen,1990)。生产性服务业与制造业之间并非简单的分工关系,而是你中有我、我中有你的相互作用、相互依赖、共同发展的动态内在联系(陈宪、黄建锋,

2004；郑吉昌、夏晴，2005）。在我国体制转型期，应该关注生产性服务业通过提供中间投入品对制造业所发挥的"外溢生产效应"和"外溢改革效应"（顾乃华，2005）。吕政等（2006）将生产性服务业划分为三个发展阶段：种子期、成长期和成熟期，进而探讨不同阶段生产性服务业与制造业的互动关系。

（四）融合论

认为随着信息通信技术的蓬勃发展和广泛应用，传统意义上的（生产性）服务业与制造业之间的边界越来越模糊，二者出现融合趋势。"无形服务"对制造业生产流程的主导作用、服务链对制造业产品链的渗透作用日益增强，借此实现生产性服务业与制造业的融合发展以及制造业产业链的优化重组，从而形成新的产业发展形态、产业发展模式和产业发展动力。

持这种观点的学者有 Lundvall and Borras（1988）、植草益（2001）、周振华（2002）、朱瑞博（2003）、马健（2005）等。我国学者周振华（2002）、朱瑞博（2003）、马健（2005）从电信、广播电视和出版等部门出现的产业融合典型案例出发，尝试构建产业融合的基本理论模型。聂清（2006）指出，制造业功能日趋服务化主要表现在三个方面：一是制造业部门的产品是为了提供某种服务而生产，二是随产品一同出售的还有知识和技术服务，三是服务指导制造业部门的技术变革和产品创新。

针对生产性服务业与制造业的互动关系，上述四种观点并非彼此矛盾，而是相互补充乃至层次递进的。"需求论"揭示了生产性服务业要适应制造业发展的问题，强调必须区分生产性服务业发展的影响因素是有效需求不足还是供给短缺。"供给论"揭示了生产服务业要支撑制造业发展的问题,强调必须发挥生产性服务业对制造业发展的适应、支撑和引领作用。"互动论"兼容了前两种观点,强调在理解生产性服务业与制造业的互动关系时,必须依据不同地区、不同时期、不同产业类型的特殊性,科学区分"需求"与"供给"何为矛盾的主要方面。"融合论"则从根本上揭示了以信息化、知识化为主导的现代生产性服务业对制造业引领作用不断增强的趋势。

二、生产性服务业与制造业互动的区位特点

在后福特式灵活生产组织体系下,作为中间投入的生产性服务业与制造业之间存在着紧密的前向、后向联系,产生了具有高度交织的投入—产出网络联系的"公司活动联合体"(Coffey and Bailly,1992)。越来越多的学者开始关注生产性服务业与制造业互动的区位特点以及二者互动对城市空间布局的影响。

Selya(1994)指出,生产性服务业本身是经济发展的推动力之一,同时能够提升制造业竞争力、实现城市内部制造业空间重构。但生产性服务业与制造业的关系存在两面性:一方面,生产性服务业以制造业为主要市场,制造业发展是生产性服务业发展的一个因子;另一方面,这并不意味着生产性服务业的增长单纯是由制造业需求所引致的,生产性服务业并不必然集中在制造业周围,二者并非地域上的相互依赖,尤其是高级生产性服务业主要满足金融和商业流通的需要,并不以制造业为中心(Sassen,1991)。从企业层面看,国际产业协同转移的微观体现就是国际制造商与服务商的共同转移行为以及在东道国运营过程中的互动与合作关系(朱有为、张向阳,2005);从区域层面看,生产性服务业有着与制造业不同的空间布局动力机制,随着制造业进入以"新产业空间"为特征的制造业综合体,生产性

服务业仍然集中在大都市区,其中许多还是传统的工业腹地(Noyelle and Stanback,1984)。生产者服务业与制造业的空间可分性改变了世界城市的产业结构(高春亮,2005)。Daniels(1985)指出,虽然很多服务与商品有关,但这并不意味着服务活动与商品生产具有地理临近性,制造业的集聚性并不能较好地解释服务的地域性。接近生产者服务业这个因素可以解释制造业的区位,知识密集型制造业对接近生产者服务业的弹性小于非知识密集型制造业对接近生产者服务业的弹性;但接近制造业并不是一个在统计上可以解释生产者服务业区位的显著因素,因为生产者服务经常又是其它服务业生产的中间投入(刘志彪,2006)。

三、生产性服务业与制造业互动的研究方法

生产性服务业与制造业互动的研究体现了经济学、地理学、管理学、社会学等多学科交叉的"综合性"特征。在研究方法上,以统计分析、问卷调查、企业深度访谈等方法为主,近年来计量经济学模型也应用到该领域的研究。

投入产出法是当前广泛应用的统计分析方法,也是刻画生产性服务业与制造业互动关系的最普遍方法。Se-Hark Park 以 1975 年和 1985 年投入产出表为基础,深入分析了太平洋地区八个国家制造业与服务业共生关系的演进;Karaomerlioglu and Carlsson(1999)、Guerrieri and Meliciani(2003)分别研究了美国、经济合作与发展组织(OECD)六个代表性国家生产性服务业的需求情况;李冠霖(2002)分析了美国、日本、英国、澳大利亚、俄国和中国服务业(包括生产性服务业)与制造业之间的产业关联效应;薛立敏等(1993)研究了台湾生产性服务业对区域经济发展的作用。同时,问卷调查、深度

访谈等微观企业调查方法越来越受到重视。Macpherson(1997)运用问卷和电话访谈等方法,探讨生产性服务外购在纽约制造业企业创新活动中的作用;Hansen(1991)对丹麦制造业企业的调查发现,生产性服务业的外部化有利于企业降低生产风险和应对偶然需求,有利于企业专注于核心技术。此外,Guerrieri and Meliciani(2005)运用技术差距方法,对经济合作与发展组织11个成员国的服务经济发展成效与制造业结构的关系进行实证研究。顾乃华等(2006)运用面板数据模型和DEA方法,探讨转型期中国生产性服务业发展与制造业竞争力的关系。陈宪、黄建锋(2004)采用截面数据来研究生产者服务业对制造业生产效率的促进效应。

四、生产性服务业与制造业互动的研究展望

借助经济学、地理学、管理学、社会学等交叉学科的理论基础与研究方法,生产性服务业与制造业互动的相关研究取得了丰硕成果。但与西方较为系统的研究体系相比,我国整体上仍处于起步阶段,侧重空间属性的地理学研究更为薄弱。西方学者是在后工业化背景下关注生产性服务业与制造业的互动发展,而现阶段我国整体上仍处于工业化中期阶段,相关研究面临着新的课题。基于地理学的研究视角,针对特殊体制背景下中国生产性服务业与制造业的互动,如下问题值得深入研究。

(一)不同区域和不同类型制造业对生产性服务业的需求差异

由于经济发展阶段和产业自身演变趋势的差异,制造业对生产性服务业的需求程度会出现阶段性变化,不同地域类型和产业类型的制造业对生产性服务业的需求程度,既有共性,也有特性。分析不同区

域和不同类型制造业对生产性服务业的需求差异,有助于探索特定地域单元中生产性服务业促进制造业结构优化升级的最有效路径。

(二)生产性服务业与制造业互动的机理研究

借鉴发达国家工业化中后期阶段生产性服务业与制造业互动发展的经验,立足产业结构与地域结构,从典型企业内部、产业链与价值链、空间结构与组织三个层面系统解析生产性服务业与制造业互动的特征、过程及机理,对于深化我国服务业地理学研究、促进产业结构转型升级与空间布局调整具有重要的理论价值和实践意义。

(三)生产性服务业与制造业的空间组织模式

已有研究指出,生产性服务业与制造业具有空间可分性。随着经济发展阶段和产业结构的不断演替,二者的空间组织将会呈现怎样的阶段性变化?在中国特殊体制背景和典型地域空间视角下,考虑生产性服务业与制造业协同定位的需要,探讨二者集群式互动发展的空间组织模式,构建集聚程度高、影响范围广、分工有序、优势互补的服务业功能区,有助于把握二者互动对城市等级序列重构、城市与区域经济发展的影响。

第二节　中国生产性服务业发展的关联效应

一、引言

在经济全球化不断深入的背景下,受信息技术的进步和经济变革的影响,生产性服务业正成为发达国家的主导产业和各国经济发展新的增长点。伴随着产业分工不断深化、信息技术的发展、各种专门的服务企业及新兴的业态不断涌现,金融服务、信息服务、研发及科技服务等生产性服务业具有知识密集、技术密集、信息密集、人才密集的特点,是知识经济的先导产业,代表着服务业乃至世界经济的发展方向(赵弘,2009)。产业融合发展态势明显,部分制造企业向服务提供商转型,服务外包成为生产性服务业国际转移的重要途径,创新成为生产性服务业的重要动力,生产性服务业呈现出集群发展态势(来有为,2009)。但在"离工业化"的国家,特别是一些大都市的中心商务区,这些高度集中的为生产性服务的企业则继续在本国或者国外制造业密集地区开设分支机构(Martinelli,1991)。尽管相当部分的为生产服务的企业受制造业发展的影响,但有些为生产性服务业企业并没有受制造业迁移潮流影响,原因在于生产性服务业能够灵活地进行重组和调整(顾乃华等,2006),在制造业中具有管理、促进和战略功能。现代制造企业已经融入了越来越多的服务作为中间投入要素,中间需求的扩大是生产性服务业增长的主要动力(李江帆、毕斗斗,2004)。生产性服务业是传送人力资本与知识资本的载体,是提高商品生产领域生产率的重要因素,是企业或新产品比较优势的重要来源(丰志勇、何骏,2008),生产性服务业由于对经济效率有直接推动作用,对产业结构有优化作用,而成为区域经济增长最具活力的源泉与动力(李江帆、毕斗斗,2004)。基于当今全球化背景下生产性服务业的发展态势和重要作用,我国"十二五"规划纲要明确提出要促进生产性服务业与先进制造业融合,推动生产性服务业加速发展。

  对生产性服务业发展的研究,目前主要集中在以下方面。①生产性服务业在经济发展中的作用。突出的表现在它一方面推动了社会分工的进一步深化,另一方面又是分工经济的"黏合剂"(郑吉昌、夏晴,2005);张亚斌、刘靓君(2008)发现生产性服务业对我国各地经济的影响存在差异,并且东部地区要明显高于中西部地区。②生产性服务发展呈现的趋势及空间格局。如来有为(2009)总结了全球生产性服务业的发展特点及趋势,表现为:生产性服务业发展规模不断壮大,服务外包成为生产性服务业国际转移的重要途径,生产性服务业和制造业融合互动发展态势明显,创新成为生产性服务业发展的核心动力。顾乃华(2008)通过分析典型国家的数据,发现生产性服务业的增加值和就业比重均在不断上升,但前者上升幅度较大;陈前虎等(2008)、李普峰和李同升(2009)分别研究发现杭州市、西安市生产性服务业呈现出大区域集中、小区域分散,集中与扩散并存的空间格局;邱灵等(2008)研究表明制造业与配套生产性服务业均呈现显著的空间集聚性,但集聚与分散的空间格局存在明显差异;秦波、王新峰(2010)发现上海生产性服务企业高度集聚于中心城区,并形成两个中心。③制约我国生产性服务业发展的因素。如吕政等(2006)认为生产性服务业的市场化程度较低,工业生产方式落后,有效需求不足,外资制造业与本地生产性服务业关联程度较低,生产性服务业没有形成集聚效应,缺乏有效分工协作机制及政策歧视。李善同、高传胜(2008)认为制造业需求不足、生产性服务业供给缺陷共同限制生产性服务业的发展,具体原因主要是制度层面的垄断、知识产权保护欠缺,制度环境欠佳,制造业企业的小而全模式,制造业国际代工模式及生产性服务业的创新不足抑制了生产性服务业的发展;程大中(2006)认为社会分工水平较低、市场交易成本较高、社会诚信不足、政府规制、体制机制及政策措施扭曲是导致生产性服务业发展水平低下的原因。

纵观上述文献,关于我国生产性服务业的发展变化鲜有研究,特别是对"九五"时期以来变化特点的认识还较为零散。因此,本节利用 1997 年、2002 年、2007 年投入产出表数据,主要运用比较研究等方法进行研究,旨在掌握发展脉络和既有现状的基础上,为我国"十二五"时期生产性服务业的健康发展提供科学依据。

二、数据来源与研究方法

基础数据全部来自《中国 1997 年投入产出表》、《中国 2002 年投入产出表》、《中国 2007 年投入产出表》。本节采用李冠霖(2002)对第三产业关联的研究方法,利用投入产出表,将中间需求率大于50%的界定为生产性服务业,低于 50%的是消费性服务业。将投入产出表中服务业用于中间需求的部分界定为生产性服务业,用于最终消费的部分界定为消费性服务业。文中涉及的相关概念和指标有以下几个方面。

(1) 生产性服务业增加值总量(G),计算公式如下:

$$G = \sum_{i=1}^{n} g_i \times h_i \quad (i=1,2,\cdots n) \qquad (1)$$

式中:g_i 为第三产业中第 i 行业的增加值;h_i 为国民经济各产业对第三产业中第 i 行业的中间需求率。

(2) 中间需求率(h_i):指国民经济各产业对第 i 产业产品的中间需求量(中间使用)与第 i 产业产品的总需求量(中间需求量+最终需求量)的比值。计算公式如下:

$$h_i = \frac{\sum_{j=1}^{n} x_{ij}}{\sum_{j=1}^{n} x_{ij} + Y_i} \quad (i=1,2,\cdots n) \qquad (2)$$

其中,$\sum_{j=1}^{n} x_{ij}$、Y_i 分别为国民经济各产业对第 i 产业产品的中间需求量和最终需求量。某一产业的中间需求率越高,表明该产业越具有中间产品的性质。由于任何产品不是作为中间产品(生产资料),就是作为最终产品(消费资料),即中间需求率+最终需求率=1。因此,中间需求率实际上反映了各产业的产品作为生产资料和消费资料的比例。

(3)中间投入率(k_i):指国民经济中第 j 产业的中间投入与总投入(中间投入+增加值)的比值。计算公式如下:

$$k_i = \frac{\sum_{i=1}^{n} x_{ij}}{\sum_{i=1}^{n} x_{ij} + N_j} \quad (j=1,2,\cdots n) \tag{3}$$

式中:$\sum_{i=1}^{n} x_{ij}$、N_j 分别为国民经济中第 j 产业的中间投入和增加值。中间投入率可以反映某一产业对上游产业的直接带动能力。由于总投入=中间投入+增加值,因此在总投入一定的条件下,某一产业的中间投入和增加值构成此消彼长的关系。通过中间投入率的比较研究,可以区分出各产业是"低附加值、高带动能力"还是"高附加值、低带动能力"的产业特性。

(4)影响力系数(F_j):指国民经济某产业增加一个单位最终使用时,对国民经济各产业所产生的生产需求波及程度,也称后向关联系数。计算公式如下:

$$F_j = \frac{\sum_{i=1}^{n} \bar{d}_{ij}}{\frac{1}{n}\sum_{i=1}^{n}\sum_{j=1}^{n} \bar{d}_{ij}} \quad (j=1,2,\cdots n) \tag{4}$$

其中，$\sum_{i=1}^{n}\bar{d}_{ij}$ 为列昂惕夫逆矩阵的第 j 列之和；$\frac{1}{n}\sum_{i=1}^{n}\sum_{j=1}^{n}\bar{d}_{ij}$ 为列昂惕夫逆矩阵的列和的平均值。当 $F_j=1$ 时，表示第 j 部门的生产对其他部门所产生的波及影响程度等于社会平均影响水平（即各部门所产生波及影响的平均值）；当 $F_j>1(<1)$ 时，表示第 j 部门的生产对其他部门所产生的波及影响程度超过（低于）社会平均影响水平。显然，影响力系数越大，表示第 j 部门对其他部门的拉动作用越大。

(5) 感应度系数（E_i）：指国民经济各产业均增加一个单位最终使用时，某一产业由此受到的需求感应程度，也称前向关联系数。计算公式如下：

$$E_i = \frac{\sum_{j=1}^{n}\bar{d}_{ij}}{\frac{1}{n}\sum_{i=1}^{n}\sum_{j=1}^{n}\bar{d}_{ij}} \quad (i=1,2,\cdots n) \tag{5}$$

其中，$\sum_{j=1}^{n}\bar{d}_{ij}$ 为列昂惕夫逆矩阵的第 i 行之和，反映当国民经各部门均增加一个单位最终使用时，对 i 部门的产品的完全需求；$\frac{1}{n}\sum_{i=1}^{n}\sum_{j=1}^{n}\bar{d}_{ij}$ 为列昂惕夫逆矩阵的行和的平均值，反映当国民经济各部门均增加一个单位最终使用时，对全体经济部门产品的完全需求的均值。当 $E_i=1$ 时，表示第 i 部门所受到的感应程度等于社会平均感应度水平（即各部门所受到的感应程度的平均值）；当 $E_i>1(<1)$ 时，表示第 i 部门所受到的感应程度高于（低于）社会平均感应程度水平。

(6) 行业集中度:测度行业集中状况的方法较多,如行业集中度、集中曲线、洛伦兹曲线、基尼系数等,其中行业集中度最简单易行,也是常用的计算指标,它是规模较大的前几位企业的有关数值(本节采用行业增加值)占整个市场或行业的份额比重(本节采用60%的比重)。

三、结果分析

(一) 生产性服务业发展前五年快于制造业,后五年滞后于制造业

根据上文公式(1)计算出各产业的增加值,整理成表4—1。可以看出:1997~2002年,就变化量而言,制造业、生产性服务业、消费性服务业的增长幅度分别是9 842.2亿元、13 012.8亿元、17 179.4亿元,说明消费性服务业的增幅大于生产性服务业的,而生产性服务业的增幅又大于制造业的;就增速来说,该时期内生产性服务业虽以年均16.7%的增速在突飞猛进,但仍不及消费性服务业年均21.8%的增速;再从增加值比重来讲,制造业、生产性服务业、消费性服务业增加值比重分别提高了−7.1、4.6、8.3个百分点,说明制造业对经济的贡献率下降了7.1个百分点,但整个第三产业对经济的贡献率却上升了12.9个百分点,其中生产性服务业对经济的贡献率上升幅度(4.6个百分点)小于消费性服务业(8.3个百分点),由此可见该时期内生产性服务业对经济的贡献率虽日益加大,但仍不及消费性服务业贡献率的大小和上升幅度。总之,在这五年内生产性服务业有快于制造业呈良性发展之势,但仍落后于消费性服务业的发展。

表 4—1　1997～2007 年制造业和服务业的增加值变化量、年均增速及比重变化

产业 \ 时段项目	1997～2002 年变化量（亿元）	1997～2002 年年均增速（%）	1997～2002 年比重变化（%）	2002～2007 年变化量（亿元）	2002～2007 年年均增速（%）	2002～2007 年比重变化（%）
制造业	9 842.2	6.1	－7.1	32 845.4	13.1	4.3
第三产业	30 192.2	19.3	12.9	27 256	8.9	－2.4
生产性服务业	13 012.8	16.7	4.6	13 269.8	9.2	－0.9
消费性服务业	17 179.4	21.8	8.3	13 986.2	8.6	－1.5

注：以 1997 年为基期,用 GDP 平减指数消除了各年价格因素的影响。

2002～2007 年,就变化量而言,制造业、生产性服务业、消费性服务业的变化量分别是 32 845.4 亿元、13 269.8 亿元、13 986.2 亿元,说明制造业的增幅远远大于消费性服务业的,而消费性服务业的增幅又稍大于生产性服务业的;就增速来说,生产性服务业的年均增速为 9.2%,虽滞后于制造业的年均增速 13.1%,却稍快于消费性服务业 8.6% 的年均增速;再从增加值比重来讲,制造业、生产性服务业、消费性服务业增加值比重分别提高的百分点是 4.3、－0.9、－1.5,说明制造业对经济的贡献率在上升,而生产性服务业、消费性服务业的经济贡献率在下降,但生产性服务业经济贡献率下降幅度又小于消费性服务业的。总之,该时期内生产性服务业虽然增加值总量在上升,但整体上仍滞后于制造业的增长,对经济的贡献率反而下降。

(二) 生产性服务业主要为第二产业服务,第三产业对生产性服务业的需求先增后减

由各年份投入产出表计算三次产业对生产性服务业的中间需求

比重,结果如表 4—2 所示。1997~2007 年第一产业分别占 5.9%、4.9%、3.3%,比重持续走低,说明农业对生产性服务业的需求在下降,对其发展的推动作用有限且在减弱;而 1997~2007 年第二产业中间需求比重最高,分别达到 57.6%、53.5%、58.1%,其中制造业对生产性服务业需求比重分别是 42.4%、37.8%、40.7%,均呈先降后升之势,说明第二产业特别是制造业对生产性服务业发展起到主要推动作用,且近年来其力度进一步加大;1997~2007 年第三产业对生产性服务业的中间需求比重分别是 36.4%、41.5%、38.6%,却呈先升后降态势,这一方面表明第三产业对生产性服务业的推动作用仅次于制造业的;另一方面说明第三产业对生产性服务业的中间需求作用在相对减弱。综上所述,生产性服务业主要是为第二产业尤其是制造业服务,第三产业对生产性服务业的推动进入调整阶段,生产性服务业还存在巨大发展潜力。

表 4—2　1997~2007 年三次产业及制造业对生产性服务业的中间需求比重

三次产业及制造业	1997 年(%)	2002 年(%)	2007 年(%)
第一产业	5.9	4.9	3.3
第二产业	57.6	53.5	58.1
制造业	42.4	37.8	40.7
第三产业	36.4	41.5	38.6

(三)生产性服务业内部结构在优化,但知识和技术密集型服务业仍是制造业升级的瓶颈

表 4—3 数据表明,近年制造业对生产性服务业的中间需求仍然主要集中在交通运输、仓储和邮政业、批发和零售业,它们的中间需

求比重均在 25% 以上。2002~2007 年,制造业对金融业,交通运输、仓储和邮政业,住宿和餐饮业,科学试验及综合技术服务业,租赁和商务服务业的中间需求比重分别上升了 6.2、4.9、3.3、2.9、0.3 个百分点;而对批发和零售贸易业,信息传输、计算机服务和软件业的中间需求比重分别下降了 8.3、2.1 个百分点。以上数据一方面表明生产性服务业在优化升级,向知识、技术密集型高端发展的趋势明显;另一方面又说明信息服务业发展却不够理想,该类知识、技术密集型服务业发展欠佳依然是制约我国制造业结构升级的重要因素之一。

表4—3 2002 年和 2007 年我国制造业对生产性服务业中间需求比重

2002 年中间需求比重(%)		2007 年中间需求比重(%)	
批发和零售贸易业	34.3	交通运输、仓储和邮政业	28.6
交通运输、仓储和邮政业	25.7	批发和零售业	26.0
租赁和商务服务业	9.9	金融业	15.4
金融保险业	9.2	租赁和商务服务业	10.2
信息传输、计算机服务和软件业	7.1	住宿和餐饮业	6.1
住宿和餐饮业	1.2	信息传输、计算机服务和软件业	5.0
科学试验及综合技术服务业	0.6	科学试验及综合技术服务业	3.9

(四)仓储物流、商务服务和科学研究等为中间产品型产业,信息服务、金融保险和科技服务等为中间产品型基础行业

根据公式(2)、(3)计算出 2007 年的中间需求率和中间投入率(图4—1),以 50% 为临界点将生产性服务业划分为两类。

中间需求率和中间投入率都大于 50% 的行业为中间产品型行业,这类行业的前向后关联均比较强,对于整个国民经济的发展具有

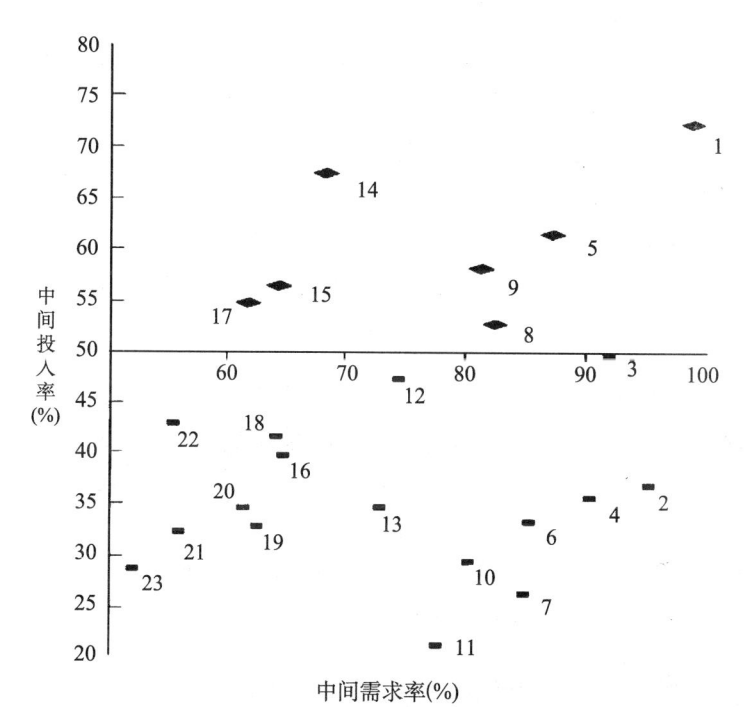

第四章 制造业转型与中国生产性服务业发展

注：1. 仓储业；2. 租赁业；3. 管道运输业；4. 装卸搬运和其他运输服务业；5. 其他服务业；6. 邮政业；7. 铁路运输业；8. 道路运输业；9. 道路运输业；10. 专业技术服务业；11. 银行业、证券业和其他金融活动；12. 科技交流和推广服务业；13. 娱乐业；14. 商务服务业；15. 研究与试验发展业；16. 计算机服务业；17.水上运输业；18. 保险业；19. 电信和其他信息传输服务业；20. 环境管理业；21. 水利管理业；22.航空运输业；23. 批发零售业。

图 4—1　2007 年中国生产性服务业内部各行业中间需求率和中间投入率

较强的作用。属于该类行业的是仓储业、其他服务业、道路运输业、住宿业、商务服务业、研究与试验发展业、水上运输业共 7 大行业，与 2002 年相比，其他服务业、研究与试验发展业为新增行业。

中间需求率大于 50%、中间投入小于 50% 的行业为中间产品型基础行业，该类行业虽对国民经济各部门的带动能力较弱，但其服务附加值较高，对提高国民经济的增加值具有较大的贡献。属于该类行业的是租赁业、管道运输业、装卸搬运和其他运输服务业、邮政业、铁路运输业、专业技术服务业、银行业、证券业和其他金融活动、科技交流和推广服务业、娱乐业、计算机服务业、保险业、电信和其他信息传输业、环境管理业、水利管理业、航空运输业、批发零售业共18个行业。与2002年相比,其中新增的行业有装卸搬运和其他运输服务业、科技交流和推广服务业、专业技术服务业、娱乐业、环境管理业5个行业;其中道路运输业由中间产品型基础行业变为中间产品型行业,说明随着经济社会的发展,公路物流业对国民经济的贡献在加大;管道运输业、邮政业、计算机服务业、保险业由中间产品型行业变为中间产品型基础行业,这也说明生产性服务业正趋向高级化。

(五)生产性服务业各行业后向关联效应普遍较弱,金融、物流和商务服务业前向关联效应较强

根据公式(4)、(5)计算出2007年的影响力系数和感应度系数,如表4—4所示:从影响力系数上看,生产性服务业中仅有航空运输业、商务服务业、计算机服务业的影响力系数略大于1,表明生产性服务业与国民经济其他部门的后向关联效应较弱,对国民经济的乘数效应不显著。就感应度系数而言,批发和零售贸易业、金融业、道路运输业、商务服务业、餐饮业、水上运输业这六个行业感应度系数大于1,其中批发和零售贸易业、金融业的感应度系数分别达到2.591、2.350,表明这些行业与国民经济其他部门的前向关联效应较强,受其他部门的需求拉动作用较强,因而对国民经济发展具有较大的瓶颈制约作用。只有商务服务业的影响力系数和感应度系数均大于1,表明商务服务业前后向关联效应均较强,在国民经济发展中的地位较为突出。

表4—4 2007年全国生产性服务业的影响力系数和感应度系数

行业	影响力系数	感应度系数	行业	影响力系数	感应度系数
航空运输业	1.098	0.657	住宿业	0.864	0.761
商务服务业	1.056	1.532	道路运输业	0.839	1.651
计算机服务业	1.005	0.450	邮政业	0.824	0.425
其他服务业	0.978	0.992	管道运输业	0.804	0.417
保险业	0.946	0.828	科技交流和推广服务业	0.792	0.433
租赁业	0.927	0.365	城市公共交通业	0.781	0.440
研究与试验发展业	0.919	0.542	专业技术服务业	0.768	0.736
仓储业	0.913	0.438	居民服务业	0.773	0.426
软件业	0.889	0.334	批发零售业	0.684	2.591
餐饮业	0.878	1.238	电信和其他信息传输服务业	0.673	0.968
装卸搬运和其他运输服务业	0.883	0.662	铁路运输业	0.658	0.930
水上运输业	0.862	1.084	银行业、证券业和其他金融活动	0.496	2.350

(六)核心生产性服务业行业集中度较高,多有进一步集中趋势

因为交通运输、仓储和邮政业,信息传输、计算机服务和软件业,金融业,租赁和商务服务业、科学研究、技术服务与试验发展业这五大行业增加值比重之和超过了整个生产性服务业增加值的60%,行业集中度高,在此将之界定为核心生产性服务业。如表4—5所示,从行业集中度的角度来看,生产性服务业具有以下特点。①在静态

层面,2002年、2007年行业集中度较大的是交通运输、仓储和邮政业与金融业,这两个行业的集中度之和均大于40%。原因在于近年来现代化的新技术、新业态和新服务方式改造、升级了传统服务业,向社会提供了高附加值、高层次、知识型的生产和生活服务业。这不仅改变了传统服务业生产率较低、产品相对老化,难以适应快速的经济发展和社会进步的状况,同时也促进了传统服务业的经营效率提高和规范化发展。②在动态层面,交通运输、仓储和邮政业,科学研究、技术服务和地质勘查业,金融业,租赁和商务服务业的行业集中度从2002年到2007年分别上升了3.3、2.7、1.9、1.5个百分点,凸显生产性服务业新兴业态的涌现,并趋向高级化和知识密集型演进,说明其存在较大发挥规模效应和范围效应的潜力;而信息传输、计算机服务和软件业的行业集中度却下降了3.6个百分比,这也再次验证了前文3.3中信息服务业发展不够理想的结论,因而需要相关部门采取相应措施予以提振。

表4—5 2002年和2007年我国核心生产性服务业的行业产出比重及变化(%)

行业	2002年	2007年	比重变化(%)
交通运输、仓储和邮政业	25.7	29.0	3.3
信息传输、计算机服务和软件业	10.0	6.4	−3.6
金融业	14.9	16.8	1.9
租赁和商务服务业	9.1	10.6	1.5
科学研究、技术服务与试验发展业	2.7	5.4	2.7

四、结论与讨论

利用投入产出表数据,主要采用比较研究的方法对我国1997~

2007年生产性服务业的发展状况进行了分析,得出以下结论。

(1)生产性服务业和消费性服务业增长对经济贡献率有所下降,但生产性服务业对第三产业的支撑、引领作用明显增强,表明随着工业化进程的推进,生产性服务业在生产系统内的角色在逐步转变;生产性服务业发展速度滞后于制造业,生产性服务业与制造业发展融合的深度不够。因此,促进生产性服务业与先进制造业尤其是装备制造业深度融合,同时,坚持扩大内需、刺激消费是实现我国经济长期稳定增长的必要举措。

(2)生产性服务业主要为第二产业服务,第二产业对生产性服务业需求波动较大,表明现阶段我国的经济发展正处于转型期,产业内部结构在调整,大量的中间需求尚未从产业链中脱离出来,产业链的社会分工体系尚未形成,生产性服务业与制造尚未形成良好的互动发展模式,生产性服务业还存在巨大发展潜力。生产性服务业的需求主要来源于制造业的中间需求,应依托产业结构升级转型过程中产生的生产性服务业需求,推进企业内部服务业的市场化、社会化。

(3)生产性服务业内部结构在逐步优化,但知识和技术密集型服务业仍是制造业升级的瓶颈。生产性服务业在优化升级,向知识、技术密集型高端发展的趋势明显;信息服务业发展却不够理想,在信息技术的驱动下,生产性服务业具有越来越独立于制造业的趋势,信息服务业发展欠佳是制约我国制造业结构升级的重要因素之一。

(4)仓储物流、商务服务和科学研究等为中间产品型产业,信息服务、金融保险和科技服务等为中间产品型基础行业。生产性服务业各行业后向关联效应普遍较弱,金融、物流和商务服务业前向关联效应较强。道路运输业由中间产品型基础行业变为中间产品型行业,说明随着经济社会的发展,公路物流业对国民经济的贡献在加大;管道运输业、邮政业、计算机服务业、保险业由中间产品型行业变为中间产品型基础行业,这也表明生产性服务业正趋向高级化。

(5)近年来现代化的新技术、新业态和新服务方式改造、升级了传统服务业,向社会提供了高附加值、高层次、知识型的生产和生活服务业,同时也促进了传统服务业的经营效率提高和规范化发展。核心生产性服务业行业集中度较高,且大多有进一步集中的趋势,但租赁和商务服务业对制造业的中间投入比重及行业集中度都在下降,属于发展欠佳的行业类型,需要采取有力措施促进其发展。

本节试图采用投入产出法来分析我国生产性服务业近年来的发展变化特点,克服基于行业划分生产性服务业可能导致的计量精确度不高的缺陷。但由于部分地区数据不全等原因,没有对我国生产性服务业空间集聚和区域差异的发展变化展开研究,这有待后续进一步的深入全面研究。

第三节 生产性服务业发展与中国经济转型

一、引言

中国经济自推行改革开放以来进行了多次转型并取得成功,主要体现在以下两个方面。在经济体制领域,由封闭走向开放,由强调自成体系到融入全球体系;由计划经济体制到社会主义市场经济体制,强调市场在配置资源中的基础性作用,所谓"政府引导市场,市场引导企业"。在生产领域,由国有、集体经济主导转向私营、个体经济多元化发展,由主要以农业生产为主到积极推进工业化,大力发展工业品生产。正是这些领域的成功转型,使中国经济充满活力,并成为世界第二大经济体。但这种生产主导型经济也面临着新的巨大挑战,主要是物耗能耗过高、生态环境损耗过重、贸易摩擦与争端过多、温室气体排放量过大,以及产品附加值过低、知识要素投入不足、技术进步贡献率不高、产业经济的软性实力不强等问题日益威胁着中国经济的长远发展,由经济大国迈向经济强国需要中国经济再次转型,从生产型经济主导向服务型经济主导过渡,由硬性生产转向柔性生产,增强产品的技术含量和市场弹性,提高产品的附加值与主导性,这就迫切需要大力发展现代生产性服务业。事实上,处于价值链"微笑曲线"两端的高级生产性服务业是全球价值链的主要增值点和赢利点。因此,生产性服务业成为国际产业竞争的焦点以及跨国公司投资与产业转移的新热点。从空间上看,大城市和城市群已成为国家参与世界竞争的主要载体和引领者,国家经济转型首先应推动这些城市和城市群经济的转型,构建生产型服务经济特色更加浓厚的城市与城市群经济。

二、生产性服务是中国经济转型的薄弱环节和关键领域

自 20 世纪 90 年代初开始,中国就提出经济增长方式转变问题,但 20 年来在这方面的成效并不十分显著。增长成绩巨大,方式转变成绩不突出,我们在不断探寻其原因。从手段上看,认为技术进步力度不大;从领域来看,主要集中于工业领域,轻视一段时期内甚至忽视了服务业对促进经济结构转型的决定性作用,特别是对"微笑曲线"两端的生产性服务重视不够。"十一五"时期,中国内陆开始关注这个问题,在"十一五"规划建议中明确提出要"拓展生产性服务业",

"十二五"规划建议进一步强调为要"加快发展生产性服务业"。在今天,无论中央还是地方,对生产性服务业的重视程度日益提高,更加强调三次产业的协调发展,特别是强调二三产业间互动、融合发展。在地方,一些率先实行经济结构转型如北京、上海等发展水平较高的城市,由于在服务业领域发展上取得了较大成就,无论是经济效益还是节能降耗成效,均给其他地区起到示范性作用,从一定程度上扭转了对待服务业的传统思维,"工业至上论"正逐步被"产业协调论"替代,对现代服务业特别是生产性服务业的功能特征与产业属性的认识正全面提高与加强。但生产性服务业在中国内陆仍然是薄弱环节,主要表现在:技术创新服务体系还很不健全,企业、大学、研究机构、中介服务组织、政府和科技金融间的良性互动关系还没完全形成;国际化的专业服务能力还不强,企业"走出去"需要的相关服务支撑体系还很不完整;品牌设计、供应链管理、现代物流、信息资讯等行业的发展能力还不强,环保服务、软件设计、工业设计、规划设计等领域的发展水平还不高,生产性服务业仍然需要政府大力引导与支持。由于长期以来的政策歧视(如水电不同价),一些先行产业政策主要针对工业领域,服务业发展的很多政策不到位,一些政策已严重过时(部分领域的政策为20世纪90年代制定),不能适应服务业发展的现实需要。尽管近年来国家出台了指导服务业发展的一些意见和文件,但由于部门与部门之间、中央与地方之间、地方与地方之间的认识差异较大,政策文件出台和执行力度大打折扣。正因为如此,服务业领域没有取得预期发展成效,"十五"、"十一五"时期的服务业发展目标没有如期实现。由于在服务业发展问题上没有像发展工业那样取得最大共识,形成最大合力,服务业特别是生产性服务业在中国仍然是产业发展的薄弱环节。

(一) 21 世纪中国经济增长的主轴在服务业领域

按照国际组织发布的有关数据,2010 年,中国大陆制造业占全球制造业的比重为 19.8%,略高于美国的 19.4%。如果使经济总量达到或超过美国的水平,差距在服务业特别是生产性服务业领域。当前中国 GDP 约为美国的 2/5[①],据粗略估计,按照目前的能耗、物耗基数,要在 2020 年完成单位 GDP 能耗比 2000 年减少 40% 的目标,考虑到新能源与新的节能技术的应用,未来 3/5 的经济增加量中制造业能完成其中的 40% 则相当不错,其余 60% 即约 5～6 万亿美元需要服务业完成。

(二) 制造业大国转型需要生产性服务业支撑

未来中国制造业的转型方向有两个,一是传统产业的改造升级,发展战略性新兴产业;另一个就是由国内发展走向全球发展,在海外配置资源。无论哪个方向,都需要生产性服务业发挥更大的作用。传统产业改造升级和发展战略性新兴产业过程中的工业设计、品牌塑造、技术创新服务、数字化控制服务、节能降耗相关的环保服务等,需要发挥相关生产性服务业的主导性作用。在走向全球过程中,各类专业服务、金融服务、营销网络及售后服务等,需要大力推进国内生产性服务的国际化,提升在全球市场上的服务能力。

(三) 发展方式的根本性转变关键在于投入方式的根本性变化

从 2002 年和 2007 年两个年份中国投入产出表的分析看,作为

---

① 根据相关统计数据,2010 年美国 GDP 为 14.66 万亿美元,中国 GDP 为 397 983 亿人民币,按照 2010 年 12 月 31 日外汇价格 1 美元＝6.622 7 人民币计算,约为 6 万亿美元。

中间投入实物部分的比例仍然在增加,而生产性的服务投入比例在下降(表4—6)。在中国大陆经济增长中,服务性"软要素"投入的比例不到20%,这与OECD等发达国家的差距巨大。这些年来,随着中国经济的高速增长,资源消耗和温室气体排放也在急剧增长。因此,大家的感受是,只要中国经济保持增长,各种原材料价格必然居高不下,这种过度依赖物质投入的增长方式不可持续。

表4—6 2002~2007年我国实物投入与服务投入所占比重(%)

产业部门	实物投入比重			服务投入比重		
	2002年	2007年	2002~2007年	2002年	2007年	2002~2007年
三次产业	75.94	82.78	6.84	24.06	17.22	−6.84
第一产业	81.01	84.69	3.68	18.99	15.31	−3.68
第二产业	81.78	87.95	6.17	18.22	12.05	−6.17
第三产业	56.67	56.72	0.05	43.33	43.28	−0.05

注:实物与服务投入结构主要衡量某项实物或服务投入对产出的重要程度,指某个产业或部门对某项实物或服务的中间产品投入系数占该产业或部门全部中间产品投入系数的比重。

三、促进经济转型需要充分发挥城市生产服务功能作用

城市是中国经济发展的主战场。集中于制造的城市不再认为是现代化城市,增强文化、研发、创意、物流、金融、商务、专业服务、信息等柔性功能成为大城市特别是国际化城市发展的主导方向,由生产性城市向服务性城市转型,加强城市的组织、协调功能,城市中的制造业将更多转向外围地区。从空间上看,东部发达地区出现了一般性制造业特别是来料加工企业向中部和西部地区转移的趋势。广东

提出并实施"腾笼换鸟"战略,西部地区则出现了制造业大规模落地现象,如同当年的珠三角地区一样。但目前的状况是,除少数城市如北京、上海基本或正在完成向高级化的服务经济结构转型外,中国大陆地区绝大多数城市仍然以制造业为主导,服务业在三次产业结构中的比重均在50%以下,工矿城市服务经济比重更低。城市的生产性强、服务性弱的特点十分突出。

按照中国大陆主体功能区发展战略,珠三角、长三角和环渤海三大区域被确定为优化开发地区,即要率先实行经济结构转型。这三大地区是当前中国大陆地区经济最发达的都市群区,经济总量占中国大陆地区的1/3以上。按照国家战略,要首先推动这三大地区的产业结构转型,建立以服务业为主体的经济结构,降低单位GDP物耗、能耗。在功能分工上,目前并未完全明确,但从各自的比较优势看,珠三角应建立面向国际的我国商务服务中心和全球金融中心,成为中国更深层次迈入国际化的桥头堡和先行者;长三角应成为中国的物流、创意产业发展及先进制造业的技术服务推广中心;环渤海应成为中国的科技服务、金融管理和知识创新中心。其他重点开区域也应在生产性服务业领域有所作为,突出特色,推进第一产业、第二产业与生产性服务业的深度融合。中国经济发展与转型很大程度上取决于优化开发区域和重点开发区域。

地方政府调控方向,建设依托城市的服务业功能区成为各省(直辖市、自治区)发展生产性服务业的新热点。在国家服务业引导资金的基础上,各地加大了政府资金投入力度,扶持服务业重点行业,将扶优扶强与解决服务业领域的关键领域和薄弱环节紧密结合起来。北京自"十五"时期开始,就将现代服务业作为经济发展的主攻方向,首钢搬迁、建立中关村科技创新园区及各种创意产业基地是该时期的重大举措。上海提出的"四中心"①建设目标意在构建具有国际影响力的现代服务业体系结构。但同发达国家特别是欧美国家相比,除中国香港外,中国还缺乏像伦敦、纽约那样具有全球影响力和强大服务功能的世界性城市。不仅如此,其对国内相关区域的影响与辐射力也有待进一步加强,特别是在生产服务功能方面。

四、中国生产性服务业发展的功能性特征与障碍

(一)功能特征

1. 中国服务的消费性强于生产性,但生产性地位逐步提高

中国经济的"二三一"产业格局特征明显,2012年,三次产业结构的比重为10.1∶45.3∶44.6。根据对2007年国家投入产出表②的分析,从服务业内部结构来看,2007年,中国消费性服务业与生产性服务业增加值占GDP的比重分别为20.30%和18.37%,消费性服务业增加值比重略高于生产性服务业(表4—7)。但从动态比较看,生产性服务量正逐步提高,其在服务业增加值中的比重从2002年的47.1%上升到2007年的47.5%。

2. 生产性服务业结构不断发生变化,正从中国的特殊性走向一般性

从生产性服务业内部结构来看,我国生产性服务业以批发和零

---

① "四中心"是指国际经济、金融、贸易、航运中心。
② 投入产出核算中的增加值不包括进口关税部分,增加了废品废料部门的增加值,其绝对值与GDP修订数据略有不同,依据投入产出表的核算结果与国家统计年鉴的公布结果有一定差距,两者GDP总量不一致。

表4—7 2002~2007年我国三次产业及内部部门的增加值总量和比重

产业部门	总量（亿元）		比重（%）		
	2002年	2007年	2002年	2007年	比重变化
国内生产总值	121 858	266 044	100.00	100.00	0.00
第一产业	16 630	28 659	13.65	10.77	−2.88
第二产业	55 101	134 495	45.22	50.55	5.33
第三产业	50 127	102 889	41.14	38.67	−2.47
消费性服务业	26 508	54 005	21.75	20.30	−1.45
生产性服务业	23 619	48 884	19.38	18.37	−1.01

售业、交通运输及仓储业、金融业为主体，上述行业增加值比重累加达到生产性服务业增加值总量的60%以上。而且，房地产业、住宿和餐饮业作为生产资料的中间产品性质较为突出，根据对投入产出表的分解计算，这些行业有50%以上的部分用于中间品投入，它们在生产性服务业增加值中的比重2007年分别达到6.33%和6.46%。从动态比较看，近年来，金融业、技术服务、物流等行业的生产性功能在不断加强，而信息服务的生产性功能有所减弱（表4—8）。

表4—8 2002~2007年我国生产性服务业内部行业增加值比重（%）

行业部门	2002年	2007年	比重变化
交通运输及仓储业	21.62	22.38	0.75
邮政业	0.52	0.63	0.11
信息传输、计算机服务和软件业	9.94	6.68	−3.27
批发和零售业	24.31	18.33	−5.97

续表

行业部门	2002年	2007年	比重变化
住宿和餐饮业	5.91	6.46	0.55
金融业	15.99	20.99	5.00
房地产业	6.44	6.33	−0.11
租赁和商务服务业	6.36	5.04	−1.32
研究与试验发展业	0.30	0.81	0.50
综合技术服务业	2.35	3.62	1.27
其他社会服务业	3.30	4.90	1.60
教育事业	1.09	1.48	0.39
卫生、社会保障和社会福利业	0.65	0.72	0.07
文化、体育和娱乐业	1.22	1.50	0.28
公共管理和社会组织	0.00	0.15	0.15

3. 二三产业是生产性服务投入的主要对象，但对其依赖作用有所减弱

从生产性服务的分配结构来看（表4—9），二三产业是生产性服务投入的主要对象，2002年分别达到53.55%和41.53%，2007年分别达到56.07%和40.68%，投入到第二产业的生产性服务比重上升了2.52个百分点。但是，生产性服务投入对于二三产业产出的支撑作用有所减弱，2002~2007年二三产业对生产性服务的依赖度分别下降了6.17个和0.05个百分点。

表4—9　2002～2007年我国生产性服务业的投入结构和依赖度

产业部门	投入结构(%)			依赖度(%)		
	2002年	2007年	变化	2002年	2007年	变化
第一产业	4.92	3.25	−1.67	18.99	15.31	−3.68
第二产业	53.55	56.07	2.52	18.22	12.05	−6.17
第三产业	41.53	40.68	−0.85	43.33	43.28	−0.05

注：投入结构主要分析生产性服务具体投入到哪些产业或部门，指各个产业或部门对某项中间产品的使用系数占该项中间产品全部使用系数的比重；依赖度主要衡量某项投入对产出的重要程度，指某个产业或部门对某项中间产品的投入系数占该产业或部门全部中间产品投入系数的比重。

（二）主要障碍

1. 认识不到位

中国大陆地区对服务业的认识首先是其消费性，1992年国家出台了意在保障社会对服务业消费性需要的政策文件[①]，2001年又出台了意在促进服务业全面发展，改变服务经济发展整体滞后局面的政策文件[②]。生产性服务业受到重视体现在国家2007年有关文件之中[③]。在中国大陆，目前地方很多领导只认识到服务业的消费性层面，对生产性服务业强大功能层面的认识还很肤浅，除公共服务领域外，中国大陆在服务业领域也存在消费性服务业发展之腿较长、生产性服务业之腿较短的问题。有人曾提出应将生产性服务业纳入战

---

① 中共中央国务院关于加快发展第三产业的决定（1992年6月16日）。
② 国务院办公厅转发《国家计委关于"十五"期间加快发展服务业若干政策措施意见的通知》（国务院办公厅文件，国办发〔2001〕98号）。
③ 国务院关于加快发展服务业的若干意见（国发〔2007〕7号）。

略性新兴产业范畴,有其深刻的经济内涵,生产性服务业领域的很多行业确实应该提到国家战略性产业层面上。遗憾的是,这种深刻认识还不具有普遍性。

2. 缺乏良好的制度安排

生产性服务业发展需要宽松的市场环境,需要建立与世界市场脉搏跳动相吻合的规则体系。首先大陆市场要素的自由流动,被地方分割的市场体系应该得到有效整合;其次要有更为开放的市场环境,中国大陆工业领域的成就来源于改革开放政策,服务业领域的发展同样需要建立监管有力、更为开放的制度环境;第三要改变歧视性政策体系,按照战略性产业基准,建立与其相适应的支持政策框架。

3. 开放与国际合作不深入

国际化水准不高是中国大陆生产性服务面临的共性问题,内强外弱,规模大能力低是通病。改革开放三十多年来,中国走出了一条较为成功的工业发展道路,但对如何有效发展服务业,加强服务能力建设问题上缺乏积极有效的探索,这也是进入 21 世纪中国经济发展面临的重大战略性问题。服务业如何开放,如何在服务业领域开展务实有效的国际合作成为当前改革的重中之重,需要攻坚克难。

4. 统计监测上的困难

作为工农业和服务产品生产的中间投入品,生产性服务往往很难完全地从服务业整体行业中剥离出来,服务业一般具有生产和消费的双重属性,哪一部分用于生产,比重有多大? 多大比重的服务业可以被粗略地认为是生产性服务业? 目前没有一个统一的标准。由于不同经济体和经济发展水平不同的国家之间同一服务行业的生产性属性的强弱不同,也难以完全采用其他国家的标准进行界定。因此在现实中,国家或地方在制定规划时,往往跟着感觉走。借助投入产出表可能有助于解决这个问题,但其结果并未得到广泛认同,且投入产出表五年才编制一次,不能及时反映生产性服务业的发展情况,不利于及时调整有关行业政策。

五、中国生产性服务业发展的重点方向

生产性服务发展的关键在于增强创新创意服务功能、金融服务的全球化功能、专业及商务服务功能、物流高效服务功能。

1. 创新创意服务功能

创新型国家建设不仅需要重视1%的起决定作用的重大理论创新突破能力建设,更要重视决定着99%的市场开拓能力的创意潜力挖掘。要在不断完善创新创意服务体系的基础上,在若干重大科技领域取得关键性突破,在创意产业发展上取得新的成就,使"中国创造"取代"中国制造"。

2. 金融服务的全球化功能

中国金融资本日益雄厚,金融市场也在日益扩大,但金融的全球服务能力还较弱,服务方式还较单一。不仅整合全球资源需要加强金融服务能力建设,"走出去"也迫切需要人民币国际化。世界发展需要美元,还需要人民币。

3. 专业及商务服务功能

中国大陆的国际商务及专业服务能力明显不足,目前参与大陆国际商务服务的很多是国际性商务公司,本土企业主要经营本土市场,这与中国全球国家形象不相称。加强国际商务合作,提升本土商务企业参与全球商务服务的能力和国际竞争力迫在眉睫。

4. 现代物流服务功能

中国是资源消费大国、产品生产大国,同时也是贸易大国,但中国物流现代服务能力还不强,效率不高。国内仍然存在市场阻塞,国际物流服务仍处于低端,加强海陆空现代物流体系建设,建设联系主要市场的综合物流体系,包括物流港口、基地、枢纽等是中国经济进一步发展的现实要求。

第五章 生产性服务业空间集聚与城市互动发展

第一节 国际产业分工演化对生产性服务业发展的影响

一、国际产业分工的动态演化特征

国际产业结构调整和生产能力转移是国际产业分工形成及其演化的重要动因。20世纪60年代以来，大体出现过三次世界性产业结构调整与转移，由此推动从产业间分工向产业内分工、再到产品内分工的动态演化过程。尤其在经济全球化背景下，以跨国公司为主导、以价值链细分为特征的国际产业分工与全球资源配置促使生产性服务业成为国际产业竞争的焦点和全球产业布局调整的热点（李善同、高传胜，2008）。

（一）国际产业结构调整与转移

1. 第一次世界性产业结构调整与转移

在科技革命推动下，20世纪60年代后期，美日等发达国家开始产业结构调整，积极发展钢铁、化工、汽车、机械等资本密集型工业，同时注重发展电子、航天工业等技术与资本密集型工业，而把纺织、服装、制鞋等劳动密集型轻纺工业以及部分耗能多、污染大的重化工业逐渐转移到二战后相继独立的发展中国家(尤其是东亚地区)。"亚洲四小龙"在此背景下抓住劳动密集型产品加工与出口的发展机遇,开始由进口替代型向出口导向型经济转变,逐步发展成为新兴工业化国家和地区。20世纪70年代,两次石油危机诱发的世界性经济危机沉重打击了发达国家的高能耗重化工业,迫使发达国家加快产业结构调整步伐,开始发展以微电子技术为主的知识与技术密集型产业,而将汽车、钢铁、造船等资本密集型产业转移到新兴工业化国家和发展中国家。与此同时,"亚洲四小龙"抓住国际产业调整与转移的机遇,积极承接发达国家转移的资本密集型产业,并将失去比较优势的劳动密集型产业转移到东盟等国家,实现自身产业结构调整与升级。

2. 第二次世界性产业结构调整与转移

20世纪80年代以后,随着石油和初级产品价格大幅下跌,国际经济再次遭受强烈冲击,发达国家之间贸易摩擦加剧,各国为了构建新的国际分工和贸易格局以及与国际经济相协调的经济结构,出现了第二次世界性产业结构调整与转移浪潮。第一,发达国家与发展中国家之间的劳动分工向纵深发展。美日等发达国家为了进一步推动产业结构高级化,大力发展以微电子为主的信息产业和以生物技术、新材料和新能源为主的高新技术产业,并运用高新技术改造传统产业。同时,将失去比较优势的传统产业和部分低附加值的技术密集型产业(如汽车、电子、化工等)转移到其他国家或地区,特别是"亚洲四小龙"和东盟国家。新兴工业化国家和地区则通过承接发达国家转移出来的重化工业等资本与技术密集型产业,实现地区经济增长和产业结构升级。尤其是20世纪80年代中期以来,"亚洲四小龙"已在钢铁、汽车、石化等领域与美日展开激烈竞争,并大量吸收美日的微电子等高新技术产业投资,同时将劳动密集型产业和部分资本与技术密集型产业转移到东盟和中国,促进了这些国家或地区经济发展和产业结构升级。第二,工业中产业之间垂直分工向产业内部垂直分工发展。一般而言,高技术含量的关键部件和组装成品由发达国家控制,而大量的一般元器件由发展中国家生产。

3. 第三次世界性产业结构调整与转移

20世纪90年代以来,随着经济全球化的深入和科技革命的推进,知识经济在发达国家逐步成为现实经济形态,全球经济系统面临第三次世界性产业结构调整与转移,国际产业分工呈现"产品差别型分工"和"生产工序型分工"发展特征。总体来看,美国依托新技术和新产品领域的创新优势处于国际产业分工的顶尖,主要生产高附加值产品;日本和西欧等发达国家发挥应用技术开发领域的优势,主要生产一般高附加值产品;其他发展中国家的技术水平较低,主要生产附加值较低的一般工业产品。国际产业转移重点从先前的纺织服装、金属制品、一般机械等劳动密集型产业和电子组装及测试等初级技术密集型产业向电子、化学和运输工具以及高附加值的资本与技术密集型产业转化,21世纪以来又波及到技术更为密集的生物技术、新材料等高新技术产业。此次世界性产业结构调整与转移不再是个别企业的孤立行为,而是在国际生产网络或体系基础上形成的全球范围内相互协作的企业组织框架。

总体而言,"二战"至今,全球出现了三次大规模的产业结构调整与生产能力转移,大体形成美国—日本—东亚新兴工业化国家或地区—中国和东盟的区域梯次结构,产业转移类型也按照劳动密集型—资本密集型—技术密集型—知识密集型的梯度依次进行,由此推动不同国家和地区在国际产业分工体系中的地位变化。

(二)国际产业分工演变与趋势

1. 要素分工成为国际产业分工的主要形式

国际产业分工从以产业和产品为边界的产业链分工转向以要素为边界的价值链分工,要素密集度决定国际产业分工地位的传统理论依然适用,但要素流动与组合已发生变化。在经济全球化背景下,自然资源、劳动力等传统要素的作用趋于减弱,而技术、人才、信息等知识要素的作用趋于增强,且这些要素更具国际流动性。此外,不同要素在价值链各环节的贡献程度发生变化。因此,国际产业分工更多体现为同一产品价值链上具有劳动、资本、技术或其他要素密集性质的各环节之间的分工。

2. 跨国公司成为国际产业分工的主导力量

经济全球化不断深化导致传统国际产业分工的国别界限明显弱化,国际产业分工关系正从国家与国家之间转变为企业与企业之间。跨国公司作为生产、投资和贸易全球化的主角,已成为国际产业分工主体并主导着以产业链细分为特征的国际产业转移。随着跨国公司主体地位增强和全球性经营活动扩展,以部门间分工和垂直分工为主的国际产业分工格局逐渐被打破,形成部门内分工和水平分工、部门间分工和垂直分工并存格局,部门内和企业内贸易也逐步取代部门间和企业间贸易成为国际贸易主导形式。随着跨国公司内部分工链条不断延伸,公司内分工成为国际产业分工新标志,部门内分工也日益体现为公司内分工。

3. 分包活动成为国际产业分工的实现途径

传统国际产业分工的实现途径是通过国际交换实现国家之间的生产或分工关系。跨国公司的蓬勃发展促使市场以外的制度安排了国际交换的丰富内涵。原来只是发生在不同国家、不同企业或不同产品之间的国际交换,也可以发生在同一国家(跨国公司设在同一国家的不同分支机构)、同一企业(跨国公司内部)或同一产品(不同生产环节)之内。因此,国际产业分工的实现方式从单纯依赖外部市场的国际贸易转向外部市场与内部市场并存的多元格局。尤其是以跨国公司为主导、企业间非股权参与的业务和功能外包活动尤为突出,主要可以划分为三个发展阶段:制造业和服务业的国内外包阶段、制造业离岸外包阶段、生产性服务业离岸外包阶段,目前生产性服务业离岸外包已成为主要趋势。

4. 全球生产网络成为国际产业分工的高级形态

全球生产网络是由共同参与某种产品制造或服务供给过程的不同国家企业所形成的国际分工协作网络,它是国际产业分工发展的高级形态。不同于传统的产业间或产业内分工,全球生产网络着眼于某一产品或服务的全球价值链,在不同生产阶段、经营功能或业务性质等方面进行分工。跨国公司处于全球生产网络的核心地位,通过分解产品制造或服务供给过程或环节,根据不同生产阶段或功能对生产要素和技术的不同要求以及不同地区资源、成本、物流和市场的差别,在全球范围内进行资源有效配置以期实现利益最大化。处于价值链"微笑曲线"两端的高级生产性服务业是全球价值链的主要增值点和赢利点。因此,生产性服务业成为国际产业竞争的焦点以及跨国公司投资与产业转移的新热点。

总体来看,随着经济全球化加速和信息技术迅猛发展,国际产业分工呈现以跨国公司为主导、以价值链细分的要素分工为主要形式、以业务和服务外包活动为主要实现方式的发展态势,生产性服务业已成为全球生产网络中国际产业竞争的焦点和全球产业布局调整的热点。

二、生产性服务业增长的动力机制

随着国际产业结构调整与转移以及由此引发的国际产业分工不断深化,20世纪70年代以来西方生产性服务业的增长动力成为经济地理学者和区域经济学者普遍关注的核心课题之一。

(一)柔性生产方式引致的外部化趋势

一种观点认为,生产性服务业的快速增长源于生产的外部化趋势。20世纪60~70年代是西方福特式生产体系逐渐瓦解、以垂直分工为特征的灵活性生产体系开始兴起的时期。生产性服务业外部化是指公司通过市场交易途径获取生产性服务产品来满足需求,而不是通过自身生产所需服务产品(Howells and Green,1985;Daniel,1985)。现代区域科学研究认为,追求成本更为经济的产业组织结构是生产性服务功能内部化或外部化过程的驱动力(Scott,1988;Goe,1991)。如果可以在开放市场中获得生产性服务,其购买者就可以更为准确地评价供给成本,进而决定是否内部化生产(Coffey and Bailly,1990,1992;O'Farrell and Wood,1998)。但越来越多的研究表明,成本驱动的外部化并非生产性服务需求增长的最重要因素。降低风险、应对不确定需求、关注核心技术等灵活性因素促进生产者更大程度地外部化购买生产性服务(Hatch,1987)。这些"半成本"因素可以解释为交易成本结构,但与服务使用者降低成本动机并没有直接联系。战略性缩小规模、降低成本以及保持"精干"导致生产性服务业公司的增加,专业知识需求等非成本因素是生产性服务外部化需求最为重要的因素(Beyers and Lindahl,1996)。Gillis(1987)指出,服务贸易的蓬勃发展促进了生产性服务业自身的发展;Porter(1990)进一步指出,国内和国际商业环境复杂性的日益增加导致更多的专业知识需求。

(二) 多种因素综合作用引致的新需求

另一种观点认为,生产性服务业的外部化不过是原本作用于物质生产过程而被排除在服务产业之外的服务活动的转移,即生产性服务业的外部化趋势只是服务供给地点的变化,并未导致生产性服务业需求总量的增长;生产性服务业的快速增长是整个社会经济、政治、科技、环境等因素变化所引致的新需求(Tschetter,1987)。战后西方社会经历了从福特式生产向后福特时代以满足个性化需求为目的、以信息通信技术为基础、生产过程和劳动关系均具有灵活性的生产模式转变。日益复杂的劳动分工、企业空间和功能分异的加剧、国际化整合的专业服务需求增加、制度环境改变等因素大大增强了生产性服务业的需求(Coffey and Bailly,1990,1992)。Pedersen(1986)对丹麦、Marshall 和 Green(1990)对英国、Beyers 和 Lindahl(1996)对美国的实证研究均表明,企业购买外部专业服务业不仅仅寻求价格上的优势,更多是出于对新技术、新技能、新环境和新需求所作出的应对决策。

综合来看,柔性生产方式下的外部化趋势是生产性服务业快速增长的重要动力之一,节约成本、降低风险、应对不确定需求、关注核心技术、专业技术需求等因素共同决定了生产性服务业的外部化趋势。同时,整个社会经济、政治、科技、环境等多种因素综合作用引致的新需求也影响生产性服务业的快速发展。

三、生产性服务业的空间集聚态势

20世纪60年代以来的国际产业分工演化重构了发达国家与发展中国家的生产关系,生产性服务业的快速增长及其在世界城市网络体系或区域城镇体系中不同等级城市之间的空间集聚特征,则体现了世界范围内以城市为依托的生产与控制的等级体系,即反映了城市在国家乃至全球城市体系中的分工与地位。

(一)全球视角:世界城市崛起

随着世界性产业结构调整和国际产业分工深化,金融及专业服务业全球市场的蓬勃发展、国际投资大幅增长对跨国服务网络的强劲需求、政府管制国际经济活动的逐步弱化、全球市场和公司总部等其他制度安排的不断涌现都需要一个跨国城市网络(Sassen,1991)。由于不依赖购买者的地理邻近性、可能在合适区位集中生产并向国内外其他地区输出服务,生产性服务业趋向于集中在主要城市(余佳、丁金宏,2007)。随着以金融及专业服务业为代表的高级生产性服务业在世界主要城市集中,世界城市(World city,又称全球城市、译为Global city)脱颖而出并崛起成为管理和控制世界经济运行的重要节点。世界城市的出现促使跨国公司等全球运营主体的影响力与控制力日益增强,并导致世界经济中心由国家层面逐渐转向城市层面。

(二)区域视角:城市等级体系重构

从区域视角出发,由于生产性服务业空间分布的不均衡性,生产性服务业空间集聚的等级体系与其所在区域的城市体系结构存在密切关系(Illeris and Sjoholt,1995;O'Connor and Hutton,1998)。由于不同等级生产性服务业在交易时信息不对称程度有所差别,城市等级越高,生产性服务业的行业类型越高端、空间集聚越显著,如高等级生产性服务业倾向于在大城市集聚,而中低等级生产性服务业在大中小城市都能生存发展。作为城市基本或者间接基本经济活动,生产性服务业在深化劳动分工、提高劳动生产率、促进城市与区域发展等方面发挥着关键性作用(Illeris,1989)。

(三)城市视角:城市内部空间塑造

城市内部空间视角下生产性服务业呈现中心性、专业化的空间集聚特征,且主要集中在 CBD,但不同类型或不同功能的生产性服务业空间集聚态势存在明显差异。西方城市生产性服务业空间集聚呈现阶段性特征,集聚与扩散的对立统一贯穿于服务活动的空间过程。基于面对面接触需求、土地成本或租金价格、信息与通信技术发展、集体学习与创新环境、企业形象与品牌效应、社会文化及行为因素、政府规划与政策引导等区位影响因素,城市生产性服务业空间集聚演变规律表现为:中心城区高度集聚—面向郊区空间分散—郊区重要节点重新集聚 都市区多核心结构形成(Daniels,1985;Coffey,2000)。处于经济社会转型期的中国大城市生产性服务业空间集聚特征与西方城市存在明显差异,体现了市场与政府双重力量的空间博弈(赵群毅、周一星,2007)。

总体来看,生产性服务业在城市、区域乃至全球尺度均呈现明显的空间集聚特征。在中观和宏观尺度,生产性服务业空间集聚的等级体系与其所在区域的城市体系结构密切相关,高等级生产性服务业更倾向于布局在国际性大都市。在微观尺度,生产性服务业集聚与扩散已成为塑造城市内部空间结构的重要力量。

第二节 城市发展条件对生产性服务业空间集聚的影响

由于生产性服务业具有中间需求性、产业关联性、知识密集性、高度专业性、高附加值性等产业特征,其区位选择的影响因素明显不同于制造业。从基础设施、制度环境、人力资源、市场腹地等方面探讨城市发展条件对宏观和中观尺度生产性服务业空间集聚的影响。

一、基础设施:城市发展硬条件

在经济全球化和区域一体化背景下,生产性服务业作为城市产业体系中的基本经济部门,其服务范围已超越城市与区域的行政边界,与全球城市体系中的节点城市发生着信息流、资金流、人才流等要素的频繁交换,以城市基础设施为支撑的通达性成为生产性服务业区位选择的重要因素,并呈现时间和心理距离取代空间距离、由多种交通与信息通信技术手段相结合的综合交易成本取代单一运费因素的发展特征(方远平、闫小培,2008)。一方面,以航空网络紧密度为主要标准的城市对外交通便捷性成为区域性节点城市吸引生产性服务业集聚的重要支撑。另一方面,信息技术与电子通信融合形成的全球通信网络推动全球服务经济崛起,基于远程信息处理技术构成的跨地域中心成为高端生产性服务业的集聚场所(周振华等,2004)。因此,交通及信息通讯基础设施较为完善的区域中心城市是生产性服务业企业实现跨界运营的理想场所,面向全球市场的高端生产性服务业企业更是集聚在基础设施完善的少数全球城市(Sassen,1991)。

二、制度环境:城市发展软条件

生产性服务业"事前定价"、"事后检验"产业特性所导致的服务效用不确定性容易引发机会主义和道德风险,供求信息不对称进一步增加了企业合作的交易成本,而完善的制度环境是降低交易成本的最有效工具。成熟市场经济国家的经验表明,高效的公共行政管理取决于三个因素:政府组织结构合理化、行政法制建设健全和社会民间组织高度发达(周振华等,2004)。新兴工业化国家或地区的发展经验也表明,不论是自下而上自发形成的市场主导型产业集群,还是自上而下引导形成的政府扶持型产业集群,均是微观市场机制与宏观政府调控双重力量综合作用的结果,作为正式制度安排的政府在制度创新中发挥着关键性作用(胡霞,2009)。因此,具备健全的政策法规体系以及良好的集体学习与创新环境的区域中心城市往往成为生产性服务业集聚场所。

三、人力资源:城市智力支撑要素

知识密集、高度专业的产业特性促使生产性服务业对高层次劳动力资源高度依赖,能够便捷获取所需劳动力资源也成为生产性服务业企业区位选择的重要因素。生产性服务业通常需要高层次的科学家、高水平的学科带头人、高精尖的研发人员和工程技术专家、经济学家和金融专家以及一大批熟悉国际惯例和经验技巧的国际金融与贸易人才、信息开发与咨询人才,而高层次的专业性人力资源往往集聚在科教资源丰富的区域乃至国家中心城市。伦敦、纽约、东京等国际大都市的发展经验表明,培育与建设世界城市过程中有意识构建高级劳动力国际流动模式、引导高级国际劳动力在跨国公司办公网络中的集中与流动,对于发挥世界城市的首要功能、促进生产性服务业的快速发展具有重要作用。国际熟练移民是世界城市服务生产达到全球化能力的重要表现(周振华等,2004)。因此,知识要素高度集聚、高层次人力资源充裕的城市对于生产性服务业空间集聚具有强大的吸引力。

四、市场腹地:城市空间作用强度

生产性服务的可贸易性促使市场中心的服务提供者向其对应等级的市场区域输出服务(即国内服务流动)或者实现跨境的专业服务供给(即国际服务贸易),而服务供需双方的空间距离、各地服务贸易制度等因素均会对生产性服务贸易产生影响(钟韵,2010)。由于不同等级生产性服务业在交易时信息不对称程度有所差别,基于城市空间作用强度的市场腹地范围往往决定生产性服务业发展的等级体系。从区域、国家乃至全球尺度来看,城市等级越高,生产性服务业的行业结构类型越高端、空间集聚态势越显著(Illeris and Sjoholt, 1995；O'Connor and Hutton, 1998)。因此，城市所在区域的城市体系结构及其市场腹地范围对生产性服务业空间集聚具有重要影响。

第三节 生产性服务业空间集聚对城市发展的影响

生产性服务业的增长及其集聚已成为近年来发生在不同空间尺度尤其是城市内部最为重要的现象之一，生产性服务业空间集聚对城市发展的影响主要体现在推动城市经济发展、重塑城市空间结构、支撑城市全球运营三个方面。

一、推动城市经济发展

受服务业是"非生产劳动"、强调"物质生产"等传统观点约束，传统城市经济基础理论认为制造业是城市发展的基本经济部门，服务业则处于从属地位(Daniels, 1985)。随着信息技术发展和经济全球化推进，越来越多的研究发现，服务业尤其是生产性服务业在提供就业、增加收入、提高效率等方面对城市经济发展具有重要意义(Hansen, 1990)。生产性服务业作为城市基本经济活动或间接基本经济活动，逐步取代制造业成为城市经济发展的核心动力。一方面，生产性服务业作为基本经济活动，通过产品出口向城市外部输出服务，为城市创造新的经济收入和就业机会，并在城市投资环境改善、创新能力提升、发展方式转变等方面发挥着战略性作用(Illeris, 1989; Sclya, 1994; Macpherson, 1997)。生产性服务业所具有的可贸易性是其成为基本经济活动的实质,信息技术进步、服务业跨国公司形成与发展、政府政策扶持等共同促进了服务业的可贸易性和国际化(Daniels,1995)。另一方面,生产性服务业作为间接基本经济活动,通过向基本经济活动提供策略服务并为服务使用者构建环境条件,提高了当地基本经济活动企业的生产率和竞争力,并创造新的就业机会,从而间接为城市经济发展提供支撑作用。

二、重塑城市空间结构

生产性服务业的集聚经济偏好使其在城市内部空间呈现明显的集聚特征。早期生产性服务业高度集聚在中心城区或CBD,目的在于利用优越的交通通达性、充足的劳动力市场并降低面对面交流成本从而实现外部效益最大化。随着高度集聚中心城区所带来的诸如租金和税费提高、劳动力成本增加、交通拥挤、通勤费用增大等外部负效应日益增大,加上生产性服务业内部行业分工细化、职能分化以及各行业在服务市场范围、劳动力素质要求等区位选择因素方面的不同侧重,生产性服务业出现离心化、郊区化现象,并在城市内部呈现出不同的空间分布模式(Hessels,1992)。但是,郊区化并非生产性服务业的空间绝对分散,而是在城市郊区或边缘城市形成新的集聚中心。生产性服务业的集聚、分散与集中式分散构成新时期城市郊区化的主要内容,并成为影响城市内部空间重构的重要因素(Coffey et al.,1996)。

三、支撑城市全球运营

传统的国际劳动分工以物质生产为基础,现代生产组织则更为关注如何组织生产性服务业以控制全球价值链的关键部分。在全球化和信息化背景下,生产活动正加速向全球范围扩散,工厂、企业大规模向边缘地带和发展中国家转移,而对生产活动的管理和控制功能则向大城市集中,生产与管理在空间上逐步分离。少数世界城市依靠现代化基础设施、高级生产性服务业网络和高效指挥系统成为跨国公司全球生产经营和战略策划中心(Sassen,1991)。作为人力资本和知识资本进入生产流程的桥梁,生产性服务业发挥着把技术进步转化为生产能力和国际竞争力的重要作用,是实现产品价值增值和形成产品差异性竞争优势的主要源泉。生产性服务业的高度集聚是世界城市的重要特征和形成关键。作为支持企业跨越地域制度和文化障碍、实现全球运营的核心要素,生产性服务业成为世界城市体现功能的关键所在。

第四节 主要结论与政策启示

"二战"以来全球性产业结构调整与转移推动了国际产业分工从产业间分工向产业内分工、再到产品内分工的动态演化,柔性生产方式引致的外部化趋势以及多种因素综合作用引致的新需求促进了生产性服务业的快速发展,而生产性服务业的空间集聚特性对世界城市崛起、区域城市等级体系重构和城市内部空间塑造均产生重要影响。基础设施作为城市发展硬条件、制度环境作为城市发展软条件、人力资源作为城市智力支撑要素、市场腹地作为城市空间作用强度对宏观和中观尺度生产性服务业空间集聚产生重要影响,而生产性服务业空间集聚从推动城市经济发展、重塑城市空间结构、支撑城市全球运营等方面对城市发展产生积极影响(图5—1)。

```
┌─────────────┐   ┌─────────────┐   ┌─────────────┐
│ 国际产业分工 │──▶│ 生产性服务业 │──▶│ 生产性服务业 │
│  动态演化   │   │  快速增长   │   │  空间集聚   │
└─────────────┘   └─────────────┘   └─────────────┘
```

┌───┐
│   国际产业分工对生产性服务业空间集聚的影响   │
└───┘

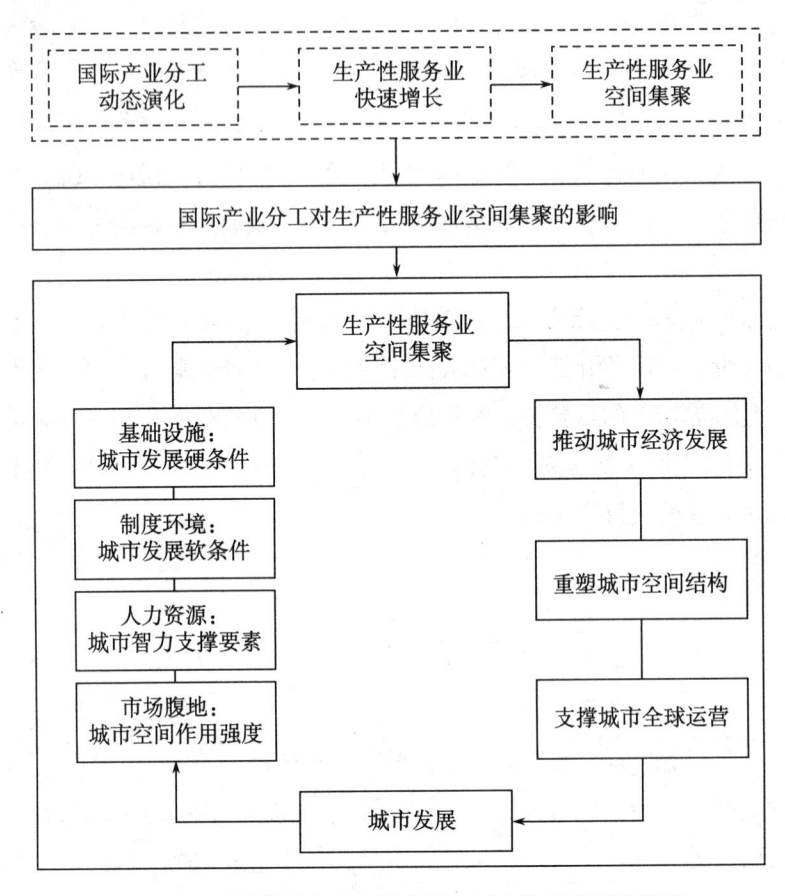

```
                    ┌──────────────┐
              ┌────▶│ 生产性服务业 │
              │     │  空间集聚   │
              │     └──────┬───────┘
  ┌─────────────┐          │         ┌──────────────┐
  │  基础设施：  │          ├────────▶│推动城市经济发展│
  │城市发展硬条件│          │         └──────────────┘
  └─────────────┘          │
  ┌─────────────┐          │         ┌──────────────┐
  │  制度环境：  │          ├────────▶│重塑城市空间结构│
  │城市发展软条件│          │         └──────────────┘
  └─────────────┘          │
  ┌─────────────┐          │         ┌──────────────┐
  │  人力资源：  │          └────────▶│支撑城市全球运营│
  │城市智力支撑要素│                   └──────┬───────┘
  └─────────────┘                            │
  ┌─────────────┐          ┌──────────┐      │
  │  市场腹地：  │◀─────────│ 城市发展 │◀─────┘
  │城市空间作用强度│         └──────────┘
  └─────────────┘
```

图 5—1　生产性服务业空间集聚与城市发展的互动关系

　　研究结论对于我国产业结构调整和城市功能转型具有一定的政策启示。一是以大城市和特大城市为重点、依托完善的硬件设施和制度环境吸引生产性服务业集聚发展。通过培育服务功能强、辐射范围广的国家或区域生产性服务中心，促进城市与区域产业结构转型升级。尤其要依托高端生产性服务业的空间集聚推进中国特色世界城市建设,进而提升城市整合和配置全球资源要素的控制力及其在世界城市体系中的地位和作用。二是以产业集聚区或重点功能区为载体推进生产性服务业集聚发展和城市功能转型。全面考虑生产性服务业发展的空间集聚性、行业异质性和时间波动性,科学调整生产性服务业空间布局,加快推进相关企业或机构集聚化发展,充分发挥生产性服务业对城市功能转型的支撑引领作用。

第六章　城市生产性服务业综合竞争力评价

随着中国社会主义市场经济体制日趋完善和国内国际市场一体化进程不断加快,区域乃至国家之间经济发展的竞争与合作更多地表现为产业分工与协作,尤其是战略区域中心城市的高端产业竞争力水平已成为决定区域乃至国家经济发展的核心因素。北京作为国家首都和京津冀都市圈中心城市,其生产性服务业综合竞争力水平已成为北京市、京津冀都市圈乃至中国主动融入世界城市经济体系、逐步迈向现代化与国际化的重要支撑。

生产性服务是基于服务部门的功能性分类,指被其他商品和服务的生产者用作中间投入的非最终消费服务(Greenfield,1966)。从表现形态看,生产性服务包括两种形态:一种是内化于产业或部门(包括政府部门与非政府部门)当中还没有外部化的非独立形态;另一种是已经外部化、市场化的独立形态,与之相对应的产业部门就是生产性服务业。20世纪80年代以来,生产性服务业逐步取代制造业成为西方城市经济发展的核心动力(Illeris,1989;Hansen,1990;Harrington,1995)。作为城市基本经济活动或者间接基本经济活动,生产性服务业的增长及其空间集聚在国际大都市产业转型与功能重塑中发挥着关键性作用(Sassen,1991;Coffey,2000)。90年代以来,生产性服务业对西方城市发展的诸多影响正全部或部分在我国大城市呈现,成为策动北京、上海、广州等大城市经济增长及其内部空间重构的核心力量(闫小培、许学强,1999;闫小培,1999;宁越敏,2000;段杰、闫小培,2003;钟韵、闫小培,2006;赵群毅,2007;赵群毅、周一星,2007;邱灵等,2008;申玉铭等,2009;赵群毅等,2009)。京津冀都市圈、长三角城市群和珠三角城市群是中国未来经济发展格局中最具活力和潜力的三大核心地区,也是目前全国和省域经济发展的战略重点地区(方创琳等,2005)。本章通过北京、天津、上海、广州、深圳等上述核心地区五大中心城市生产性服务业综合竞争力的比较分析,探讨北京市生产性服务业发展的优势与劣势,旨在为政府部门科学制定差异化发展的政策措施、有效地提升生产性服务业综合竞争力提供科学依据。

第一节 生产性服务业综合竞争力评价模型

一、指标体系

生产性服务业综合竞争力是对生产性服务业发展的规模、结构、效率、效益、增长潜力及外部环境的综合体现,直接关系着城市通过生产性服务业在区域、国家乃至全球进行资源优化配置的能力。本节遵循科学性、综合性、动态性、可操作性和可对比性等原则,采用理论分析法和频度统计法构建生产性服务业综合竞争力评价的初步指标体系,进而结合专家咨询法对各个指标层的评价指标进行调整,最终形成由1个目标层、4个标准层和35个指标层构成的评价指标体系(表6—1)。

表6—1 生产性服务业综合竞争力评价的指标体系及权重

目标层	标准层及权重	指标层	指标解释及计算
生产性服务业综合竞争力	产业发展竞争力 (0.425)	生产性服务业增加值总量	反映生产性服务业的总量规模
		生产性服务业人均增加值	反映生产性服务业的人均规模
		生产性服务业增加值比重	反映生产性服务业的增加值结构
		生产性服务业就业比重	反映生产性服务业的就业结构
		生产性服务业劳动生产率	反映生产性服务业的生产效率,采用增加值总量与从业人数的比值表示
		生产性服务业增量资本产出率	反映生产性服务业的投资效益,采用固定资产投资与增加值总量的比值表示
		生产性服务业法人单位数	反映生产性服务业的企业发育程度
		生产性服务业增加值增长率	反映生产性服务业的增加值增长潜力
		生产性服务业就业增长率	反映生产性服务业的就业增长潜力
	人才资本竞争力 (0.275)	大专及以上学历从业人员比重	反映城市从业人员的文化教育程度
		高等院校在校学生数	反映城市高素质人才资源储备水平
		研发经费占地区生产总值的比重	反映城市研发经费投入水平
		教科事业费占地区财政支出的比重	反映城市教科事业投入水平
		专利授权数	反映城市科研人员科技创新水平
		技术市场成交额	反映城市科技活动交易市场发育程度
		职业介绍服务机构数	反映城市就业市场中介组织发育程度
	商务环境竞争力 (0.175)	道路网密度	反映城市交通设施发展水平,采用城市道路总里程与土地总面积的比值表示
		电话普及率	反映城市通信设施发展水平,采用移动电话与固定电话主线普及率算术平方根表示
		邮电业务总量	反映城市邮政通信服务发展水平
		交通运输周转量	反映城市运输行业发展水平,采用旅客周转量与货物周转量的算术平方根表示

续表

目标层	标准层及权重	指标层	指标解释及计算
生产性服务业综合竞争力	商务环境竞争力 (0.175)	三星级以上酒店数量	反映城市宾馆设施发展水平
		法人单位平均拥有计算机数	反映城市信息化应用程度
		社会团体法人单位就业比重	反映城市社会团体组织发育程度
		入境旅游外汇收入	反映城市对国际游客的吸引能力
		非公有制经济法人单位就业比重	反映城市市场化程度
		外商投资占地区生产总值的比重	反映城市对外开放程度
	生活环境竞争力 (0.125)	城镇居民恩格尔系数	反映城市居民消费水平,采用食品消费总额占个人消费总额的比重表示
		人均公共绿地面积	反映城市居民生活环境质量
		城市绿化覆盖率	反映城市生态环境质量
		大气环境质量指数	反映城市大气环境质量,采用空气质量达到二级及好于二级天数的比重表示
		污水处理率	反映城市环境基础设施发展水平
		每万人拥有公共汽车数	反映城市公共交通设施发展水平
		每万人拥有公共图书馆数	反映城市公共文化设施发展水平
		每万人拥有医院床位数	反映城市公共医疗设施发展水平
		每万人拥有执业医师数	反映城市公共医疗服务发展水平

其中,产业发展竞争力指城市生产性服务业整体发展水平,包括生产性服务业发展的规模、结构、效率、效益及增长潜力等。人才资本竞争力指城市人才资源对生产性服务业发展的支撑水平,包括从业人员教育程度、高等院校在校学生数、科研人员创新能力、科教经费投入、中介组织发育程度等。商务环境竞争力指城市制度环境对生产性服务业发展的支撑水平,包括交通通信与宾馆设施发展水平、社会团体组织发育程度、市场化与外向化水平等。

生活环境竞争力指城市生活环境对生产性服务业发展的支撑水平,包括生态环境质量、公共环境、公共交通、公共文化、公共医疗等设施发展水平。

二、数据资料

基础数据主要来自北京、天津、上海、广州、深圳 2006～2008 年统计年鉴。考虑到单一年份统计数据可能存在较大波动性而导致评价结果难以真实反映生产性服务业综合竞争力,相关指标数据均采用 2005～2007 年算术平均值,部分指标数据来自相关城市第一次全国经济普查年鉴(2004)。结合数据资料的可获取性,本章界定的生产性服务业包括以下六大行业:交通运输、仓储和邮政业,信息传输、计算机服务和软件业,批发和零售业,金融业,租赁和商务服务业,科学研究、技术服务和地质勘查业。

三、研究方法

首先,采用模糊隶属度函数对各个评价指标进行无量纲处理,对正向指标采用半升梯形模糊隶属度函数模型,对负向指标采用半降梯形模糊隶属度函数模型(鲍超、方创琳,2008)。其次,运用因子分析法对各个指标层分别进行因子分析,并以方差贡献率为权重,采用加权平均法计算各个标准层得分(林海明、张文霖,2005)。通过因子分析,将原来的多个关联指标组合为相互独立并能充分反映总体信息的少数指标,从而在尽可能保存原有资料信息的前提下,用较少维度去表示原有数据结构,并解决变量间的多重共线性问题。最后,运用熵技术支持下的层次分析法确定各标准层权重,采用加权平均法计算城市生产性服务业综合竞争力得分(鲍超、方创琳,2008)。由于层次分析法容易产生循环而不满足传递性公理,导致标度把握不准和丢失部分信息,采用熵技术对层次分析法确定的权系数进行修正,可以使各标准层赋权结果的信息量增大、可信度提高。

第二节 生产性服务业综合竞争力评价结果

基于 SPSS 软件依次对四个标准层进行因子分析,按照特征值大于 1 原则提取公共因子,根据正交旋转后因子得分系数矩阵计算各标准层的公共因子得分,并以方差贡献率为权重,采用加权平均法计算出四个分项竞争力得分(表 6—2)。进而根据各标准层权重,采用加权平均法计算得到城市生产性服务业综合竞争力得分及排名(表 6—3)。

表 6—2 正交因子模型的方差解释及公共因子命名

标准层	公共因子	特征值	占总方差百分比(%)	累计百分比(%)	包含指标	因子命名
产业发展竞争力	1	3.240	35.999	35.999	生产性服务业法人单位数、劳动生产率、就业比重、增加值	企业效率因子
	2	2.922	32.462	68.461	生产性服务业增加值增长率、增量投资产出率、就业增长率	成长潜力因子
	3	2.513	27.926	96.386	生产性服务业增加值比重、人均增加值	增加值因子

续表

标准层	公共因子	特征值	占总方差百分比(%)	累计百分比(%)	包含指标	因子命名
人才资本竞争力	1	3.007	42.963	42.963	大专及以上学历就业比重、专利授权数、教科事业费支出比重	科技创新因子
	2	2.883	41.184	84.147	技术市场成交额、研发经费支出比重	科技支撑因子
商务环境竞争力	1	3.299	32.987	32.987	交通运输周转量、邮电业务总量、非公有制经济比重	交通通信因子
	2	3.230	32.304	65.291	旅游外汇收入、外商投资比重、三星级以上酒店数	对外开放因子
	3	2.991	29.910	95.201	电话普及率、法人单位拥有计算机数	信息化因子
生活环境竞争力	1	3.588	39.862	39.862	绿化覆盖率、每万人拥有图书馆数、恩格尔系数、人均绿地面积	生态—文化因子
	2	2.824	31.373	71.235	每万人拥有执业医师数和医院床位数、大气质量指数	医疗—环境因子
	3	2.263	25.140	96.374	污水处理率、每万人拥有公共汽车数	生活设施因子

表6—3 北京市生产性服务业综合竞争力评价的结果统计

城市	综合竞争力	产业发展竞争力				人才资本竞争力		
		得分	因子1	因子2	因子3	得分	因子1	因子2
北京	0.986	1.000	0.751	0.564	0.962	0.950	0.303	1.000
天津	0.032	0.000	0.266	0.000	0.000	0.000	0.000	0.000

续表

城市	综合竞争力	产业发展竞争力				人才资本竞争力		
		得分	因子1	因子2	因子3	得分	因子1	因子2
上海	0.691	0.796	1.000	0.420	0.286	1.000	1.000	0.281
广州	0.389	0.454	0.000	0.366	1.000	0.591	0.549	0.214
深圳	0.459	0.588	0.197	1.000	0.053	0.464	0.504	0.086

城市	竞争力排名	商务环境竞争力				生活环境竞争力			
		得分	因子1	因子2	因子3	得分	因子1	因子2	因子3
北京	1	1.000	1.000	1.000	0.909	1.000	0.688	1.000	0.711
天津	5	0.183	0.713	0.000	0.916	0.000	0.066	0.416	0.000
上海	2	0.248	0.000	0.734	1.000	0.273	0.025	0.497	0.553
广州	4	0.000	0.325	0.618	0.185	0.266	0.000	0.132	1.000
深圳	3	0.089	0.657	0.568	0.000	0.530	1.000	0.000	0.468

一、综合竞争力

从生产性服务业综合竞争力看，北京最高，其次是上海、深圳和广州，天津最低（图6—1）。作为首都，首都资源优势为北京市生产性服务业发展提供了良好环境。21世纪以来，北京积极承接生产性服务业国际转移，发展服务外包，参与全球竞争，有力促进了北京生产性服务业的快速发展。尤其是近年来以"北京奥运"为契机带动了城市软环境与硬件设施建设，城市商务环境与生活环境不断优化，为北京生产性服务业的持续健康发展创造了宽松环境。上海先进制造业产业基础优势为生产性服务业发展提供了有力支撑，尤其在国际金融危机形势下推进建设国际金融中心和国际航运中心为上海生产性服务业的跨越式提升提供了发展机遇。深圳、广州作为珠三角的中心城市,在与香港功能互补、错位发展中建立起较为完善的先进制造业产业体系和现代服务业产业体系,生产性服务业对城市乃至区域经济发展的支撑、引领作用日益增强。尤其是深圳正推动形成全球性物流中心、贸易中心、创新中心和国际文化创意中心,积极建立金融改革创新综合试验区,生产性服务业发展潜力巨大。而天津与北京的功能互补较为薄弱,京津之间竞争多于合作,加上滨海新区的开发尚未形成有效的示范带动作用,天津不论在生产性服务业产业竞争力还是城市人才资本、生活环境等方面均存在明显劣势。

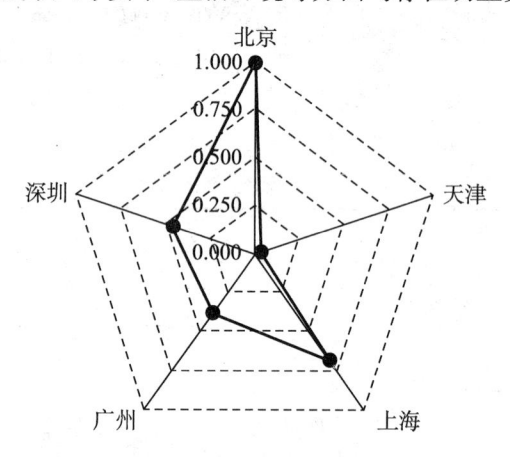

图6—1　城市生产性服务业综合竞争力得分

二、产业发展竞争力

从产业发展竞争力看,北京最高,其次是上海、深圳和广州,天津最低,该分项竞争力与综合竞争力的排序情况相同(图6—2)。根据正交旋转后因子载荷矩阵,第一个公共因子在生产性服务业的法人单位数、劳动生产率、就业比重、增加值具有较大载荷,该因子体现了城市生产性服务业企业发育程度和就业产出的总体状况,是评价城市产业发展竞争力的最主要因子,可以理解为"企业效率因子",其方差贡献率为35.999%,得分排序为:上海、北京、天津、深圳和广州。第二个公共因子在生产性服务业的增加值增长率、增量投资产出率、就业增长率具有较大载荷,该因子体现了城市生产性服务业的增长潜力和经济效益水平,可以理解为"成长潜力因子",其方差贡献率为32.462%,得分排序为:深圳、北京、上海、广州和天津。第三个公共因子在生产性服务业的增加值比重、人均增加值具有较大载荷,该因子体现了城市生产性服务业发展的增加值结构和人均规模,可以理解"增加值因子",其方差贡献率为27.926%,得分排序为:广州、北京、上海、深圳和天津。

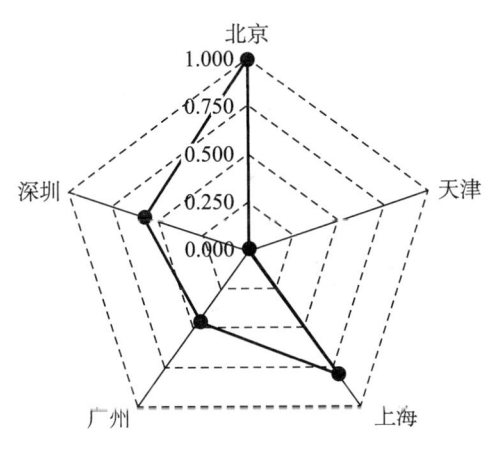

图6—2 城市产业发展竞争力得分

二、人才资本竞争力

从人才资本竞争力看,上海最高,其次是北京、广州、深圳,天津最低（图6—3）。根据正交旋转后因子载荷矩阵，第一个公共因子在大专及以上学历就业比重、专利授权数、教科事业费支出比重具有较大载荷，该因子体现了城市高等教育人才就业程度和科技活动投入产出水平，是评价城市人才资本竞争力的最主要因子，可以理解为"科技创新因子"，其方差贡献率为42.963%，得分排序为：上海、广州、深圳、北京和天津。第二个公共因子在技术市场成交额、研发经费支出比重具有较大载荷，该因子体现了城市对技术交易、研发活动的支撑水平，可以理解为"科技支撑因子"，其方差贡献率为41.184%，得分排序为：北京、上海、广州、深圳和天津。

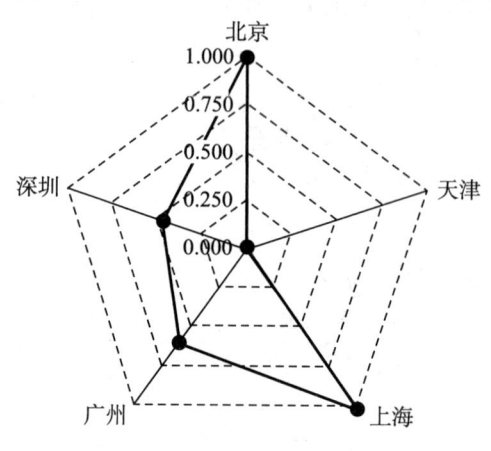

图6—3 城市人才资本竞争力得分

四、商务环境竞争力

从商务环境竞争力看，北京最高，其次是上海、天津、深圳，广州最低（图6—4）。根据正交旋转后因子载荷矩阵，第一个公共因子在交通运输周转量、邮电业务总量、非公有制经济比重具有较大载荷，该因子体现了城市交通通信设施水平和市场化程度，是评价城市商务环境竞争力的最主要因子，可以理解为"交通通讯因子"，其方差贡献率为 32.987%，得分排序为：北京、天津、深圳、广州和上海。第二个公共因子在旅游外汇收入、外商投资比重、三星级以上酒店数具有较大载荷，该因子体现了城市对外经济文化联系程度，可以理解为"对外开放因子"，其方差贡献率为 32.304%，得分排序为：北京、上海、广州、深圳和天津。第三个公共因子在电话普及率、法人单位拥有计算机数具有较大载荷，该因子体现了城市信息化设施建设及应用水平，可以理解为"信息化因子"，其方差贡献率为 29.910%，得分排序为：上海、天津、北京、广州和深圳。

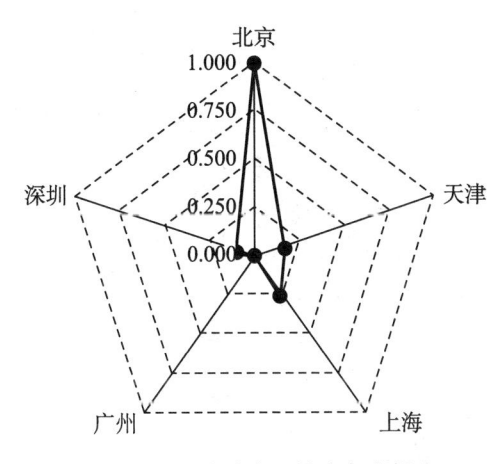

图 6—4　城市商务环境竞争力得分

五、生活环境竞争力

从生活环境竞争力看，北京最高，其次是上海、深圳、广州，天津最低(图6—5)。根据正交旋转后因子载荷矩阵,第一个公共因子在绿化覆盖率、每万人拥有图书馆数、恩格尔系数、人均绿地面积具有较大载荷,该因子体现了城市生态环境、公共文化设施和居民生活消费水平,是评价城市生活环境竞争力的最主要因子,可以理解为"生态—文化因子",其方差贡献率为39.862%,得分排序为:深圳、北京、天津、上海和广州。第二个公共因子在每万人拥有执业医师数和医院床位数、大气质量指数具有较大载荷,该因子体现了城市公共医疗服务水平和大气环境质量水平,可以理解为"医疗—环境因子",其方差贡献率为31.373%,得分排序为:北京、上海、天津、广州和深圳。第三个公共因子在污水处理率、每万人拥有公共汽车数具有较大载荷,该因子体现了城市生活相关设施服务水平,可以理解为"生活设施因子",其方差贡献率为25.140%,得分排序为:广州、北京、上海、深圳和天津。

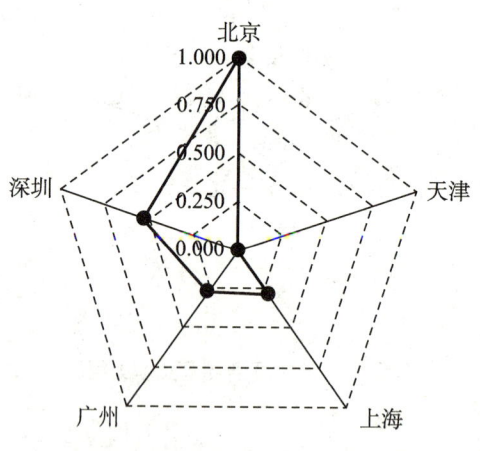

图6—5 城市生活环境竞争力得分

第三节 提升生产性服务业综合竞争力的政策建议

发达国家或地区生产性服务业发展的成功经验表明（任旺兵、刘中显，2008）：功能完善的制度环境以及政府职能的准确定位、适度管制对于生产性服务业发展至关重要；政府科学制定并有效实施的产业扶持政策对于生产性服务业发展具有积极促进作用；培养并吸引高素质人才资源对于生产性服务业持续发展具有重要作用。结合北京市经济社会发展阶段及其功能定位，北京生产性服务业未来发展要跳出北京看生产性服务业的发展，依托首都经济圈和环渤海地区，从服务全国乃至融入全球价值链的战略高度科学选择北京生产性服务业发展的功能定位，建议从以下五个方面完善相关政策、提升生产性服务业综合竞争力。

第一，健全法律法规体系，逐步放宽对自然垄断行业的政府管制，促进全社会形成充分开放、有序竞争、规范诚信的市场环境。消除体制性障碍，就生产性服务业各行业的协作问题进行有效的组织协调。在政府机构产业部门、非政府中介组织、企业界和社会各类团体之间，加强京津冀生产性服务业发展的协调、宣传、策划和沟通等工作。建立充分的信息系统、行政机构互助机制和各行业的互联互动。定期组织行政例会，请各行业及企业代表反馈京津冀生产性服务业的合作发展。加快政府职能转变，强化政府的市场监管职能，整顿和规范市场运行秩序，严厉打击违规、失信的不良行为，大力倡导"规范服务"和"诚实守信服务"，优化行业市场环境；充分发挥行业协会在引导行业发展、规范行业市场秩序等方面的作用,建立相应的职业资格认证制度,强化行业自律管理;建立健全社会诚信体系,加强对企业生产、交易履约情况的监督,形成全社会自下而上的监管体系。

第二,制定发展规划计划,完善生产性服务业发展与布局的科学指导作用,尤其重视政府在基础设施建设领域的积极作用。从国际上看,生产性服务业集群化发展趋势越来越明显,如硅谷的信息服务业集群、华尔街的金融业集群、印度班加罗尔的软件产业集群。因此,应在充分尊重市场规律、发挥市场机制的前提下,按照集聚发展、强化辐射的要求,科学合理地对生产性服务业布局进行区域规划,制定相应的区域性政策,以加强对生产性服务业区域发展的协调和指导。依托制造业集聚区、高等院校集聚区等区域的资源禀赋和比较优势,明确不同区域、不同城市的功能定位。通过对生产性服务业集聚区给予与工业开发区相同的政策扶持,引导生产性服务业在区域间形成合理的分工协作体系和各具特色的产业集群,实现生产性服务业的区域性集聚式发展。

第三,实施优惠政策扶持,加强生产性服务业发展的资金投入和财税优惠,构建促进生产性服务业发展的复合支撑体系。除因地制宜地选择一些具有优势地位的产业,重点培育一些基础好、关联度高、市场前景广阔的主导产业外,还应通过科学的政策导向作用,加强产业链的引导,促进产业间的互动渗透,促进产业集群的形成和发展,提升产业链的整体竞争力。在已有的制造业产业集群内部或附近,建立起各种为其服务的公共平台,以降低制造业集群的交易成本,优化投资环境;在各种高技术园区或者知识密集型制造业的集群内部或周边,建立为其服务的研发平台以及法律、工程、融资、信息、咨询、物流等支撑体系,提升园区的产业竞争力。

　　第四,强化人力资本支撑,建立多层次的人才引进制度和专业教育体系,完善生产性服务业专业人才培养机制。适度加大对生产性服务业的研发投入,鼓励企业和个人的技术创新和发明。引进和培养人才要两手抓,吸引区域外和国外优秀的研发人才、经营管理人才到生产性服务业企业工作,并且通过资格考核和相关培训提高服务人员总体技术技能水平,使其成为生产性服务人员主体,进一步促进生产性服务业的快速发展和产业附加值的提高。开展海外研发为生产性服务业企业的发展提供了机会,应该鼓励大中型服务业企业通过海外研发活动,利用国外的研发资源特别是人力资源,增强企业研发的针对性,提高企业及产品的市场竞争力。

　　第五,推进制造业企业服务外包。制造业企业服务外部化趋势越来越明显,目前北京企业服务外包程度发展较好,天津和河北的企业服务外包程度还不高,应积极鼓励引导企业将非核心竞争力业务外包,走专业化发展道路;加强政策研究,调整相关税收政策,为推动制造业服务外包创造条件;建立信息共享等基础平台,健全社会信用、中介服务等体系,搭建各种形式的交流平台,实现生产性服务业和制造业的完美对接。

第七章 大都市区生产性服务业发展

第一节 中国三大城市群服务业的规模结构

随着产业结构的不断软化和优化,世界经济呈现出"工业型经济"向"服务型经济"转型的趋势,服务业从制造业中逐渐分离,成为策动经济发展的重要动力和经济现代化的重要标志,并在整个国民经济中占据战略性地位(管驰明、高雅娜,2011;申玉铭等,2007)。梳理文献发现,地理学对服务业的关注集中于服务业集聚、空间差异及空间格局(管驰明、高雅娜,2011;申玉铭等,2007;林彰平、闫小培,2006;任英华等,2011;毕秀晶、李仙德,2010),而对区域城市体系中服务业规模结构研究尚未涉及。在区域服务业发展中,服务业并不是孤立的存在,而是通过各种经济要素流与其他城市发生作用,构成具有一定规模结构的区域服务业规模体系。其中,服务业作为区域产业的重要一支,在策动区域经济发展发挥着重要的支撑作用。城市规模的大小各异,其服务业的规模大小也不均。那么,区域城市体系中的服务业规模结构是否合理呢?在时间序列上表现出什么样的演化特征?服务业地理学已有的研究如服务业集聚及空间格局的研究并没有回答这个问题。基于此,本章主要以京津冀都市圈为背景区域,以服务业增加值作为服务业规模的表征数据,并与长三角城市群和珠三角城市群进行比较,试图消释这些疑问。为优化城市群地区服务业发展提供借鉴,同时丰富服务业地理学的应用研究。

从区域城市体系的研究来看,城市规模等级结构是一项重要研究议题,目前已建立了多种数学模型如 Beckman 的城市与市场区等级分布模型、Pareto 分布模型以及 Zipf 模型等经验模型。城市规模分布特征的研究目的是探讨区域内城市从大到小的序列与其人口关系,解释区域人口在城市中的分布特征(陈彦光、刘继生,2007)。国内学者周一星(1995)、仵宗卿等(2000)、代合治(2001)对城市的位序规模进行了深入研究。许多经验性研究表明,位序—规模法则较好地刻画了国家和区域城市规模分布规律,这一法则对于判断城市发展状况和发展前景具有重要的参考价值(谈明洪、吕昌河,2003)。而对城市规模等级演化过程与机制分析可以利用分形理论来解释,陈勇等(1993)、刘继生和陈彦光(2000)、谈明洪和范存会(2004)、崔世林等(2009)利用分形理论探索城市规模分布的本质,谈明洪和范存会(2004)还厘清了 Zipf 维数和城市规模分布的分维值的关系,认为城市位序规模理论和分形理论是研究城市系统的重要基础,前者可以较好地刻画城市的规模分布,后者可用来深入地解释城市规模的分布规律。

从数据选取来看,城市规模等级已有的研究多以选取城市人口作为城市规模数据,也有学者选用城市用地面积作为城市规模表征数据(谈明洪、吕昌河,2003;Makse,1998;Damiam and Susanna,1998;Sehweitzer and Steinbrink,1998),都获得了丰富的成果。本节研究区域内服务业规模结构的演化,选取区域内各地级以上城市服务业增加值作为服务业规模的表征数据,并没有选取市辖区的服务业增加值,原因在于服务产品的生产、交换和消费紧密结合,可以在任何地方开展业务,因而也没有地域上的限制,并且服务需求具有连带性及分散性。

一、数据来源及研究方法

(一) 数据来源

研究时间序列为2000~2010年,研究区域为京津冀都市圈的北京、天津及石家庄等10个城市,长三角城市群为上海、南京、苏州等22个城市,珠三角城市群为广州、深圳、佛山等9个城市。数据主要来源为各年份统计年鉴,2010年部分数据来源各地市政府统计公报。囿于《河北省经济年鉴》中个别地市数据不够完善,运用前后年份增长速度推算得出。

(二) 研究方法

1. 位序—规模法则

位序—规模法则指的是对于一个城市的规模和该城市在国家所有城市按人口规模排序中的位序关系所存在的规律(周一星,1995)。位序—规模法则首先由德国学者 Auerbaeh 于1913年在研究欧美城市位序—规模分布规律时提出,随后 Lotka、Zipf 等学者对模型进行不断变换,使得方程表达更加科学、适用。这里将位序—规模法则引入区域城市服务业规模结构,将区域城市服务业规模(服务业增加值)从大到小排序,位序—规模法则的表达式为:

$$S_i = S_1 r^{-q}$$

其中:S_i 为服务业规模位序为 i 的城市的服务业规模(亿元),r

为城市的位序，S_1 为首位城市服务业规模理论值（亿元），q 为 Zipf 的维数。

2. 分形理论

分形是一类无规则、混乱而复杂、局部与整体有相似的体系，称这样的体系为自相似体系。分形理论认为那些外在不规则的几何体（或现象）有着自己内在的规律性和自相似性，并按照内在的规律发展演化。由于分形体没有特征尺度，不能用一般测度（如长、宽、高、面积、体积等）进行度量，因此引入分形维数作为主要的特征参数予以描述。分形理论是当代地理学的前沿（刘继生、陈彦光，2000），可以对经验模型的参数进行解释，更易于人们理解这些参数的意义。Pareto 分布模型中，城市人口数和累积城市数目遵从负幂函数分布关系，表明城市规模分布是一种稳定分布，因此具有分形意义。

这里将 Pareto 模型引入城市服务业规模分布，由于城市服务业规模同样具有无标度性，具有分形特征，Pareto 公式的常系数 D 被看作是分数维。

$$N = A S_i^{-D} (D > 0)$$

N 为服务业规模大于 S_1（门槛城市服务业规模）的累积城市数（即将城市服务业规模按从大到小排序后，每一规模数量的城市个数皆为 1 个），A 为系数，S_i 为城市服务业规模。上式中的 D 就是区域服务业规模分布的分维值。仵宗卿、陈勇等将其应用于城市规模体系的研究并对此有相应的说明和推导过程（周一星，1995；谈明洪、吕昌河，2003）。城市服务业规模分布的分维值和公式（2）中的 q 满足如下关系：

$$D \times q = 1$$

当 $D=1$，即 $q=1$ 时，服务业规模最大城市与最小城市服务业增加值之比恰好是整个城市体系的城市数目，这是自然状态下的最优分布；当 $D>1$，即 $q<1$ 时，区域内服务业规模分布较为集中，高位次城市服务业规模不很突出，中间位序的城市较多，服务业规模分布显得比较均衡；当 $D<1$，即 $q>1$ 时，区域内服务业规模分布比较分散，各市服务业规模分布呈不均衡态分布，中间位序城市较少，区域服务业规模结构发育不成熟；当 $D\to\infty$，即 $q\to 0$ 时，所有的城市服务业规模趋于一样大，此时系统信息熵极大；当 $D\to 0$，即 $q\to\infty$ 时，区域内只有一个城市，为绝对的首位型分布，此时系统的引力熵极大。这两种极端情况在现实中一般不会出现，因为城市服务业规模结构的演化受到区域经济发展速度、三次产业结构及政策等因素的制约。

二、三大城市群服务业规模结构特征

(一) 函数拟合分析

以各城市服务业规模在区域内的位序为横坐标，以城市服务业规模(服务业增加值)为纵坐标，对三大城市群地区地级市 2000～2010 年的城市服务业规模进行统计分析。图 7—1 表示 2000 年、2005 年和 2010 年的三大城市群服务业规模的位序—规模曲线，表 7—1 列出 2000～2010 年各年份服务业规模的位序—规模拟合函数、判定系数。结果显示，位序—规模法则能够很好地描述三大城市群地区服务业规模分布，从判定系数来看，仅有珠三角城市群 2000 年和 2004 年的判定系数为 0.89 和 0.88，其余均大于 0.90，总体比较稳定，拟合效果较好，表明三大城市群地区服务业规模比较符合位序—规模法则。

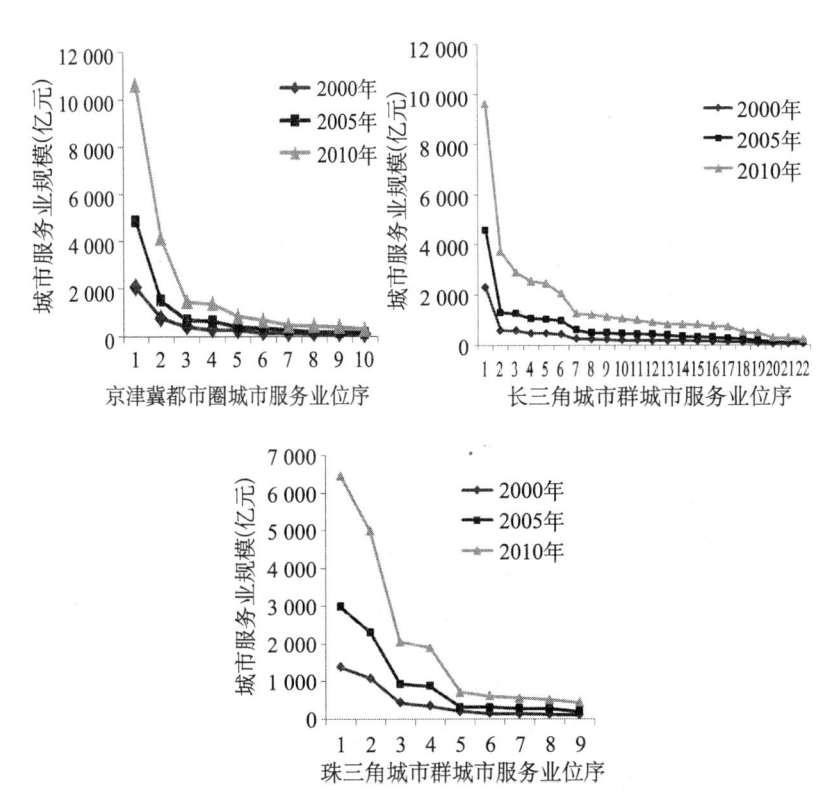

图7—1 三大城市群2000年、2005年和2010年城市服务业位序—规模

表7—1 三大城市群服务业位序—规模拟合结果

	京津冀		长三角		珠三角	
	拟合函数	判定系数	拟合函数	判定系数	拟合函数	判定系数
2000年	$y=2052.4x^{-1.441}$	0.99	$y=2138.9x^{-1.075}$	0.89	$y=1796.9x^{-1.299}$	0.96
2001年	$y=2387.1x^{-1.446}$	0.99	$y=2838.8x^{-1.075}$	0.90	$y=1596.3x^{-1.211}$	0.97
2002年	$y=2785.1x^{-1.478}$	0.99	$y=2838.8x^{-1.075}$	0.91	$y=1819.7x^{-1.226}$	0.97

续表

	京津冀		长三角		珠三角	
	拟合函数	判定系数	拟合函数	判定系数	拟合函数	判定系数
2003年	$y=3230.2x^{-1.508}$	0.99	$y=3304.5x^{-1.071}$	0.90	$y=2147.1x^{-1.235}$	0.98
2004年	$y=3877.1x^{-1.528}$	0.99	$y=4449.4x^{-1.089}$	0.88	$y=2448.4x^{-1.223}$	0.98
2005年	$y=4623.2x^{-1.539}$	0.99	$y=4475x^{-1.043}$	0.93	$y=3969.5x^{-1.35}$	0.93
2006年	$y=5518.8x^{-1.559}$	0.99	$y=5344.9x^{-1.04}$	0.93	$y=4756.4x^{-1.363}$	0.93
2007年	$y=6615.7x^{-1.561}$	0.98	$y=6691.6x^{-1.061}$	0.93	$y=5797.3x^{-1.365}$	0.93
2008年	$y=7693.7x^{-1.539}$	0.98	$y=7950.3x^{-1.064}$	0.93	$y=6954.2x^{-1.381}$	0.93
2009年	$y=8912.7x^{-1.511}$	0.99	$y=9225.4x^{-1.066}$	0.93	$y=7796x^{-1.386}$	0.93
2010年	$y=10423x^{-1.542}$	0.99	$y=10567x^{-1.05}$	0.92	$y=8828.7x^{-1.385}$	0.94

（二）分维值分析

图7—2表示出了三个城市群地区服务业规模的分维值，从分维值的区域比较来看，长三角城市群各年份的分维值最大，珠三角城市群次之但波动幅度最大，京津冀都市圈的分维值最小，表明长三角城市群的服务业位序规模结构在三个区域中发育最好，其次是珠三角城市群，京津冀都市圈的服务业位序规模结构最为分散。同时，从分维值的大小来看，三个城市群区域的分维值均小于1，表明三个区域的服务业位序规模结构都没有达到理想的最优状态。

京津冀都市圈各年份的分维值不足0.7，并且呈小幅下降趋势，表明京津冀都市圈内城市服务业规模分布比较分散，服务业分布呈不均衡态分布，较低位序城市服务业规模结构不合理，较高位序城市

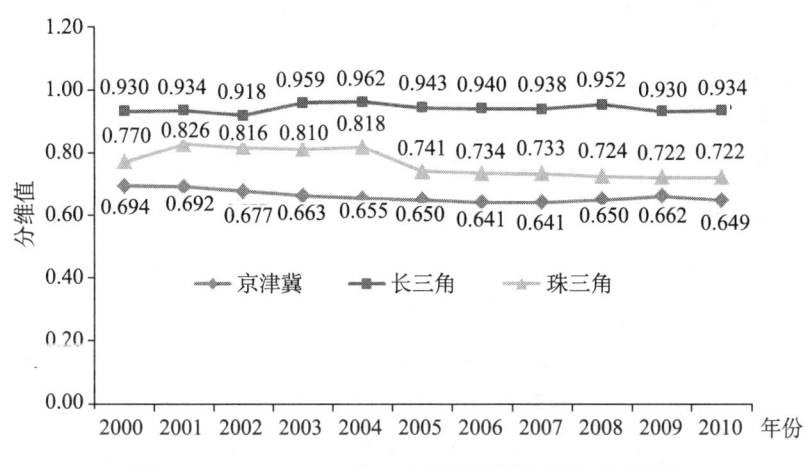

图 7—2 2000～2010 年三大城市群服务业规模分维值

服务业的集聚趋势仍在继续,区域服务业规模体系发育不成熟。从分维值的变化趋势来看,2000～2007 年,分维值的持续下降,表明较高位序城市的服务业发展速度快于较低位序城市发展速度;2008～2010 年,分维值先呈增加趋势而后略有回落,表明前两年高位序城市的服务业增速度被较低位序城市赶超,2009～2010 服务业增速又缓于高位序城市。总体来看,近十年来京津冀都市圈内城市间服务业规模相差悬殊,并且差距呈扩大的趋势。意味着短期内高位序城市尤其是首位城市北京的集聚作用依然是主要趋势,较低位序城市服务业规模要达到与首位城市服务业规模相协调的过程还很漫长。

珠三角城市群的服务业分维值波动较大,2000～2001 年分维值显著增加,2001～2004 年分维值较高波动较小,2005～2010 年分维值持续走低,表明 2001～2004 年城市群各城市的服务业规模相对均衡,期间较低位序城市服务业异军突起,增长速度加快,逐渐融入到区域的发展之中。2005~2010年较低位序的城市服务业发展速度不及较高位序城市,表现为高位序城市服务业发展速度快于较低位序城市,高位序城市和较低位序城市间服务业规模差距拉大,并且从分维值连续下降表明高位序城市的集聚能力在加强。随着粤港澳产业合作空间的不断拓展及珠三角地区制造业转型升级的迫切需要,可以预见珠三角城市群地区的服务业规模结构的演变将呈现出新的格局。

长三角城市群各年份的分维值维持在0.930~0.960之间,变化趋势较为平稳,接近自然状态下的最优值1,服务业规模分布较为合理,显然这与珠三角城市群内城市群数目较多有关。同时,也表明长三角地区处于工业化后期及后工业化阶段,区域空间组织构架进一步完善,服务业经济要素流动较为顺畅,各位序城市服务业规模衔接较好,高位序城市服务业在区域中集聚作用并不强,区域内各城市服务业等级规模差距缩小的同时区域组织趋向均衡化、网络化、等级规模合理化。

通过比较表明,三大城市群服务业规模结构分别处于不同的发展阶段,京津冀都市圈及珠三角城市群服务业规模结构分散,高位序城市的集聚特征明显,主要原因在于相邻等级的城市服务业经济要素如信息、技术、资金等不能顺畅地流动,较低位序城市对高位序城市的产业、信息、技术等没有起到较好的分流作用。较低位序城市服务业发展并没有较好地融合到整个区域经济的发展之中,和长三角城市群的城市服务业规模均衡性相比还有一段距离。由于京津冀都市圈起步较晚,相关的区域发展配套政策还不够完善,优化区域的服务业规模结构体系使各等级规模的城市更好地衔接,还需要政策及规划的助力。

(三) 三大城市群首位城市的比较分析

从各年份首位城市服务业规模的理论值和实际值的比值变化可以看出,首位城市在区域中的理论地位和实际地位的差距。2000~2010年,京津冀都市圈的首位城市北京仅有2000年的比值大于1,其余各年份的理论值小于其服务业规模的实际值,2007~2010年北京的服务业规模理论值与实际值的比值呈增大趋势,表明北京在区域中服务业的集聚能力有所下降。北京作为首位城市和区域中心城市,其服务业规模庞大、发展超前,由于规模效益及惯性优势,集聚效应大于辐射效应,对于较低位序城市的辐射带动作用很小,反而与较低位序城市形成竞争关系,凭借其现有的优势集聚吸引大量服务业经济要素。

2000~2010年,长三角城市群首位城市上海的比值总体呈缓慢增加趋势,仅有2004年迅速增大并于2005年回落,2005年开始比值一路上扬并于2008年大于1,表明上海作为区域服务业规模的龙头城市其垄断地位有所下降,较低位序城市的追赶势头较好,同时意味着上海在长三角城市群服务业发展过程中,对区域其他城市的辐射作用增强,在带动整个区域服务业规模结构组织优化过程中发挥重要作用。

珠三角城市群首位城市广州的比值始终大于1,其中,2001~2004年比值处于1.09~1.14之间,2005~2010年比值处于1.33~1.42之间,远远偏离理论值1,表明首位城市广州的服务业规模严重偏小,规模与其在区域中的实际地位不相符,垄断地位较弱并且在带动区域经济发展中发挥的作用并不突出,较低位序的城市服务业规模较大、追赶势头较好。广州作为服务业的区域中心性地位在弱化,主要来源于次级中心城市深圳的威胁。随着粤港澳经济深入融合、经济系统优化及能量释放，结构演进加速并充分展开时，广州需要抓住这一机遇加强资源的要素配置与空间配置以巩固其区域中心地位（图7—3）。

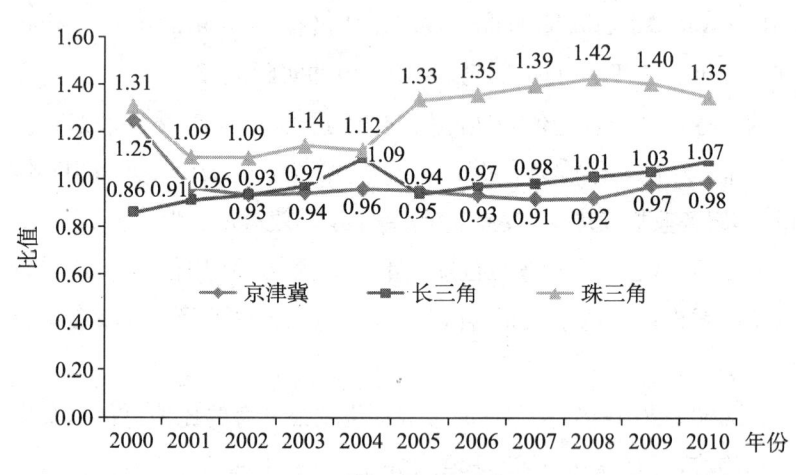

图7—3 三大城市群首位城市服务业规模理论值与实际值之比

三、结论与讨论

通过三大城市群2000～2010年的数据拟合实证分析，得出以下结论。

（1）三大城市群服务业规模结构满足位序—规模分布规律，其中长三角城市群均衡度较高，区域服务业规模体系发育较好；珠三角城市和京津冀都市圈服务业规模结构分布的均衡程度不高，大中城市服务业规模相差较大，规模体系发育尚不完善，但珠三角城市群的均衡性略高于京津冀都市圈。

(2) 从近十年的演化特征来看,长三角城市群的波动较小,城市群内部服务业规模结构较为稳定,首位城市在区域中发挥良好的辐射带动作用;京津冀都市圈及珠三角城市群内服务业规模分布总体呈极化趋势,较低位序城市的服务业增长速度不及首位城市,短期内,由于规模效应和惯性优势,首位城市服务业发展的集聚效应仍然大于辐射效应,现有的服务业规模结构体系还难以改观。

(3) 通过首位城市服务业规模的理论值和实际值的比值比较,发现北京和上海的服务业在区域中的理论中心地位与实际较为接近,而广州服务业的在区域中的实际中心地位与理论相差甚远。尽管珠三角城市群的服务业规模处于集聚趋势,但广州作为服务业的区域中心性地位面临着次级中心城市深圳的威胁。

本节借助位序—规模法则及分形理论来探讨城市群地区地级市服务业规模结构的演化,有助于对城市群服务业规模结构的认识。从区域的角度看,经济要素流动及资源配置受到多种因素的制约,在区域层面推进服务业发展时,如何与区域中心城市有效衔接,构建合理的服务业规模体系仍然需要进一步探讨。在区域一体化进程中,需要深入推动服务业发展,加强分工合作、利用好首位的辐射效应,积极促进各个等级城市之间的有效衔接。城市群自身具有一个完整的发育过程,其节点数、节点的规模等级关系及空间配置关系总处在一个持续变异的过程中(宋吉涛等,2006)。而城市群服务业规模结构同样具有这一进化增长的过程,服务业规模结构演进与空间演化特征在经济发展过程的始终都能在一定程度上彰显出来。随着外部环境如产业结构升级、服务业与制造业的深入融合及相关政策的实施,城市群内服务业规模结构将趋于合理。随着城市化进程的推进,人口规模结构逐渐稳定,服务业作为城市化水平的重要表征,服务业规模结构的稳定对于整个城市群的平稳发展也有重要意义。

第二节 京津冀都市圈生产性服务业的空间集聚

京津冀都市圈正在成为我国继"珠三角"和"长三角"之后的第三大经济"增长极"。以黑色冶金、石油加工、综合化工为代表的重化工业与以通信设备、计算机和其他电子设备制造业为典型的现代制造业,已在京津冀出现了地理集中的格局。其要向制造业产业集群方向演进,必然要求配套式地发展与之紧密关联的生产性服务业。而生产性服务业具有集聚经济特点,并有更偏向城市化经济特征的倾向。本节尝试分别从各细分行业的空间视角和都市圈整体、各城市两个尺度的行业视角,综合而系统地考察京津冀都市圈生产性服务业集聚的发展水平和空间配置,分析其区位分布模式,论述各市的比较竞争优势和行业比较优势,从而据此提出区域生产性服务业空间结构调整和各市行业战略选择的思路,旨在为引导生产性服务业在各城市的分工和发展、发挥集聚和扩散效应、优化都市圈产业结构等方面,提供理论支撑和操作指南。

国外对生产性服务业空间集聚的研究,从20世纪70年代至今连续不断。Daniels(1985)证明了欧共体生产性服务业在中心高度集聚,与中心的距离越远,其服务集聚度趋于递减。Goe(1990)指出大型企业多位于都市区,生产者服务业也因利益而集聚于都市。Beyers(1993)发现美国1985年生产性服务业90%的产值和83%的就业集中在大都市区。Gillespie and Green(1987)、Coffey and Bailly(1991)分别对英国和加拿大进行研究,也得出类似Beyers研究美国的结论。而国内对于生产性服务业集聚的研究则相对甚晚,从研究区域的尺度分为三个。①全国层面。陈建军等(2009)探索研究了中国生产性服务业集聚的成因与发展趋势,张三峰(2010)测算了生产者服务业在我国城市中集聚的程度,并分析了其城市集聚的特征。②城市群层面。潘朝相、徐玲(2008)梳理了长三角区域16座城市的产业结构现状、职能特征与产业分工,高春亮、乔均(2009)以2005年苏浙沪三地投入产出数据为基础分析了长三角生产性服务业的空间分布特征,沈玉芳等(2010)研究发现长三角地区生产性服务业在空间发展形态上呈现出以上海为单中心的等级化发展特征,贺天龙和伍检古(2010)利用赫芬达尔指数和区位商对珠三角九市的生产性服务业集聚程度进行了实证研究。③城市层面。赵群毅(2007)、赵群毅和周一星(2007)、赵群毅等(2009)分析了北京生产者服务业的空间结构、空间变动的特征与模式、地域结构的特征、模式及内在机制,邱灵等(2008)对北京生产性服务业与制造业互动的产业关联与空间分布进行了实证研究,邵晖(2008)分析了北京市金融服务业、信息咨询服务业、计算机服务业这三大类生产者服务业在城市中尤其是在中心城区和近郊区的空间分布和聚集情况,陶纪明(2009)分别从行业的空间视角和空间的行业视角对上海生产者服务业空间集聚的整体特征进行了描述和刻画,而申玉铭等(2009)则研究了京沪生产性服务业空间的分布特征和差异性及其变化趋势,钟韵(2009)探讨了广州市生产性服务业目前的规模体系及空间布局特征,甄峰等(2008)分析了南京城市生产性服务业的空间变化及其所带来的空间结构的转型,陈前虎等(2008)调查研究了杭州中心城区生产性服务业空间演化的过程、特征及其与办公楼开发之间的供需关系,李普峰和李同升(2009)分析了西安生产性服务业形成的空间格局,并揭示出空间分布规律。关于本案例区的研究,刘重(2006)分析了京津冀经济区服务业发展的非均衡性及其特征,并给出推动其协调发展的对策;王小平、陈永国(2008)发现京津冀生产性服务业在发展水平上具有明显的大梯度特征,应采取有效措施加强京津冀生产性服务协作;邓丽姝(2006)研究了京津冀服务业协调发展的现状问题、主要模式和思路对策。

总体来看,国内外学者的研究表明,生产性服务业在大都市区特别是中心城区集聚特征十分明显。但纵观前人对此问题的探讨,可以发现:对集聚的空间格局和结构研究较多,而对集聚的程度和特征研究较少;对发达城市和成熟的都市圈研究较多,而对欠发达城市和正在发育的城市群研究较少;对区域的静态格局研究较多,而对其动态变化研究较少。因此,本节以初具雏形的京津冀都市圈作为案例区域,运用全局主成分分析法、变异系数、区位熵、空间基尼系数、克鲁格曼专业化指数、转移—份额分析法等方法和指标,试图系统而详尽地分析其生产性服务业集聚发展的整体状况、行业特征及各市专门化率和比较优势,意在丰富和发展生产性服务业集聚关于测度方法和典型区域等方面的研究。

一、数据来源和研究方法

研究区域指狭义的京津冀都市圈,即以北京和天津两直辖市为中心,囊括河北省的石家庄、保定、秦皇岛、廊坊、沧州、承德、张家口和唐山八座城市,即"8+2"地区。

(一) 数据来源

采用李冠霖(2002)对第三产业关联的研究方法,利用中国和京津冀三省市 2007 年的投入产出表,将服务业中的中间需求率高于 50% 的行业界定为生产性服务业。再结合最新《国民经济行业分类》(GB/T4754-2002)标准,将之归并为八大类:交通运输、仓储和邮政业,信息传输、计算机服务和软件业,批发零售贸易业,住宿和餐饮业[①],金融业,房地产业,租赁和商务服务业,科学研究、技术服务和地质勘查业。由于城市空间集聚效应的主要内容之一是劳动力市场的规模和整合(丁成日,2007),又考虑到数据的可获得性和国内外研究的可比性,主要采用就业人数来表示产业规模。研究的基础数据均来自《中国城市统计年鉴》(2004~2009)及 2007 年全国和京津冀三省市的投入产出表。

(二) 研究方法

1. 变异系数(V)——测度空间分布的差异程度

变异系数(V)是统计学中常用的方法,用数据标准差与均值的比值表示,可以用来测度京津冀都市圈生产性服务业空间集聚的整体和行业差异程度。其计算公式为:

$$V = \sqrt{\frac{\sum_{i=1}^{n}(X_i - \bar{X})^2}{n}} \bigg/ \bar{X} \quad (1)$$

[①] 考虑到京津冀都市圈还处于发育阶段,现代生产性服务业比重尚不大,而批发零售贸易业、住宿和餐饮业这两大传统服务业仍占有相当地位,且其在中国和京津冀三省市 2007 年投入产出表内的中间需求率均大于 50%,故将其列入生产性服务业中。

式中，V 为变异系数，X_i 为地域单元某属性值，在此选用就业人数表征，n 为地域单元个数，文中为 10，V 反映了各地域单元某属性值相对于该指标平均值的整体离散程度，其数值越大表明某属性值的区域差异程度越显著。

2. 全局主成分分析法——测度城市的整体集聚水平

全局主成分分析是采取对时序全局数据表降维的方法，在包含原有指标大部分信息的基础上，把一些具有错综复杂关系的指标归结为少数几个统一的公共主成分，并研究多个指标的内在结构关系和时间序列变化关系的多变量统计分析方法。采用 SPSS17.0 软件测算的具体步骤是(沈玉芳等，2010)：①指标数据的 Z 分数处理；②共线性诊断；③主成分的提取及其权重测算；④变量旋转后的主成分荷载矩阵构造；⑤主成分得分函数的确定。

3. 空间基尼系数(G)——测度产业(行业)的集聚程度

空间基尼系数(G)是 20 世纪初意大利经济学家基尼根据洛伦茨曲线找出的判断分配平均程度的指标。计算公式是：

$$G = \sum_i (S_i - X_i)^2 \qquad (2)$$

式中，X_i 是一个地区就业总人数占上位区域总就业人数的比重，S_i 是该地区某产业就业人数占上位区域该产业总就业人数的比重，G 系数越大，代表产业在地理上的集聚程度越高(最大值为 1)。

4. 克鲁格曼专业化指数(D)——测度城市间产业(行业)结构的总体差异

克鲁格曼专业化指数(D)是用就业统计数据构造区域/国家分

工指数来分析国家或地区的区域专业化。计算公式如下：

$$D_{rk} = \frac{1}{2} \sum_{i=1}^{n} |(E_{ir}/E_r) - (E_{ik}/E_k)| \qquad (3)$$

其中，D_{rk} 为区域专业化分工指数，用来测度两市 r 和 k 之间产业结构上的差异；E_{ir} 为 r 市 i 行业就业人数；E_r 为 r 市全部生产性服务业就业人数；E_{ik} 为 k 市 i 行业就业人数；E_k 为 k 市全部生产性服务业就业人数。这里保留 1/2 这个常数项，保证文中的城市专业化分工指数变化范围在 0~1 之间。指数越大，两市产业结构的差异越大。

5. 区位熵(Q)——测度产业(行业)的相对专业化程度

区位熵(Q)是用来衡量某一产业的某一方面或细分行业，在一特定区域的相对集中程度。通过计算某一区域产业的区位熵，可以找出该区域在全国具有一定地位的优势专业化产业。计算公式如下：

$$Q = \frac{\dfrac{e_i}{\sum e_i}}{\dfrac{E_i}{\sum E_i}} \qquad (4)$$

式中，e_i 为城市某行业 i 业务产值(或就业人数)，$\sum e_i$ 为该城市某行业总产值(或就业总人数)，E_i 为全国某行业 i 业务总产值(或就业人数)，$\sum E_i$ 为全国某行业的总产值(或总就业人数)。Q 为区位商，并根据区位熵 Q 值的大小来衡量其专门化率。Q 的值越大，则专门化率也越大。一般来讲，如果行业的区位熵大于 1.5，则该行业在全国就具有明显的专业化优势。

6. 转移—份额分析法(SSM)——测度城市的比较竞争优势和行业比较优势

SSM 法是 20 世纪 60 年代发展起来的一种分析技术，试图通过成分分析，将经济增长分解成三个组成部分：国家部分(SC)表示国家经济增长的贡献，混合部分(MC)表示某产业(行业)增长的贡献，其值越大则说明越具有产业(行业)比较优势，竞争部分(CC)表示地方特点的贡献，其值越大则说明越具有比较竞争优势。计算公式如下：

$$\Delta e_i = e_i^0 \times (E^t/E^0 - 1) + e_i^0 \times (E_i^t/E_i^0 - E^t/E^0) \\ + e_i^0 \times (e_i^t/e_i^0 - E_i^t/E_i^0) = SC + MC + CC \qquad (5)$$

式中，Δe_i 为城市或地区 i 行业从基期到报告期的产值(或就业)增长，e_i^0、e_i^t 分别为城市或地区 i 行业基期、报告期的产值(或就业)数，E^0、E^t 分别为国家基期、报告期的总产值(或就业)数，E_i^0、E_i^t 分别为国家 i 行业基期、报告期的产值(或就业)数。

若 CC 值>0，说明城市某产业(行业)的发展速度快于国家同行业的发展速度，则该产业(行业)在该城市就具有竞争比较优势；若 MC 值>0，说明该产业(行业)的发展速度快于国家经济发展水平，则该产业(行业)就具有产业(行业)比较优势。

二、生产性服务业空间集聚特征

(一) 生产性服务业空间集聚的总体特征

1. 都市圈尺度

采用变异系数(V)来度量 2003~2008 年京津冀都市圈生产性

服务业总体和各行业空间分布的差异程度,将有关原始数据代入(1)式,计算结果如图 7—4 所示。

图例:
- 交通运输、仓储和邮政业
- 信息传输、计算机服务和软件业
- 批发和零售业
- 住宿和餐饮业
- 金融业
- 房地产业
- 租赁和商务服务业
- 科学研究、技术服务和地质勘查业
- 整个生产性服务业

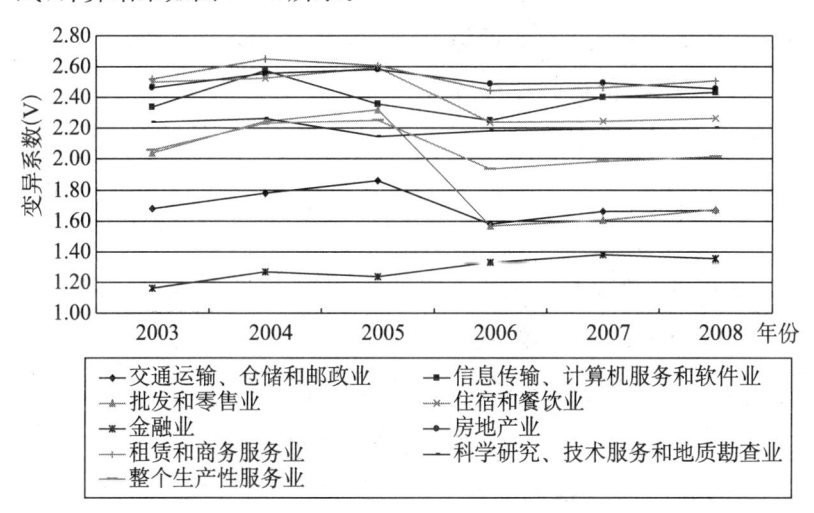

图 7—4 2003～2008 年京津冀都市圈生产性服务业总体和各行业的变异系数

如图中粗折线所示,整个生产性服务业的就业人数变异系数(V)值基本在 2.00 上下徘徊,超过平衡值 1,说明都市圈生产性服务业空间分布的整体差异程度较为显著。再分行业来讲,V 值最大的(约 2.5)有房地产业、租赁和商务服务业,说明这两大行业空间分布的整体差异程度最为显著,这主要是京津这两个行业起步较早、发展水平最高所致;其次是信息传输、计算机服务和软件业、科学研究、技术服务和地质勘查业,V 值在 2.2～2.5 左右,也说明这两个行业的整体差异程度较为显著,这与各市服务业处于不同发展阶段密切相关;再次是住宿和餐饮业、批发和零售业,这两个行业的特点是 V 值虽前三年较大(>2),但后三年却出现减小趋势,说明它们的整体差异程度在缩小,有趋向平衡的态势,这是生产性服务业向高级化、现代化发展所导致的;最后是交通运输、仓储和邮政业、金融业,其V值均在2以下,说明它们的整体差异程度最小,原因在于一是各市近年来纷纷大力建设交运仓储等基础设施,二是政府部门以往将邮政、国有商业银行、信用合作社等服务网点宏观上均衡布局造成如此格局。

2. 各城市尺度

采用以下两个指标来衡量,其一是以京津冀都市圈整体生产性服务业就业人口为100%,计算各市生产性服务业的就业贡献率r(%);其二是计算生产性服务业的就业密度d(人/平方公里)。前者粗略反映了该城市生产性服务业的整体规模,这比直接用就业人数更能客观而准确地反映不同城市在都市圈生产性服务业的发展地位;后者反映生产性服务业的空间集中程度。由此计算2003~2008年的结果如表7—2所示。

表7—2 2003~2008年京津冀都市圈各城市生产性服务业的就业贡献率(r)和就业密度(d)

城市	2003年		2004年		2005年		2006年		2007年		2008年	
	r	d	r	d	r	d	r	d	r	d	r	d
北京	71.23	181	76.67	238	77.16	253	67.24	153	68.77	169	69.60	186
天津	10.95	39	9.21	40	8.96	41	12.72	40	12.79	44	12.60	47
石家庄	4.79	13	3.92	13	3.98	14	5.85	14	5.43	14	5.00	14
唐山	2.64	8	2.07	8	2.10	8	3.06	8	2.96	9	2.88	9
秦皇岛	1.87	11	1.49	10	1.38	10	2.06	10	1.86	10	1.71	10
保定	2.81	6	2.25	6	2.15	6	2.88	5	2.69	5	2.59	6
张家口	1.74	2	1.36	2	1.33	2	1.92	2	1.58	2	1.41	2

续表

城市	2003 年		2004 年		2005 年		2006 年		2007 年		2008 年	
	r	d	r	d	r	d	r	d	r	d	r	d
承德	1.16	1	0.85	1	0.78	1	1.17	1	1.08	1	1.16	1
沧州	1.71	5	1.34	5	1.38	5	1.98	5	1.75	5	1.85	6
廊坊	1.10	7	0.84	7	0.79	7	1.11	6	1.10	7	1.22	8
都市圈	100.00	23	100.00	29	100.00	29	100.00	20	100.00	22	100.00	24

从表 7—2 看出京津冀都市圈总体上体现出极强的集聚性和不平衡性:就业贡献率和就业密度都是北京高居榜首,天津与北京相差悬殊,其余 8 市也不够平衡,但在这六年之中其不均衡的格局均表现出微弱的变化。按照聚类分析法分为三个等级:第一级(r>15%,d>50 人/平方公里),只北京一个,且具有绝对优势;第二级(8%<r<15%,30 人/平方公里<d<50 人/平方公里)也只有天津一个城市;第三级(r<8%,d<30 人/平方公里),有石家庄、保定、秦皇岛、廊坊、沧州、承德、张家口和唐山这 8 个城市,全部属于河北省。

总之,京津冀都市圈各城市的生产性服务业在整体规模和集中程度上都表现出明显的大梯度极差:位居第一等级的北京各年在就业贡献率和就业密度分别是第二等级天津的 5~8 倍、3~5 倍,分别是第三等级 8 个城市的 12~97 倍、10~250 倍;位居第二等级的天津各年在就业贡献率和就业密度分别是第三等级 8 个城市的 2~11 倍、3~47 倍;第三等级的 8 个城市之间各年在就业贡献率和就业密度方面也相差悬殊,分别有 1.5~5 倍、1.2~14 倍的差异。这说明京津冀都市圈整体生产性服务业集聚的空间特征与其北京"灯下黑"的经济社会发展水平分异特点非常吻合,也由此证明经济社会发展水平对服务业的推动作用。造成大梯度极差的原因有多个方面,比如京津冀工业化路径的差异化,独特的经济权势所形成的京津冀服务业基础设施发展水平的较大差异,农业大省与都市经济在生产性服务业发展进程中的起始点和侧重点上的差异以及各市服务业发展所处阶段等(王小平、陈永国,2008)。

3. 区位分布模式

为了对京津冀都市圈各市生产性服务业的整体集聚水平在统一性和可比性的基础上进行动态性评价,从而弄清其区位分布态势,此处采用2003~2008年共六年八大行业的就业人数为分析数据,组成时序全局数据表,运用全局主成分分析方法进行测算。根据上述测算步骤和过程分析,可以得到京津冀各市生产性服务业整体集聚水平的得分P,如表7—3所示。

表7—3 京津冀都市圈各城市2003~2008年生产性服务业整体集聚水平(P值)和排序

	2003年		2004年		2005年		2006年		2007年		2008年	
	P值	排序	P值	排序	P值	排序	P值	排序	P值	排序	P值	排序
北京	2.549	1	3.521	1	3.506	1	2.317	1	2.635	1	2.948	1
天津	0.017	2	0.032	2	0.032	2	0.030	2	0.067	2	0.115	2
石家庄	−0.262	3	−0.260	3	−0.254	3	−0.239	3	−0.237	3	−0.231	3
唐山	−0.348	5	−0.351	5	−0.343	5	−0.338	4	−0.328	4	−0.317	4
秦皇岛	−0.389	6	−0.386	6	−0.390	6	−0.388	6	−0.391	6	−0.389	7
保定	−0.343	4	−0.342	4	−0.341	4	−0.348	5	−0.343	5	−0.336	5
张家口	−0.403	8	−0.405	8	−0.403	8	−0.400	8	−0.406	8	−0.406	8
承德	−0.427	10	−0.432	10	−0.432	10	−0.430	10	−0.430	10	−0.414	10
沧州	−0.397	7	−0.397	7	−0.393	7	−0.395	7	−0.396	7	−0.379	6
廊坊	−0.425	9	−0.425	9	−0.426	9	−0.426	9	−0.423	9	−0.410	9

如表 7—3 所示,京津冀都市圈十个城市生产性服务业虽然在历年的 P 值和位序上均变化不大,但梯度差异十分显著,北京与其他九市是集聚区与外围区之间的严格对立关系,即呈现出明显的中心—外围模式,体现在北京一城独大,而其他各城则相差甚远,如 2003 年、2008 年北京的 P 值分别是处于第二位天津的 149.7 倍和 25.7 倍,但天津的发展速度还是较快,与北京的差距也在逐渐缩小。其他八市除石家庄的得分稍高外,在 P 值上相差无几,在整体上处于同一集聚水平,历年变化也不大。另外各市的 P 值大小也与其在城市等级序列中的排位(以城市规模为标准)基本相对应,即形成"北京(世界城市)—天津(国家中心城市)—石家庄(省区中心城市)—唐山、保定等其余七市(地区中心城市)"的大梯度等级体系,这是生产性服务业具有在中心城市及核心区域高度集聚的特性所导致的。根据各市与北京空间距离的大小,按历年的 P 值作出曲线分布图 7—5,发现其区位上大致呈"L"型曲线的分布状态。这是一种典型非均衡性的单中心式等级化发展模式,即以北京为核心增长极,基本按空间距离衰减法则对外辐射和扩散。根据我国生产性服务业集聚有受市场经济和政府管制双重影响的特性,以及京津冀区域规划和各市相关规划,预计在分布格局上将进一步形成"北京为生产性服务业核心区"和"其他九市以现代制造业作支撑"这种耦合协调的发展模式。

(二) 生产性服务业空间集聚的行业特征

1. 都市圈各行业的空间集聚程度

为测度京津冀都市圈生产性服务业各行业的空间集聚程度,将

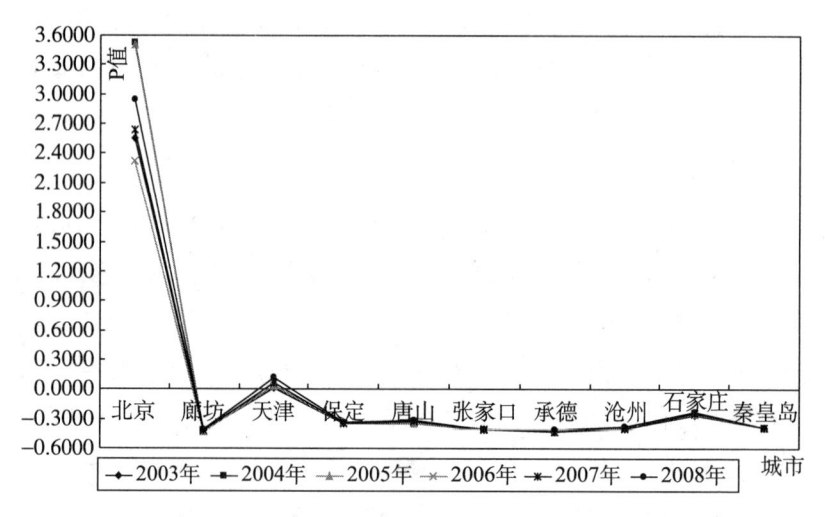

图 7—5　京津冀都市圈各城市 2003~2008 年生产性服务业整体集聚水平(P 值)的空间分布(根据与北京空间距离的大小)

相关基础数据代入(2)式,计算出 2003~2008 年生产性服务业整体和各行业的 G 值(表 7—4)。

表 7—4　2003~2008 年京津冀都市圈生产性服务业的空间基尼系数(G)

行业	2003 年	2004 年	2005 年	2006 年	2007 年	2008 年
交通运输、仓储和邮政业	0.017 3	0.007 2	0.033 6	0.030 6	0.014 1	0.016 3
信息传输、计算机服务和软件业	0.128 3	0.123 5	0.001 3	0.006 8	0.135 3	0.149 5
批发和零售业	0.066 6	0.058 6	0.001 7	0.035 5	0.008 9	0.013 7
住宿和餐饮业	0.165 4	0.109 6	0.005 4	0.003 4	0.094 8	0.102 0
金融业	0.002 7	0.008 6	0.150 1	0.063 1	0.004 3	0.004 7

续表

行业	2003 年	2004 年	2005 年	2006 年	2007 年	2008 年
房地产业	0.167 4	0.136 7	0.005 1	0.015 2	0.142 3	0.158 1
租赁和商务服务业	0.154 5	0.116 6	0.004 9	0.021 1	0.154 1	0.149 7
科学研究、技术服务和地质勘查业	0.100 4	0.058 6	0.010 0	0.002 2	0.083 2	0.089 5
整个生产性服务业	0.068 3	0.055 4	0.003 2	0.003 3	0.049 4	0.056 7

从表7—4中看出，首先，六年中整个生产性服务业的G值均不大（<0.10），2005年、2006年达到最低点，呈"V"字形变化，说明京津冀都市圈的生产性服务业相对集中程度还不高，集聚趋势也不够明显。其次，从分行业来看，不同行业的G值表现出很大的差异性：综合各年平均值而言，集中度高（>0.10）的有信息传输、计算机服务和软件业、房地产业、租赁和商务服务业，都是资本或技术密集型行业，这是京津两市经济起步较早、实力较强、产业升级较快，从而对资金和技术的"吸附效应"显著，导致该类行业大量集聚的结果。集中度居中（0.05<G<0.10）的有住宿和餐饮业、科学研究、技术服务和地质勘查业，可能与京津冀都市圈经济社会所处的发展阶段有关，即传统和现代两类生产性服务业的集聚同时并存。集中度低（G<0.05）的是交通运输、仓储和邮政业、批发和零售业、金融业，前两个行业属于传统的生产性服务业，天然具有一定的分散性以满足不同城市生产的需要，而金融业的分散性却是很长时期以来金融服务网点均衡布局造成锁定效应的结果。再次，从时间变化来看，除交运仓储和邮政业、金融业的G值在2005～2006年间相对大幅上升之外，其他六个行业的G值和整个生产性服务业类似，都呈"V"字形变化，即在2005~2006年间

有个急速下降的阶段,这是整个都市圈特别是北京的批发零售业、住宿和餐饮业就业人数在这两年大幅下挫,造成整体格局改变所造成的;另外值得一提的是,从 2003 年到 2008 年,除信息传输、计算机服务和软件业、金融业的 G 值升幅分别为 16.52%、74.07%外,其他六个行业均表现出不同程度的下降趋势,尤以批发零售业、住宿和餐饮业的降幅最大,分别达到 79.43%、38.33%。

2. 各城市间产业(行业)结构的差异程度

为测算京津冀都市圈各城市间的生产性服务业行业结构的差异程度,将相关基础数据代入(3)式,计算出 2003~2008 年生产性服务业的 D 值,再求出六年的平均 D 值(表 7—5)。

表 7—5 京津冀都市圈生产性服务业各城市克鲁格曼专业化指数(D)平均值

城市	北京	天津	石家庄	唐山	秦皇岛	保定	张家口	承德	沧州
天津	0.174 5								
石家庄	0.266 3	0.141 4							
唐山	0.360 7	0.193 4	0.175 5						
秦皇岛	0.460 5	0.292 0	0.266 7	0.163 8					
保定	0.298 0	0.201 4	0.145 2	0.166 3	0.292 2				
张家口	0.317 6	0.180 2	0.111 8	0.148 9	0.244 9	0.152 9			
承德	0.300 8	0.179 9	0.146 1	0.079 5	0.197 6	0.182 3	0.146 7		
沧州	0.310 4	0.231 6	0.146 6	0.098 7	0.211 1	0.151 6	0.117 3	0.101 3	
廊坊	0.244 4	0.189 2	0.199 1	0.138 0	0.265 4	0.129 3	0.178 5	0.185 5	0.196 0

据表 7—5 可知,总体而言京津冀十个城市之间的 D 值基本都大于 0.10,说明生产性服务业内部行业的结构差异都较大,专业化分工比较明显。北京除与天津之间的 D 值(0.174 5)稍小外,与其他

八市的 D 值都在 0.24 以上,这是北京作为首都的特殊城市职能所决定的。天津与秦皇岛、保定、沧州之间的 D 值也都在 0.20 以上,分工也较清楚。石家庄除与北京、秦皇岛之间的 D 值达到 0.26 以上外,与其他七城之间的 D 值都在 0.11 以上,说明与其他城市间的分工都较明确。唐山与承德、沧州之间的 D 值均在 0.10 以下,表明这三市生产性服务业内部行业构成相似,而其与其他城市的分工则较分明。秦皇岛与各市之间的 D 值都在 0.16 以上,分工相当明确,其中与北京的 D 值达到最大(0.4605),一方面是因为空间距离最远,扩散效应最小,另一方面可能与秦皇岛作为北方重要的能源海港这一独特城市职能有关。余下的保定、张家口、承德和沧州分别与其他城市之间的 D 值基本都在 0.10 以上,分工较为合理。

3. 各城市行业内的空间专门化率

为测算京津冀都市圈生产性服务业各城市的空间专门化率,将相关基础数据代入(4)式,计算出 2003～2008 年生产性服务业的 Q 值,再求出六年的平均 Q 值(表 7—6)。

从表 7—6 中来看,首先,就都市圈总体而言,整个生产性服务业的 Q 值是 1.92,在全国的专业化优势较为显著;行业中除了金融业之外,其余七个行业的 Q 值都在 1.5 以上,特别是租赁和商务服务业、信息传输、计算机服务和软件业、科学研究、技术服务和地质勘查业、房地产业的 Q 值都大于 2,这说明知识、技术和资本密集型行业在全国的专业化优势更加明显。其次,就整个生产性服务业来说,各市集聚度差距很大,可分为三个等级:第一等级(Q>1.5)只有北京以 2.77 的高分遥遥领先,说明其在全国具有绝对专业化的优势地位;第二等级(1.00≤Q<1.50),从大到小分别是石家庄、秦皇岛、天

表7—6 京津冀都市圈生产性服务业各城市的平均专门化率

城市	交通运输、仓储和邮政业	信息传输、计算机服务和软件业	批发和零售业	住宿和餐饮业	金融业	房地产业	租赁和商务服务业	科学研究、技术服务和地质勘查业	整个生产性服务业
北京	1.98	4.29	2.44	3.25	1.10	3.86	5.52	3.51	2.77
天津	1.43	1.01	1.31	0.99	0.94	1.01	1.65	1.56	1.25
石家庄	1.71	0.86	1.92	1.08	1.52	0.42	0.64	1.50	1.40
唐山	1.19	0.73	0.81	0.51	1.39	0.40	0.68	0.30	0.85
秦皇岛	2.84	0.81	0.67	0.58	1.73	0.56	0.64	0.85	1.29
保定	0.76	0.97	1.09	0.48	1.33	0.30	0.39	1.56	0.90
张家口	0.99	0.84	1.30	0.47	1.09	0.89	0.46	0.55	0.92
承德	1.33	1.30	0.96	0.65	1.33	0.36	0.87	0.56	1.00
沧州	1.03	1.22	0.94	0.43	1.13	0.35	0.27	0.34	0.79
廊坊	0.57	0.69	0.55	0.38	0.93	1.06	0.33	0.88	0.64
都市圈	1.64	2.59	1.83	2.01	1.14	2.26	3.20	2.29	1.92

津和承德四个城市,表明它们在全国也具有一定的专业化优势;第三等级(Q<1.00),是张家口、保定、唐山、沧州和廊坊五市,它们不具备专业化的比较优势。再次,综合考量各城市和各行业:北京除金融业外,其余七个行业都在全国具有专业化优势,特别是租赁和商务服务业、信息传输、计算机服务和软件业、科学研究、技术服务和地质勘查业、房地产业、住宿和餐饮业的Q值都大于3,表明北京稳居我国高端生产性服务业的高地位置。至于其金融业的Q值仅有1.10,这与北京作为中国金融中心的实际地位不相符合,因为仅2009年北京

金融街的金融资产规模就达到近40万亿元,占北京金融资产的82%,占全国的47.6%,控制着全国95%的信贷和65%的保险费资金。究其原因可能是该市金融的电子化、智能化程度极高,劳动生产率很高,与之相应的劳动力投入就相对较少。天津在全国具有比较优势的($Q>1.5$)有租赁和商务服务业、科学研究、技术服务和地质勘查业,这与天津作为全国的重要商埠和科教中心城市是相称的。石家庄的批发零售业、交运仓储和邮政业、金融业、科学研究、技术服务和地质勘查业在全国也具备专业化优势,是由其作为我国重要的陆路交通枢纽及河北省的商贸、金融和科教中心所导致的。秦皇岛的交运仓储、邮政业、金融业的Q值均大于1.5,一方面在于秦皇岛港是华北和东北地区重要的出海口,海运枢纽优势明显;另一方面是由于近年来该市金融业取得了特别的进展,整体实力提升,竞争力增强。保定的科学研究、技术服务和地质勘查业在全国也具有专业化优势,这也情有可原,如近年来保定在太阳能光伏产业领域取得了全国领先地位,正在建设"可再生能源产业化基地"、"太阳能综合应用科技示范城市"、"十城万盏"半导体照明应用试点城市。而唐山、张家口、承德、沧州和廊坊五市各行业在全国都不具有专业化优势,空间特征比较分散,有待紧密结合各市制造业特色,充分发挥后发优势,在某些关键领域、行业和环节积蓄实力。

(三)各城市生产性服务业集聚的产业选择战略

应用SSM法分析京津冀都市圈各城市的生产性服务业是否拥有比较竞争优势、内部各行业是否具有行业比较优势。设定2003年为基期,2008年为报告期,将相关原始数据代入(5)式,求出各市分行业的CC值和MC值(表7—7)。

表 7—7 基于 SSM 法的京津冀都市圈各城市生产性服务业分行业的 CC 值和 MC 值（万人）

城市 行业		北京	天津	石家庄	唐山	秦皇岛	保定	张家口	承德	沧州	廊坊	都市圈
交通运输、仓储和邮政业	CC	−0.28	−0.49	0.25	−0.04	−0.12	−0.30	−0.25	0.23	1.05	−0.30	−0.25
	MC	−15.08	−4.08	−1.72	−1.13	−1.17	−0.73	−0.50	−0.38	−0.52	−0.35	−25.65
信息传输、计算机服务和软件业	CC	8.57	0.40	−0.16	0.07	0.00	−0.05	−0.02	0.03	0.28	0.12	9.24
	MC	2.09	0.18	0.07	0.05	0.02	0.06	0.04	0.03	0.05	0.02	2.61
批发和零售业	CC	−22.91	4.36	1.55	0.45	−0.23	−0.30	−0.66	−0.48	−0.36	−0.30	−18.89
	MC	−42.39	−5.84	−3.26	−1.53	−0.67	−1.99	−1.51	−0.84	−1.32	−0.64	−59.99
住宿和餐饮业	CC	14.14	2.70	0.97	0.58	0.19	0.38	0.18	0.10	0.24	0.17	19.64
	MC	−40.37	−3.43	−1.41	−0.44	−0.25	−0.49	−0.33	−0.34	−0.31	−0.22	−47.60
金融业	CC	6.04	0.00	0.62	0.58	−0.09	0.01	−0.12	0.36	−0.12	0.02	7.30
	MC	−1.09	−0.41	−0.23	−0.19	−0.11	−0.18	−0.09	−0.07	−0.12	−0.07	−2.54
房地产业	CC	0.31	0.36	−0.20	−0.13	−0.10	−0.13	0.04	−0.02	0.10	0.19	0.42
	MC	3.60	0.35	0.07	0.06	0.04	0.04	0.05	0.02	0.03	0.06	4.31
租赁和商务服务业	CC	3.84	1.24	−0.34	−0.06	−0.02	−0.07	0.01	0.21	−0.11	0.32	5.02
	MC	9.63	0.99	0.20	0.14	0.06	0.09	0.06	0.05	0.05	0.03	11.29
科学研究、技术服务和地质勘查业	CC	−2.67	0.18	−0.22	−0.03	−0.11	−0.03	−0.08	−0.07	−0.02	0.39	−2.65
	MC	−3.17	−0.46	−0.17	−0.03	−0.04	−0.14	−0.03	−0.02	−0.02	−0.04	−4.14

根据表 7—7 的数据,结合历年平均 Q 值进行城市产业(行业)选择战略分析。一般而论,Q 值>1.5 且 CC 值和 MC 值均大于 0 的为经济表现强劲的行业,Q 值>1.5 且 CC 值>0、MC 值<0 的为需优先鼓励和扶持的行业,Q 值<1.5 且 CC 值和 MC 值均大于 0 的为需高度重视和发展的行业。由此我们确定京津冀各市生产性服务业的上述三个类别(表 7—8)。

表 7—8 京津冀都市圈各城市生产性服务业的行业选择战略分析

	经济表现 强劲的行业	需优先鼓励和 扶持的行业	需高度重视和 发展的行业
北京	信息传输、计算机服务和软件业,房地产业,租赁和商务服务业	住宿和餐饮业,金融业	
天津	租赁和商务服务业	批发和零售业,住宿和餐饮业,金融业,科学研究、技术服务和地质勘查业	信息传输、计算机服务和软件业,房地产业
石家庄		交通运输、仓储和邮政业,批发和零售业,金融业	
唐山		金融业	信息传输、计算机服务和软件业
秦皇岛			信息传输、计算机服务和软件业
保定		金融业	
张家口			房地产业,租赁和商务服务业
承德	交通运输、仓储和邮政业	金融业	信息传输、计算机服务和软件业、租赁和商务服务业
沧州			信息传输、计算机服务和软件业
廊坊			信息传输、计算机服务和软件业,房地产业,租赁和商务服务业

三、结论和讨论

通过以上测度和分析,总结京津冀都市圈生产性服务业空间集聚特征主要有以下三点。

(1) 整体差异程度显著。分行业而言,房地产业,租赁和商务服务业,信息传输、计算机服务和软件业,科学研究、技术服务和地质勘查业这四类差异最明显;分城市而言,呈现"北京(世界城市)—天津(国家中心城市)—石家庄(省区中心城市)—唐山等其余七市(地区中心城市)"这种典型非均衡性的单中心、大梯度等级化的区位模式;就全国视角而言,都市圈整体集中程度还不够大,集中度相对较高的行业只是信息传输、计算机服务和软件业,房地产业,租赁和商务服务业等资本或技术密集型行业。

(2) 各城市生产性服务业内部行业的结构差异都较大,专业化分工比较明显,特别是北京与其余九市之间的分工相当清楚,但唐山、承德、沧州这三市之间的内部行业构成较为相似。

(3) 整个都市圈,特别是知识、技术和资本密集型行业在全国的专业化优势尤为明显;除北京具有绝对专业化优势外,石家庄、秦皇岛、天津和承德这四个城市也在全国占据一定的专业化优势地位。

根据上述结论及各城市的区位条件、资源禀赋、制造业特色、市场状况等内外部条件,提出的政策建议是:以《京津冀都市圈区域规划》的修编和实施为契机,通过市场和政府的双重作用,各市应因地制宜地采取集聚和扩散策略,将现有"非均衡单中心型"大梯度等级化的区位空间模式逐渐调整为"多核多圈层"集群网络化的空间发展模式,城市间由现有的不完全垂直分工协作逐步向高

第七章 大都市区生产性服务业发展

层次的产业链扁平化分工协作转型。各市功能定位是：北京应成为具有世界影响力的科教、信息和技术服务等知识、技术密集型生产性服务业的核心城市，重点集聚金融、信息传输、计算机服务和软件业、房地产、租赁和商务服务、高新科技服务等高附加值行业，并逐步向外围转移和扩散运输仓储、批发零售等传统低附加值行业；天津应成为我国北方的金融和房产、信息服务和商贸物流及科技创新中心城市，主要集聚金融、批发零售、住宿餐饮、科技、商贸中介服务等行业；石家庄为华北的交通物流、金融商贸和科技中心城市，重在集聚交运仓储、批发零售、金融及科技服务业；唐山为环渤海地区物流枢纽和重化工业配套协作服务中心，侧重集聚金融、交运物流、仓储会展和信息服务业；秦皇岛为环渤海地区的货运物流、金融商务和信息服务中心城市，重点集聚海运物流、商贸餐饮、信息传输、计算机服务和软件业；保定为首都南部的金融、科技创新中心和先进制造业配套协作服务中心，重点集聚金融、科技服务和商务服务业；张家口为北京和内蒙古省际金融商贸和机械制造业配套协作服务的中心，侧重集聚金融、租赁和商务服务等中介服务业；承德为华北交通物流、金融商务和商贸旅游中心，主要集聚金融、信息服务、租赁和商务服务业；沧州作为环渤海地区的交通枢纽和化工业配套协作服务中心，重在集聚信息服务和交运仓储业；廊坊作为京津生产性服务业扩散和对接的中心及印刷业配套协作服务中心，侧重集聚信息服务、房地产业、租赁和商务服务业。

本研究对王小平和陈永国（2008）关于京津冀生产性服务业大梯度极差和协作发展的观点进行了验证，与其具有明显的大梯度特征这一研究结果是一致的，但对定量测度集聚特点、具体分析城市差异及客观定位各自职能等内容进行了补充、丰富。不过囿于各市生产性服务业历年增加值、产值和行业、企业有关详细而全面数据的可获得性,以及研究手段的局限和篇幅所限,没能对集聚发展和区位分布的驱动力、机理分析及调控手段等进行更为深入细致的研究,这也正是不足之处和留待后续研究的任务。

第三节 京沪生产性服务业的区域比较

20世纪80年代以来,生产性服务业逐步取代制造业成为西方都市区经济发展的核心动力和创新源泉(Bayson,1997),生产性服务业的增长及其空间集聚在国际大都市产业转型与功能重塑中发挥着关键性作用(Shearmur and Alvergne,2002)。相应地,生产性服务业的区域比较研究已成为学术界关注的热点命题之一,在生产性服务业的增长行为(Harrington,1995;程大中,2006)、需求结构(Karaomerlioglu and Carlsson,1999;Guerreri and Meliciani,2005;魏作磊、胡霞,2005;李冠霖,2002)、空间分异(Oh'Uallachain and Reid,1991;Illeris,1995;Sassen,1991;O'Connor and Hutton,1998;Benntt et al,1999;Pandit et al,2002;Yusuf and Nabeshima,2005;Oh'Uallachain and Leslie,2007;闫小培,1999;申玉铭等,2007)、区域协作(段杰、闫小培,2003;吴智刚等,2003;钟韵、闫小培,2006)、发展战略(杨亚琴、王丹,2005;孙钰、姚晓东,2006)等诸多方面展开大量的理论思考和实证研究,对城市产业结构升级、空间布局优化产生了积极影响。

已有研究表明,不同类型或不同发展阶段的生产性服务业在增长行为、中间需求结构等方面差异明显。同时,生产性服务业的空间分布呈现总体集聚下的局部分散化,区域经济发展水平、基础设施供给、税收政策等均影响生产性服务业的空间分布。北京、上海分别作为京津冀都市圈、长三角城市群的核心城市,服务经济为主导的产业结构已经形成,2012年服务业增加值在地区生产总值的比重分别达到76.4%、60.0%。京沪为国际化大都市和新型工业化服务的现代服务业平台正在形成,生产性服务业在推动经济发展方式转变、重塑城市内部空间结构、提升城市国际竞争力的主导作用日益突出。本节基于产业关联与空间分布的区域比较研究,探讨京沪生产性服务业发展的一般规律及其差异性,旨在为京沪生产性服务业的差异化发展及城市整体功能提升提供科学依据。

一、数据资料与研究方法

（一）数据来源

基础数据来源于北京和上海的1997年投入产出表、2002年投入产出表、2000年第五次人口普查资料和2004年第一次经济普查资料。基于投入产出数据分析京沪生产性服务业的增长过程及其中间需求特征,基于人口普查资料和经济普查资料分析区县尺度京沪生产性服务业分行业就业人员的空间分布特征。

（二）数据处理

不同区域、不同年份的投入产出表部门分类差异明显,这既不利于区域间生产性服务业发展现状的横向比较,也不利于生产性服务业发展过程的纵向剖析。考虑到基础数据行业分类的统一性,参照《国民经济行业分类标准》和《投入产出表部门分类解释》,

将 1997 年、2002 年京沪投入产出表的服务业划分为 18 个部门,具体如下:交通运输业,仓储业,邮政业,信息传输、计算机服务和软件业,批发和零售业,住宿和餐饮业,金融业,保险业,房地产业,租赁和商务服务业,科学研究、技术服务和地质勘查业,水利、环境和公共设施管理业,居民服务和其他服务业,教育事业,卫生、社会保障和社会福利业,文化、体育和娱乐业,公共管理和社会组织,旅游业。

(三) 研究方法

1. 投入产出模型

生产性服务业或者消费性服务业的划分是基于功能上的考虑,在缺乏详尽统计资料支撑下,准确界定生产性服务业非常困难。同时,服务业生产与消费的产业特性随着社会经济发展而不断变化,不同国家甚至是同一个国家在不同发展阶段所涵盖的生产性服务业行业类型也不尽相同。本节利用详尽的投入产出表,将服务业中用于中间需求的部分界定为生产性服务业,用于最终消费的部分界定为消费性服务业。根据这种方法,服务业中并不存在明确属于生产性服务业或者消费性服务业的具体部门,每个服务分支部门都存在一定比重的生产性服务业和消费性服务业。这种划分方法既切合生产性服务业的内涵,也避免了由于不同年份投入产出表部门分类变动所导致的数据不可比性(申玉铭等,2007)。

生产性服务业增加值总量(G)的计算公式如下:

$$G = \sum_{i=1}^{n} g_i \times h_i$$

式中，g_i 为第三产业中第 i 行业的增加值，hi 为国民经济各产业对第三产业中第 i 行业的中间需求率。

中间需求率(h_i)指国民经济各产业对第 i 产业产品的中间需求量(中间使用)与第 i 产业产品的总需求量(中间需求量＋最终需求量)的比值，其计算公式如下：

$$h_i = \frac{\sum_{j=1}^{n} x_{ij}}{\sum_{j=1}^{n} x_{ij} + Y_i} \quad (i=1,2,\cdots,n)$$

式中：$\sum_{j=1}^{n} x_{ij}$、Y_i 分别为国民经济各产业对第 i 产业产品的中间需求量和最终需求量。某一产业的中间需求率越高，表明该产业越具有中间产品的性质。

2. 区位基尼系数

根据洛伦茨曲线导出，度量生产性服务业空间分布的均衡程度。对于京沪的所有区县单元，首先计算出各区县生产性服务业就业人数占全市生产性服务业总就业人数的比重 E 以及各区县某生产性服务业就业人数占全市该生产性服务业就业人数的比重 e，进而将上述两组数据的比率 e/E 从小到大进行排序，采用交叉相乘法计算区位基尼系数(G_C)。其计算公式如下：

$$G_C = \sum_{j=1}^{n} (e_{ij} E_{j+1} - e_{i(j+1)} E_j)$$

式中，e_{ij} 为 j 区县 i 生产性服务业就业人数占全市 i 生产性服务业就业人数的比重，E_j 为 j 区县生产性服务业就业人数占全市生产性服务业总就业人数的比重，n 为京沪区县单元数量(北京为 18，上海为 19)。

二、生产性服务业发展比较分析

(一) 生产性服务业发展速度加快,金融业、交通运输业、房地产业是其主体

京沪服务型经济结构基本确立,生产性服务业发展速度加快(表7—9)。京沪三次产业增加值结构分别从 1997 年的 3.81∶33.18∶63.01、2.26∶52.21∶45.53 转变为 2002 年的 2.46∶30.32∶67.22、1.71∶47.42∶50.87,服务经济在城市功能提升中的主导作用日益突出。2002 年,京沪生产性服务业增加值总量分别是 1997 年的 1.89 倍、1.81 倍,生产性服务业发展速度明显加快;生产性服务业增加值比重分别比 1997 年提高 1.23 个、2.82 个百分点,生产性服务业在城市经济发展中的地位逐步上升。此外,上海生产性服务业增加值总量高于北京,但生产性服务业增加值比重低于北京,先进制造业对上海经济发展的推动作用更为突出。

表 7—9 京沪三次产业及其内部部门的增加值总量和比重

		北京		上海	
		1997 年	2002 年	1997 年	2002 年
总量 (万元)	第一产业	864 042	1 008 546	758 012	924 399
	第二产业	7 517 284	12 410 878	17 543 931	25 646 924
	制造业	5 110 525	7 957 863	145 86 317	21 056 640
	第三产业	14 275 781	27 516 875	15 300 216	27 516 275
	生产性服务业	6 419 108	12 100 367	7 739 473	13 983 126
	消费性服务业	7 856 673	15 416 508	7 560 743	13 760 877

续表

		北京		上海	
		1997年	2002年	1997年	2002年
比重(%)	第一产业	3.81	2.46	2.26	1.71
	第二产业	33.18	30.32	52.21	47.42
	制造业	22.56	19.44	43.41	38.93
	第三产业	63.01	67.22	45.53	50.87
	生产性服务业	28.33	29.56	23.03	25.85
	消费性服务业	34.68	37.66	22.50	25.44

从行业构成看，金融业、交通运输业、房地产业是京沪生产性服务业的主体(表7—10)。北京生产性服务业行业构成具有知识、技术密集型特征，租赁和商务服务业，科学研究、技术服务和地质勘查业，信息传输、计算机服务和软件业等现代服务业已步入发展成熟阶段，而上海除了信息传输、计算机服务和软件业外，现代服务业在生产性服务业中所占比重较低，尚处于发展起步阶段。

表7—10 京沪生产性服务业内部行业发展特点

特点	比重大、增速快 支柱行业	比重小、增速快 新兴行业	比重大、增速慢 传统支撑行业	比重小、增速慢 贡献率减弱
北京	金融业 租赁和商务服务业 科学研究、技术服务和地质勘查业 信息传输、计算机服务和软件业 房地产业 文化、体育和娱乐业	居民服务和其他服务业 卫生、社会保障和社会福利业 旅游业	交通运输业	住宿和餐饮业 批发和零售业 教育事业 邮政业 保险业 仓储业 水利、环境和公共设施管理业 公共管理和社会组织

续表

特点	比重大、增速快 支柱行业	比重小、增速快 新兴行业	比重大、增速慢 传统支撑行业	比重小、增速慢 贡献率减弱
上海	房地产业 信息传输、计算机服务和软件业 金融业	租赁和商务服务业 科学研究、技术服务和地质勘查业 保险业 文化、体育和娱乐业 卫生、社会保障和社会福利业 旅游业	交通运输业 批发和零售业	住宿和餐饮业 仓储业 居民和其他服务业 邮政业 教育事业 水利、环境和公共设施管理业 公共管理和社会组织

（二）第三产业对生产性服务业的中间需求最大,需求比重呈现上升趋势

从静态看,1997年、2002年京沪第三产业对生产性服务业的中间需求均最大(表7—11)。这与发达国家的城市生产性服务业发展特征相符合,即西方国家普遍步入"后工业化"时代,"服务经济"占据主导地位,生产性服务业主要面向服务部门而不是制造部门。从动态看,京沪第三产业对生产性服务业的中间需求呈现上升趋势。北京第三产业对生产性服务业的中间需求比重从1997年的63.37%上升到2002年的68.58%,增加了5.21个百分点;上海则从1997年的50.53%上升到2002年的54.49%,增加了3.96个百分点。此外,北京第三产业对生产性服务业的中间需求比重明显高于上海,1997年、2002年其中间需求比重分别比上海高12.84个、14.09个百分点;而上海制造业对生产性服务业的中间需求比重则分别比北京高15.25个、16.59个百分点。这表明,北京经济服务化趋势更为

显著,生产性服务业对北京服务经济的支撑、引领作用更为突出;而上海的制造业优势较为突出,生产性服务业与制造业的融合发展趋势更为明显。

表7—11 京沪三次产业及制造业对生产性服务业的中间需求比重(%)

三次产业及制造业	北京		上海		全国	
	1997年	2002年	1997年	2002年	1997年	2002年
第一产业	1.62	0.79	1.81	0.73	5.9	4.9
第二产业	35.01	30.63	47.66	44.78	57.6	53.5
制造业	26.35	23.03	41.60	39.62	42.4	37.8
第三产业	63.37	68.58	50.53	54.49	36.4	41.5

(三) 服务业对金融业的中间需求最大,但服务业需求结构存在明显差异

京沪服务业对金融业的中间需求最大(表7—12)。1997年、2002年北京服务业对金融业的中间需求比重分别为26.21%、22.74%,上海则分别为45.33%、23.68%,金融服务对京沪大力发展现代服务业具有重要的支撑、引领作用。受金融危机影响,外向型经济突出的上海服务业对金融业的中间需求比重下降明显。但从长期看,京沪均将金融中心作为发展方向,金融业对服务业的中间投入仍将是服务业发展的主要动力。此外,京沪服务业的中间需求结构存在着明显差异。北京服务业对信息传输、计算机服务和软件业,文化、体育和娱乐业,科学研究、技术服务和地质勘查业等行业的中间需求比重显著高于上海,体现出北京作为全国政治、文化、科技中心

表7—12 京沪服务业对生产性服务业内部各行业的中间需求比重（%）

北京				上海			
1997年		2002年		1997年		2002年	
行业	比重	行业	比重	行业	比重	行业	比重
金融业	26.21	金融业	22.74	金融业	45.33	金融业	23.68
租赁和商务服务业	13.08	租赁和商务服务业	13.63	批发和零售业	13.69	交通运输业	20.88
批发和零售业	8.36	房地产业	13.60	交通运输业	13.51	房地产业	10.73
交通运输业	8.15	信息传输、计算机服务和软件业	11.04	房地产业	8.34	信息传输、计算机服务和软件业	9.13
文化、体育和娱乐业	7.73	交通运输业	9.82	租赁和商务服务业	5.01	租赁和商务服务业	8.43
信息传输、计算机服务和软件业	7.51	文化、体育和娱乐业	8.49	保险业	3.30	批发和零售业	8.04
科学研究、技术服务和地质勘查业	6.29	住宿和餐饮业	7.22	文化、体育和娱乐业	1.79	科学研究、技术服务和地质勘查业	3.81
住宿和餐饮业	6.09	科学研究、技术服务和地质勘查业	6.23	住宿和餐饮业	1.64	住宿和餐饮业	3.66
房地产业	5.03	保险业	1.49	邮政业	1.42	保险业	3.38
其他服务业	11.55	其他服务业	5.2	其他服务业	5.97	其他服务业	8.28

的重要地位。上海服务业对交通运输业、批发零售业的中间需求比重明显高于北京，2002年上海服务业对这两个行业的需求比重为28.92%，北京则为10.75%。尤其是上海服务业对水上运输业的中间需求比重从1997的1.55%增加到2002年的10.77%，这与上海建设国际经济、贸易和航运中心的城市定位密切相关。

（四）制造业对生产性服务业的中间需求结构差异显著

京沪制造业对生产性服务业的中间需求结构差异显著（表7—13）。北京制造业对生产性服务业的需求结构趋于高级化，制造业对科学研究、技术服务和地质勘查业、租赁和商务服务业等知识、技术密集型服务业的中间需求比重从1997年的18.7%增加到2002年的51.53%，对信息传输、计算机服务和软件业的需求比重也增加了6.53个百分点。而上海制造业对生产性服务业的中间需求集中在批发零售业、交通运输业等传统服务业，1997年、2002年上海制造业对这两个行业的中间需求比重分别达到65.65%、60.33%。上海作为我国承接国际制造业转移的重要阵地，以生产、加工、出口贸易为主的制造业结构对销售、物流需求较大，导致对批发零售业、交通运输业的市场需求较大，而对租赁和商务服务业、信息传输、计算机服务和软件业等知识、技术密集型服务业的中间需求比重偏小。这反映了上海制造业部门的社会化、专业化程度有待提高，制造业对生产性服务业的需求集中在下游环节，生产过程对中间投入服务的消耗层次偏低。

表7—13 京沪制造业对生产性服务业内部各行业的中间需求比重（%）

北京						上海			
1997年		2002年		1997年		2002年			
行业	比重	行业	比重	行业	比重	行业	比重		
批发和零售业	33.12	科学研究、技术服务和地质勘查业	26.45	批发和零售业	46.80	批发和零售业	43.73		
交通运输业	20.73	租赁和商务服务业	25.08	交通运输业	18.85	交通运输业	16.60		
金融业	19.93	金融业	12.03	金融业	13.76	金融业	13.26		
科学研究、技术服务和地质勘查业	10.59	交通运输业	10.58	保险业	4.92	租赁和商务服务业	8.40		
租赁和商务服务业	8.11	信息传输、计算机服务和软件业	8.18	科学研究、技术服务和地质勘查业	3.89	科学研究、技术服务和地质勘查业	4.00		
住宿和餐饮业	1.95	批发和零售业	5.99	租赁和商务服务业	2.81	住宿和餐饮业	3.61		
信息传输、计算机服务和软件业	1.65	住宿和餐饮业	2.35	居民和其他服务业	2.72	信息传输、计算机服务和软件业	2.84		
文化、体育和娱乐业	0.94	房地产业	2.01	信息传输、计算机服务和软件业	2.09	居民和其他服务业	2.01		
保险业	0.84	邮政业	1.68	房地产业	0.99	保险业	1.90		
其他服务业	2.12	其他服务业	5.67	其他服务业	3.17	其他服务业	3.66		

（五）生产性服务业集中分布于中心区和近郊区，圈层衰减特征明显

从数量指标看，近郊区是京沪生产性服务业空间分布的核心区域，在全市生产性服务业总就业人数所占比重分别达到57.55%、43.96%。北京中心区生产性服务业就业人数高于远郊区，前者所占比重为30.50%，后者所占比重为11.96%。而上海远郊区生产性服务业就业人数高于中心区，所占比重分别为33.80%、22.24%。从密度指标看，京沪生产性服务业就业人员高度集中于中心区，依次为中心区＞近郊区＞远郊区，呈现由中心向外围的圈层衰减特征（图7—6）。2004年，京沪中心区、近郊区、远郊区的生产性服务业就业密度分别为10 180人/平方公里、1 391人/平方公里、25人/平方公里和14 440人/平方公里、1 909人/平方公里、254人/平方公里，中心区和近郊区的生产性服务业就业密度均高于京沪生产性服务业平均就业密度188人/平方公里、635人/平方公里（图7—7）。

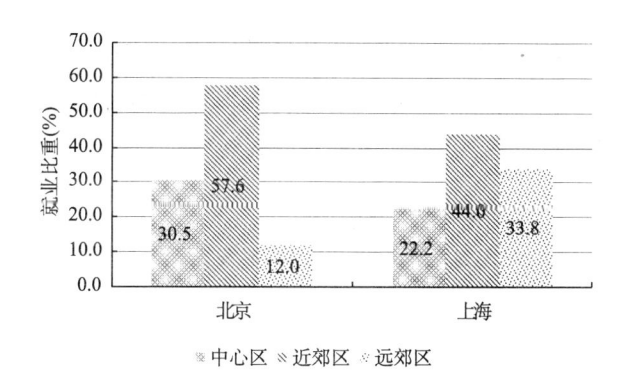

图7—6　2004年京沪生产性服务业就业比重空间分布

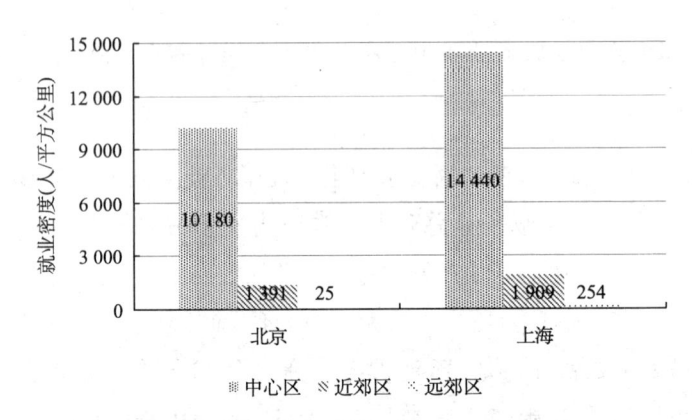

图 7—7　2004 年京沪生产性服务业就业密度空间分布

（六）根据行业分布的差异性可划分为四种空间分布类型

根据生产性服务业各行业的区位基尼系数,分别将京沪八个生产性服务业划分为四种空间分布类型,即高度分散型($G_C \leqslant 0.20$)、比较分散型($0.20 < G_C < 0.35$)、比较集中型($0.35 \leqslant G_C < 0.50$)、高度集中型($G_C \geqslant 0.50$)(表 7—14)。不同行业乃至同一行业、不同发展阶段的空间分布特征均存在差异性。以 2004 年为例,京沪金融业均属于高度集中型,G_C 值大于 0.50;交通运输业,科学研究、技术服务和地质勘查业均属于比较集中型,G_C 值在 0.35~0.50 之间;租赁和商务服务业均为比较分散型,G_C 值在 0.20~0.35 之间;批发零售业均为高度分散型,G_C 值小于 0.20。文化、体育和娱乐业在北京属于比较分散型,在上海属于比较集中型;房地产业在北京属于高度分散型,在上海属于比较分散型;信息传输、计算机服务和软件业在北京属于高度集中型,在上海属于比较集中型。

表 7—14　2004 年京沪生产性服务业空间分布类型划分

分布类型	北京	上海
高度分散型 ($G_C \leqslant 0.20$)	批发零售业,房地产业	批发零售业
比较分散型 ($0.20 < G_C < 0.35$)	文化、体育和娱乐业,租赁和商务服务业	房地产业,租赁和商务服务业
比较集中型 ($0.35 < G_C < 0.50$)	科学研究、技术服务和地质勘查业,交通运输业	信息传输、计算机服务和软件业,文化、体育和娱乐业,交通运输业,科学研究、技术服务和地质勘查业
高度集中型 ($\geqslant 0.50$)	金融业,信息传输、计算机服务和软件业	金融业

（七）生产性服务业空间分布的变化趋势总体上存在一致性

2000 年、2004 年京沪生产性服务业各行业空间集中与分散的变化趋势总体上存在一致性（图 7—8）。京沪交通运输业,金融业,信息传输、计算机服务和软件业,批发零售业的空间分布均趋向集中；房地产业,租赁和商务服务业,科学研究、技术服务和地质勘查业的空间分布均趋向分散。只有文化、体育和娱乐业的变化趋势不一致,该行业在北京趋于分散,在上海则趋于集中。

三、结论与讨论

本节从产业关联与空间分布两个方面进行京沪生产性服务业比较研究,得出以下结论。

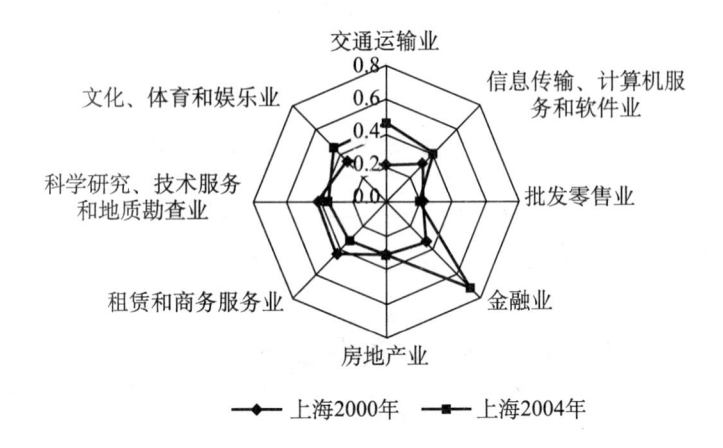

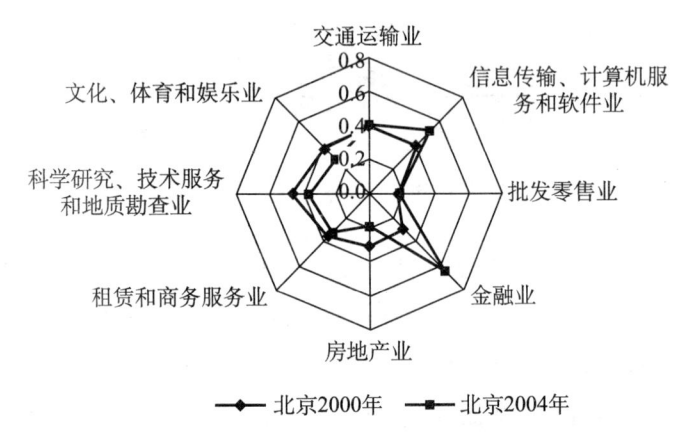

图 7—8 2000 年和 2004 年京沪生产性服务业空间分布变化特征

（1）京沪服务型经济结构基本确立,生产性服务业发展速度加快,在城市经济发展中的地位逐步上升。金融业、交通运输业、房地产业是京沪生产性服务业的主体,北京生产性服务业行业构成具有知识、技术密集型特征,已步入发展成熟阶段,而上海尚处于发展起步阶段。

(2) 京沪第三产业对生产性服务业的中间需求最大,且中间需求呈现上升趋势。北京经济服务化趋势更为显著,生产性服务业对北京服务经济的支撑、引领作用更为突出;而上海的制造业优势较为突出,生产性服务业与制造业的融合发展趋势更为明显。

(3) 京沪服务业对金融业的中间需求最大,但服务业的中间需求结构存在着明显差异。北京服务业对科技、文化服务的中间需求较大,体现出北京作为全国政治、文化、科技中心的重要地位;上海服务业对交通运输业、批发零售业的中间需求较大,这与上海建设国际经济、贸易、航运中心的城市定位密切相关。

(4) 京沪制造业对生产性服务业的中间需求结构差异显著。北京制造业对知识、技术密集型服务业的中间需求较大,制造业中间需求结构趋于高级化;而上海制造业对生产性服务业的需求集中在下游环节,制造业生产过程对中间投入服务的消耗层次偏低。

(5) 京沪生产性服务业集中分布于中心区和近郊区,圈层衰减特征明显。生产性服务业可划分为高度分散型、比较分散型、比较集中型、高度集中型四种空间分布类型,不同行业乃至同一行业、不同发展阶段的空间分布特征均存在差异性,但各行业空间集中与分散的变化趋势总体上存在一致性。

本节基于京沪1997年、2002年投入产出表进行生产性服务业产业关联比较研究,该数据资料是目前所能获取的最为详尽的投入产出表。在基础数据支撑下,数据时效性有待提高。此外,生产性服务业与制造业具有不同的空间布局动力机制(Coffey,2002),本节仅侧重探讨生产性服务业的空间分布特征,生产性服务业与存在紧密供需关系的制造业之间的空间联系,以及生产性服务业与消费性服务业在城市内部空间布局的内在联系是进一步研究的方向。

第八章 大都市生产性服务业空间结构演化特征及机理——以北京市为例

第一节 大都市生产性服务业空间结构研究进展

生产性服务业的空间集聚特性对全球城市崛起、城市等级体系重构和城市内部空间塑造均具有重要影响（Sassen，1991；Coffey、Bailly，1992；Coffey et al.，1996）。在全球经济服务化趋势增强、生产性服务业成为国际大都市主导产业和增长动力背景下（Illeris，1989），中国大城市正向服务经济迈进，生产性服务业的空间集聚逐渐成为影响城市空间重构和功能提升的重要力量（闫小培、许学强，1999）。在"国家首都、国际城市、历史名城和宜居城市"的城市发展目标定位下，北京正向全面建成现代化国际城市、加快建设中国特色世界城市迈进，以生产性服务业为主体的战略性产业空间集聚将是增强首都对全球资源要素配置的控制力、提升北京在世界城市体系中的地位和作用的战略支撑（周振华等，2004）。

生产性服务业在城市、区域乃至全球尺度均呈现空间集聚特征。在宏观和中观尺度，生产性服务业空间集聚的等级体系与所在区域的城市体系结构密切相关（Sassen，1991；Illeris and Sjoholt，1995；

O'Connor and Hutton,1998);在微观尺度,生产性服务业空间集聚与扩散已成为塑造城市内部空间结构的重要力量(Coffey et al.,1996;Harrington and Campbell,1997;Airoldi et al.,1997;Searle,1998;Boiteux-Orain and Guillain,2004)。国外大都市生产性服务业空间结构呈现阶段性特征:20世纪60年代,生产性服务业依托CBD呈现核心布局形态(Coffey et al.,1996;Hutton and Ley,1987;Boiteux—Orain and Guillain,2004);70年代之后,生产性服务业在国际大都市内部产生分散化趋势,这种趋势源在美国、加拿大和欧洲等发达国家大都市也有明显体现(O'h Uallachain and Reid,1991;Harrington and Campbell,1997;Airoldi et al.,1997);80年代之后,城市郊区办公中心地位巩固,形成与中心城区的功能分工(Searle,1998)。我国大都市生产性服务业空间演化特征受市场与政府双重力量影响较西方城市更为明显。如北京生产性服务业在城八区集中分布、外围点状分布,整体上处于空间集聚阶段,近郊区内为快速增长的核心地域(赵群毅,2007);制造业和配套生产性服务业具有空间可分性(邱灵等,2008)。上海高等级生产性服务业基本沿地铁线分布并呈现卫星平台型集聚模式(陶纪明,2009)。针对杭州(陈前虎等,2008)、南京(甄峰等,2008)、西安(李普峰、李同升,2009)研究发现,生产性服务业呈现大区域集中、小区域分散的空间格局且存在行业异质性。综合来看,西方大都市生产性服务业空间结构的演化规律明显,这些特征正全部或部分在我国大城市呈现,但又颇具中国特色,如上海中心城区与CBD分离、北京生产性服务业空间结构由单中心到多中心的演化特征不明显等。

国外大都市生产性服务业空间结构的机理研究多基于典型案例分析,发现面对面接触需求(Hutton and Ley,1987;O'h Uallachain and Reid,1991;Stein,2002;Aguilera,2003)、土地成本或租金价格(Hutton and Ley,1987;Aguilera,2003;Longcore and Rees,1996)、信息与通信技术发展(Aguilera,2003;Esparza and Krmenec,1994)、集体学习与创新环境(Keeble and Nachum,2002)、企业形象与品牌效应(Coffey,1996)、社会文化及行为因素(Stein,2002;O'Farrell and Wood,1998;Zhou,1998)、政府规划与政策引导(Morshidi,1998)等因素对大都市生产性服务业空间结构演化具有重要影响。我国大都市生产性服务业空间结构演化则充分体现了转型期市场与政府双重力量的博弈,如上海生产服务业区位模式是政府主导下的城市化、市场化同全球化相结合的产物(陶纪明,2009;宁越敏,2000;张明海、盛维,2009);深圳CBD西移是区域经济重心西移和政府行为推动的结果(王如渊、李燕茹,2002);广州金融服务业空间格局变动源于体制改革和集聚效应(林彰平、闫小培,2006);北京、西安生产性服务业区位选择是市场规律、政府规划和城市特色共同作用的结果(陈秀山、邵晖,2007;邵晖,2008;刘佳、陈瑛,2009)。综合来看,西方大都市生产性服务业空间结构机理研究的行为主义特色日益突出,更加注重问卷、访谈等微观层次企业行为探讨,但对影响因素及其相互作用的内在机理研究不够深入。国内相关研究多处于理论探讨或经验分析层面,综合运用企业调查与数量模型的系统研究较少。

总体来看,生产性服务业空间集聚特征明显,但城市内部空间的系统研究薄弱;空间演化规律明显,但不同行业特性的过程研究薄弱;企业行为探究加强,但企业调查与数量模型研究薄弱;信息技术影响加强,但传统区位理论和集聚测度模型亟待修正,亟待基于时间维、空间维、结构维等视角集成开展大都市生产性服务业空间结构演化的案例研究与理论总结。

第二节 北京市生产性服务业空间结构的演化特征

一、数据资料与研究方法

(一)空间单元划分

北京市行政区域范围包括功能区、区县和街区三个尺度的空间单元。首先,依照北京城市总体规划关于"两轴—两带—多中心"和城市次区域划分设想,将北京市划分为首都功能核心区、城市功能拓展区、城市发展新区、生态涵养发展区四类功能区。其次,北京市基本单位普查和经济普查均以街道(地区)办事处、镇和乡为最小空间单元进行统计,数据资料准确性高、城市之间具有可比性,故选取"街区"为基本空间单元,统指街道(地区)办事处、镇和乡一级的行政地域单元。在此基础上,考虑到不同年份基本空间单元存在行政区划调整,结合现行行政区划标准对部分街区进行合并,使合并后的"街区"与历年普查资料的行政区划标准保持一致,并具有明确的地域界限以及相应的属性数据。基于上述界定,北京市四大功能区、18个区县共包括255个街区单元。

(二)基础数据处理

基础数据来源于北京市第一次(1996年)、第二次(2001年)基本单位普查和北京市第一次(2004年)、第二次(2008年)全国经济普查的大样本企业数据。由于基本单位普查和经济普查的统计口径存在差异,采用时间序列数据分析北京市生产性服务业总体发展趋势的同时,侧重 1996～2001 年、2004～2008 年这两个时间段的对比分析。依据《北京市生产性服务业统计分类标准》,从历次普查数据库中选取流通服务业、信息服务业、金融服务业、商务服务业、科技服务业五大类别相关企业数据,参照街区单元划分标准,构建企业属性数据与街区空间数据具有良好匹配关系的数据库(表 8—1)。

(三)空间结构模拟

基于 ArcGIS 数据分析平台的空间分析工具(Spatial Analyst Tools),以街区为基本空间单元,分别对 1996 年、2001 年、2004 年和 2008 年北京市生产性服务业及其内部五大类别的就业密度进行反距离加权插值分析,探讨城市生产性服务业空间结构的演变规律。空间数据插值是根据已知空间数据来预测未知空间数据值,从而了解区域内观测变量的完整空间分布(王劲峰等,2010)。反距离加权插值(Inverse Distance Weighted,简称 IDW)通过对邻近区域的每个采样点值平均运算获得内插单元值,它以插值点与样本点的距离为权重进行加权平均,距离插值点越近的样本点所赋予的权重越大,其基本原理如下(汤国安、杨昕,2006):设平面上分布一系列离散点,已知其坐标和属性值分别为 Xi、Yi、Zi(i=1,2,…,n),根据周围离散点的数值,通过距离加权值求 Z 值,则有:

$$Z = \sum_{i=1}^{n} \frac{z_i}{d_i^2} \bigg/ \sum_{i=1}^{n} \frac{1}{d_i^2}$$

$$d_i^2 = (X - X_i)^2 + (Y - Y_i)^2$$

表 8—1　1996～2008 年北京市生产性服务业普查数据汇总

	企业数量（个）				就业人数（人）			
	1996 年	2001 年	2004 年	2008 年	1996 年	2001 年	2004 年	2008 年
生产性服务业	29 395	104 348	94 150	128 725	1 149 911	3 015 430	2 048 866	2 961 441
流通服务业	13 848	23 724	35 273	46 470	551 796	800 045	586 756	720 813
信息服务业	1 493	7 324	11 657	15 776	57 793	252 683	285 188	466 409
金融服务业	2 106	3 120	537	1 025	72 674	186 707	149 978	251 263
商务服务业	7 430	50 848	32 771	45 003	214 977	1 188 658	638 108	958 542
科技服务业	4 518	19 332	13 912	20 451	252 671	587 337	388 836	564 414

注：将企业属性数据与街区空间数据进行匹配时去除部分无效数据（即单位地址不规范而无法确定其所属街区的企业数据），因此，表中汇总数据与"北京市第一次（第二次）全国基本单位普查公报"、《北京经济普查年鉴》略有出入。

二、生产性服务业空间结构演变特征

1996~2008年北京市生产性服务业空间结构呈现由单中心到双中心的演化特征,集聚中心外围零星分布若干区域性峰值中心,围绕集聚中心和峰值中心呈现圈层递减分布特征,核心区域集聚趋势增强。1996年生产性服务业形成单中心空间结构,集聚中心由东城区朝阳门街道和建国门街道、朝阳区朝外街道构成,就业密度分别达到40 210.91、8 659.39和7 515.76人/平方公里。2001年生产性服务业仍为单中心空间结构,集聚中心由东城区建国门街道、朝阳区朝外街道构成,就业密度分别达到66 543.81和31 120.55人/平方公里。2004年生产性服务业形成双中心空间结构,集聚中心包括:西城区金融街街道、西长安街街道和月坛街道,就业密度分别达到23 491.58、21 941.76和9 415.89人/平方公里;东城区建国门街道、朝阳区朝外街道和建外街道,就业密度分别达到17 776.30、17 374.70和12 522.32人/平方公里。2008年生产性服务业仍为双中心空间结构,集聚中心包括:西城区金融街街道和月坛街道,就业密度分别达到41 402.56和10 178.86人/平方公里;朝阳区朝外街道和建外街道、东城区东四街道、建国门街道和朝阳门街道,就业密度分别达到32 541.66、24 926.16、25 246.79、23 099.79和14 613.16人/平方公里。

三、流通服务业空间结构演变特征

1996~2008年北京市流通服务业单中心空间结构特征明显,集聚中心外围零星分布若干区域性峰值中心,围绕集聚中心和峰值中心呈现圈层递减分布特征,核心区域集聚趋势减弱。流通服务业集聚中心1996年由东城区朝阳门街道和建国门街道构成,就业密度分别达到 38 762.94 和 4 676.60 人/平方公里;2001 年由东城区建国门街道构成,就业密度高达 54 847.32 人/平方公里;2004 年由东城区建国门街道、朝阳区建外街道和朝外街道构成,就业密度分别达到 12 474.00、2 862.27 和 2 402.02 人/平方公里;2008 年由东城区建国门街道、朝阳区建外街道和朝外街道构成,就业密度分别达到 15 330.12、6 176.46 和 2 565.50 人/平方公里。

四、信息服务业空间结构演变特征

1996～2008 年北京市信息服务业空间结构呈现由单中心到双中心、再到多中心的演变特征,集聚中心外围零星分布若干区域性峰值中心,围绕集聚中心和峰值中心呈现圈层递减分布特征,核心区域集聚趋势增强。1996 年信息服务业形成单中心空间结构,集聚中心由西城区西长安街街道、金融街街道和月坛街道构成,就业密度分别达到 1 558.76、1 030.61 和 298.68 人/平方公里。2001 年信息服务业形成双中心空间结构,集聚中心包括:西城区金融街街道、月坛街道和西长安街街道,就业密度分别达到 5 392.74、1 139.89 和 978.89 人/平方公里;海淀区北下关街道、清华园街道、中关村街道和海淀街道,就业密度分别达到 2 819.60、2 624.35、2 355.90 和 1 630.57 人/平方公里。2004 年信息服务业形成"一主三副"多中心空间结构,主中心包括海淀区北下关街道、燕园街道、清华园街道、中关村街道、学院路街道和海淀街道,就业密度分别达到 3 818.84、1 994.39、1 930.60、1 760.38、1 730.06 和 1 357.92 人/平方公里;副中心包括:西城区金融街街道、西长安街街道和月坛街道,就业密度分别达到 3 793.73、1 658.52 和 788.27 人/平方公里;东城区东直门街道、朝阳区三里屯街道,就业密度分别达到 3 130.40 和 639.23

人/平方公里;朝阳区建外街道和朝外街道,就业密度分别达到2 353.02和609.39人/平方公里。2008年信息服务业形成"一主两副"多中心空间结构,主中心包括海淀区中关村街道、清华园街道、北下关街道、海淀街道、燕园街道和学院路街道,就业密度分别达到4 951.31、4 479.40、4 444.01、3 846.96、2 960.61和2 788.60人/平方公里;副中心包括:西城区金融街街道和月坛街道,就业密度分别达到5 331.04和598.76人/平方公里;朝阳区建外街道和朝外街道,就业密度分别达到3 536.31和614.60人/平方公里。

五、金融服务业空间结构演变特征

1996~2008年北京市金融服务业空间结构呈现由"两主两副"多中心到单中心、再到"一主一副"双中心的演变特征,围绕集聚中心圈层递减分布特征明显,核心区域集聚趋势增强。1996年金融服务业形成"两主两副"多中心空间结构,主中心包括朝阳区朝外街道和建外街道,就业密度分别达到1 967.48、401.77人/平方公里;宣武区白纸坊街道,就业密度达到1 627.11人/平方公里。副中心包括:西城区金融街街道、月坛街道和西长安街街道,就业密度分别达到857.66、777.96和310.38人/平方公里;崇文区前门街道、宣武区椿树街道,就业密度分别达到360.95、357.81人/平方公里。2001年金融服务业形成单中心空间结构,集聚中心由西城区金融街街道和月坛街道构成,就业密度分别达到16 313.99、1 732人/平方公里。2004年金融服务业形成"一主一副"双中心空间结构,主中心由西城区金融街街道、月坛街道和西长安街街道、宣武区广内街道构成,就业密度分别达到14 845.45、1 954.16、1 072.98和4 252.87人/平方公里;副中心由朝阳区朝外街道和东城区朝阳门街道构成,就业密度分别达到 4 423.52、2 106.43 人/平方公里。2008 年金融服务业形成"一主一副"双中心空间结构,主中心由西城区金融街街道和月坛街道、宣武区广内街道构成,就业密度分别达到 29 297.98、2 760.00 和 3 248.58 人/平方公里;副中心由东城区朝阳门街道和朝阳区朝外街道构成,就业密度分别达到 8 620.21、6 637.41 人/平方公里。

六、商务服务业空间结构演变特征

1996~2008 年北京市商务服务业空间结构呈现由单中心到"一主一副"双中心、再到单中心的演变特征,集聚中心外围零星分布若干区域性峰值中心,围绕集聚中心和峰值中心呈现圈层递减分布特征,核心区域集聚趋势增强。1996 年商务服务业形成单中心空间结构,集聚中心由朝阳区朝外街道和建外街道、东城区朝阳门街道构成,就业密度分别达到 5 307.28、1 374.71 和 1 008.71 人/平方公里。2001 年商务服务业形成"一主一副"双中心空间结构,主中心由朝阳区朝外街道和建外街道、东城区建国门街道和东直门街道构成,就业密度分别达到 21 790.16、9 678.22、8 245.11 和 8 187.48 人/平方公里;副中心由朝阳区和平街街道和东城区和平里街道构成,就业密度分别达到 14 853.07 和 6 823.72 人/平方公里。2004 年商务服务业形成"一主一副"双中心空间结构,主中心由西城区西长安街街道、金融街街道和月坛街道构成,就业密度分别达到 18 269.67、2 975.26 和 2 823.95 人/平方公里;副中心由朝阳区朝外街道和建外街道、东城区朝阳门街道和建国门街道构成,就业密度分别达到 7 598.88、6 630.17、3 449.73 和 2 908.13 人/平方公里。2008 年商务服务业形成单中心空间结构,集聚中心由朝阳区朝外街道和建外街道构成,就业密度分别达到 21 630.95 和 10 862.28 人/平方公里。

七、科技服务业空间结构演变特征

1996～2008年北京市科技服务业空间结构呈现由"一主一副"双中心到"一主两副"多中心、到多中心、再到"一主两副"多中心的演变特征,集聚中心外围分布若干区域性峰值中心,围绕集聚中心和峰值中心呈现圈层递减分布特征,核心区域集聚趋势增强。1996年科技服务业形成"一主一副"双中心空间结构,主中心为朝阳区和平街街道,就业密度高达5 473.21人/平方公里;副中心由西城区德胜街道、海淀区中关村街道和北下关街道构成,就业密度分别达到2 591.39、2 038.24和861.19人/平方公里。2001年科技服务业形成"一主两副"多中心空间结构,主中心由海淀区北下关街道、中关村街道、德胜街道、展览路街道、甘家口街道和海淀街道构成,就业密度分别达到6 574.69、5 757.35、3 831.67、3 444.89、2 824.95和2 472.94人/平方公里;副中心包括朝阳区和平街街道、东城区和平里街道,就业密度分别达到6 907.18和2 440.53人/平方公里;海淀区永定路街道,就业密度高达5 567.10人/平方公里。2004年科技服务业形成多中心空间结构,集聚中心包括朝阳区和平街街道和亚运村街道、东城区和平里街道,就业密度分别达到5 084.87、1 076.08和1 071.83人/平方公里;海淀区永定路街道,就业密度高达4 709.19人/平方公里;海淀区北下关街道、甘家口街道和中关村街道、西城区德胜街道和展览路街道,就业密度分别达到3 672.69、2 154.48、1 663.25、2 566.79和2 345.85人/平方公里;丰台区东高地街道,就业密度高达3 219.77人/平方公里。2008年科技服务业形成"一主两副"多中心空间结构,主中心为东城区东四街道,就业密度高达14 033.82人/平方公里;两个副中心为朝阳区和平街街道和海淀区永定路街道,就业密度分别达到6 929.17和6 046.74人/平方公里。

第三节 北京市生产性服务业空间结构的影响机理

一、生产性服务业快速发展的动力机制

从国际产业分工演化视角来看,柔性生产方式下的外部化趋势以及多种因素综合作用引致的新需求是20世纪70年代以来西方发达国家(或地区)生产性服务业快速增长的核心动力。北京市生产性服务业快速发展过程正好处于我国由计划经济向市场经济过渡的转型时期,同时也是经济全球化日益深入和信息技术迅猛发展的变革时期,生产性服务业快速发展的催化作用主要来自三个方面:从中央到地方的服务业领域体制改革为生产性服务业快速发展提供了制度保障(任旺兵、刘中显,2007;夏杰长等,2010);经济全球化背景下国际产业转移趋势为生产性服务业快速发展提供了外部动力(李善同、高传胜,2008;毕斗斗,2009);信息化背景下首都产业结构转型升级为生产性服务业快速发展提供了内在动力(李美云,2007;申玉铭等,2007)。城市生产性服务业快速发展必然带来强大的空间需求,直接影响生产性服务业企业区位选择,进而影响城市生产性服务业空间结构的生成及演变。

二、生产性服务业区位选择的影响因素

(一)企业问卷调查及数据处理

市场机制作用下企业区位选择的影响因素多难以量化甚至无法

量化,企业问卷调查方法普遍应用于生产性服务业的区位因素分析(Coffey,2000)。结合西方已有研究经验以及案例区实施可行性,课题组分别于2009年7月和2010年6月针对北京城市办公活动区位选择的影响因素进行了大规模的问卷调查。两次问卷调查分别发放问卷3 000、2 500份,相应回收2 490、2 017份,回收率分别达到83.00%、80.68%;剔除无效问卷,有效问卷达到3 865份,所占比重达到70.27%。企业问卷涵盖服务业所有行业类型,包括五个方面共23项问题,具体涉及公司基本情况调查、公司现状位置满意度调查、公司所在位置便利度调查、公司空间区位联系强度调查、公司区位选择影响因素等。从有效问卷中筛选出生产性服务业企业问卷共2 469份,所占比重达到61.88%。其中,流通服务业、信息服务业、金融服务业、商务服务业和科技服务业的有效问卷数量分别为1 004、872、455、81和57份,在生产性服务业有效问卷所占比重分别为40.66%、35.32%、18.43%、3.28%和2.31%。为全面分析行业类型、企业规模和企业性质等差异性对城市生产性服务业企业区位选择的影响,对企业问卷问题选项稍作汇总,将公司规模归并为三项,分别对应小型、中型和大型公司;将公司性质归并为两项,分别对应内资公司和外资公司。

(二)企业区位选择的影响因素

基于上述企业问卷资料的统计结果(表8—2),探讨北京市生产性服务业企业区位选择的影响因素,并同时考虑行业类型、企业规模和企业性质对城市生产性服务业企业区位选择的影响。

表 8—2 北京市生产性服务业企业区位选择影响因素的统计 (%)

因素	生产性服务业	企业规模			企业性质		流通服务业	企业规模			企业性质	
		小型	中型	大型	内资	外资		小型	中型	大型	内资	外资
1	6.70	6.11	8.33	7.11	6.36	7.88	3.94	4.03	4.13	3.28	3.61	5.36
2	11.46	11.33	12.16	11.12	11.15	12.53	11.67	11.67	11.97	11.33	11.40	12.86
3	8.03	8.14	7.48	8.27	7.50	9.82	7.68	7.64	6.46	9.36	7.31	9.29
4	13.39	13.50	13.66	12.58	13.65	12.49	13.84	13.67	15.27	12.97	13.98	13.21
5	12.39	12.59	12.07	11.94	12.62	11.60	12.93	13.22	11.69	12.97	13.34	11.19
6	11.13	10.99	11.60	11.12	11.01	11.56	10.64	10.70	11.42	9.36	10.34	11.90
7	9.10	8.79	9.12	10.37	9.13	9.01	8.29	7.93	8.39	10.02	8.17	8.81
8	2.52	3.04	1.45	1.69	2.68	1.98	3.36	3.84	1.93	2.63	3.61	2.26
9	6.11	6.55	5.33	5.24	6.31	5.42	7.28	7.48	7.02	6.57	7.59	5.95
10	2.35	1.88	3.23	3.20	2.00	3.56	1.24	1.06	2.34	0.82	1.06	2.02
11	14.38	14.45	13.84	14.79	15.00	12.29	15.75	15.60	16.37	15.76	16.04	14.52
12	2.44	2.62	1.73	2.56	2.60	1.86	3.38	3.16	3.03	4.93	3.56	2.62

续表

因素	信息服务业	企业规模			企业性质		金融服务业	企业规模			企业性质	
		小型	中型	大型	内资	外资		小型	中型	大型	内资	外资
1	8.89	7.57	11.05	11.04	8.66	9.57	6.96	6.41	8.98	6.00	6.65	7.98
2	10.55	10.74	10.69	9.60	10.33	11.18	12.96	11.88	15.04	13.43	12.61	14.11
3	7.45	7.57	7.40	7.04	6.75	9.47	9.10	9.57	9.38	7.43	8.76	10.22
4	12.93	13.92	11.28	11.36	13.11	12.39	14.82	14.36	15.63	15.11	15.03	14.11
5	12.05	12.54	11.52	10.88	11.90	12.49	13.24	13.08	14.06	12.71	13.35	12.88
6	11.69	10.87	12.57	13.60	11.48	12.29	10.29	10.85	9.96	9.11	10.56	9.41
7	10.19	9.78	10.93	10.72	10.71	8.66	7.72	7.69	6.05	9.83	7.58	8.18
8	2.04	2.68	1.06	0.96	2.09	1.91	2.24	2.74	1.56	1.68	2.24	2.25
9	5.84	6.27	5.41	4.80	5.84	5.84	4.67	5.56	3.32	3.84	4.84	4.09
10	3.46	2.80	4.70	4.32	2.85	5.24	2.19	1.37	1.95	4.80	2.05	2.66
11	13.06	13.04	12.10	14.40	14.33	9.37	13.72	13.59	13.28	14.63	14.10	12.47
12	1.86	2.22	1.29	1.28	1.95	1.61	2.10	2.91	0.78	1.44	2.24	1.64

第八章 大都市生产性服务业空间结构演化特征及机理

续表

因素	商务服务业	企业规模			企业性质		科技服务业	企业规模			企业性质	
		小型	中型	大型	内资	外资		小型	中型	大型	内资	外资
1	13.07	12.28	18.75	13.04	15.79	8.93	12.82	13.14	12.50	11.63	12.37	15.00
2	11.66	11.40	6.25	21.74	10.53	13.39	8.97	9.71	13.75	2.33	7.22	17.50
3	12.01	12.72	3.13	17.39	9.36	16.07	9.83	9.14	6.25	13.95	10.31	7.50
4	6.71	7.02	9.38	0.00	7.60	5.36	7.69	7.43	12.50	6.98	9.28	0.00
5	5.65	6.14	6.25	0.00	6.43	4.46	8.12	7.43	6.25	11.63	9.28	2.50
6	14.84	14.04	18.75	17.39	16.96	11.61	14.53	14.86	6.25	16.28	14.95	12.50
7	12.72	11.40	25.00	8.70	11.70	14.29	14.53	14.29	12.50	16.28	13.92	17.50
8	0.00	0.00	0.00	0.00	0.00	0.00	0.00	0.00	0.00	0.00	0.00	0.00
9	2.83	3.07	0.00	4.35	2.92	2.68	5.13	5.14	0.00	6.98	4.64	7.50
10	3.89	3.95	3.13	4.35	3.51	4.46	4.70	4.57	6.25	4.65	5.15	2.50
11	16.61	17.98	9.38	13.04	15.20	18.75	13.68	14.29	13.75	9.30	12.89	17.50
12	0.00	0.00	0.00	0.00	0.00	0.00	0.00	0.00	0.00	0.00	0.00	0.00

注:"因素1~12"分别对应:①租金合适;②靠近市中心区;③写字楼所代表的等级、声誉和地位;④靠近公司主体客户群;⑤靠近公司主要业务联系伙伴;⑥周边环境条件好;⑦有足够空间便于公司扩大规模;⑧周边文化设施多、氛围好;⑨过去就在这个地区办公,有感情;⑩离家近,不用开车;⑪公共交通,特别是轨道交通很方便;⑫国家及北京市相关政策影响。表中数值表示上述12个影响因素所占比重。

从行业类型来看,生产性服务业以及流通服务业、信息服务业区位选择的首要因素均为交通通达性(即"公共交通特别是轨道交通很方便"),所占比重分别为14.38%、15.75%、13.06%;其次是面对面接触需求(即面向产出的"靠近公司主体客户群"和面向投入的"靠近公司主要业务联系伙伴"),所占比重分别为13.39%和12.39%、13.84%和12.93%、12.93%和12.05%。金融服务业为面对面接触需求、交通通达性,"靠近公司主体客户群"和"靠近公司主要业务联系伙伴"所占比重分别达到14.82%和13.24%,"公共交通特别是轨道交通很方便"所占比重达到13.72%。商务服务业为交通通达性、配套设施与创新环境,"公共交通特别是轨道交通很方便"所占比重高达16.61%,"周边环境条件好"所占比重达到14.84%。科技服务业为配套设施与创新环境、企业发展空间,"周边环境条件好"、"有足够的空间便于公司扩大规模"所占比重均为14.53%。

从企业规模来看,对生产性服务业区位选择的影响程度不明显,对流通服务业主要体现为大型企业更为关注企业发展空间(即"有足够的空间便于公司扩大规模"所占比重达到10.02%)。对信息服务业主要体现为小型企业更为关注面向产出的面对面接触需求(即"靠近公司主体客户群"所占比重高达13.92%)、中型和大型企业更为关注配套设施与创新环境("周边环境条件好"所占比重分别达到12.57%、13.60%)。对金融服务业主要体现为中型企业对企业形象与品牌效应关注程度较高(即"靠近市中心区"所占比重达到15.04%),大型企业对企业发展空间的关注程度较高(即"有足够的空间便于公司扩大规模"所占比重达到9.83%)。对商务服务业主要体现为大型和小型企业对企业形象与品牌效应关注程度较高(即"靠近市中心区"和"写字楼所代表的等级、声誉和地位"所占比重分别达到 21.74% 和 17.39%、11.40% 和 12.72%)、中型企业更为关注企业发展空间(即"有足够的空间便于公司扩大规模"所占比重高达 25.00%)。对科技服务业主要体现为中型企业更为关注交通通达性(即"公共交通特别是轨道交通很方便"所占比重达到 18.75%),大型企业更为关注面向投入的面对面接触需求(即"靠近公司主要业务联系伙伴"所占比重达到 11.63%)。

从企业性质来看,对生产性服务业及流通服务业、金融服务业、科技服务业区位选择的影响主要体现为外资企业更为关注企业形象与品牌效应(即"靠近市中心区"所占比重分别达到 12.53%、12.86%、14.11%、17.05%)。对信息服务业主要体现为内资企业对企业发展空间较为关注(即"有足够的空间便于公司扩大规模"所占比重达到 10.71%)、外资企业更为关注面对面接触需求(即"靠近公司主要业务联系伙伴"和"靠近公司主体客户群"所占比重分别达到 12.49% 和 12.39%)。对商务服务业主要体现为内资企业更为关注配套设施与创新环境(即"周边环境条件好"所占比重达到 16.96%),外资企业更为关注交通通达性("公共交通特别是轨道交通很方便"所占比重高达 16.61%)。

三、生产性服务业空间结构的宏观调控

作为国家首都、全国政治和文化中心以及世界著名古都,政府宏观调控对北京市生产性服务业空间结构生成及演化的影响程度尤为突出。基于文献检索与分析以及北京市相关规划实践的调研发现,政府从宏观层次对城市生产性服务业空间集聚进行引导和调控,不仅对城市生产性服务业快速发展及其企业区位选择产生重要影响,也直接影响城市生产性服务业空间结构格局及过程。政府宏观调控

主要体现在四个方面：一是城市土地使用制度改革促使市场机制在城市生产性服务业企业用地配置中发挥主导作用；二是城市发展方针政策调整引发的服务业快速发展促使城市产业布局和土地利用格局发生根本性改变(葛本中，1996)，进而对城市生产性服务业空间结构产生影响；三是政府对北京CBD、金融街、中关村科技园区、物流园区等重点功能区的规划建设直接影响城市生产性服务业的企业区位选择；四是城市历史文化名城保护要求下的"旧城整体保护"以及中心城区所承担的重要"行政办公职能"对城市生产性服务业企业区位选择及其空间集聚具有明显的制约作用。

四、生产性服务业空间结构的影响机理

基于对北京市生产性服务业快速发展的动力机制、生产性服务业企业区位选择的影响因素以及生产性服务业空间集聚的宏观调控等全面剖析，提炼出北京市生产性服务业空间结构生成及演化的影响机理(图8—1)。

首先，从中央到地方的服务业领域体制改革、经济全球化背景下国际产业转移趋势、信息化背景下首都产业结构转型升级是北京市生产性服务业快速发展的三大驱动力。城市生产性服务业快速发展必然带来强大的空间需求，直接影响生产性服务业企业区位选择，进而影响城市生产性服务业空间结构的生成及演变。

其次，生产性服务业企业区位选择行为从微观层次塑造了城市生产性服务业空间集聚与扩散模式，进而影响城市生产性服务业空间结构格局及过程。交通通达性、面对面接触需求、企业形象与品牌效应、配套设施与创新环境、企业发展空间、土地成本或租金价格是城市生产性服务业企业区位选择的主要因素；同时，行业类型、企业

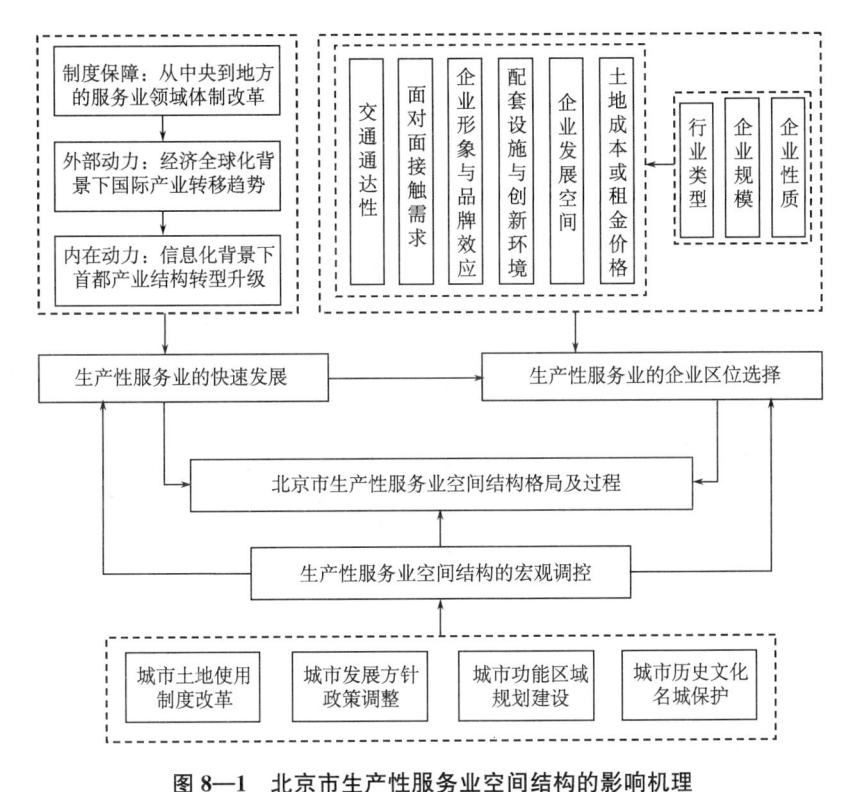

图 8—1 北京市生产性服务业空间结构的影响机理

规模和企业性质的差异性对企业区位选择也存在明显影响。

最后,政府从宏观层次对城市生产性服务业空间集聚进行引导和调控,不仅对城市生产性服务业快速发展及其企业区位选择产生重要影响,也直接影响城市生产性服务业空间结构格局及过程。政府宏观调控主要体现在城市土地使用制度改革、城市发展方针政策调整、重点功能区规划建设、城市历史文化名城保护。

第四节 大都市生产性服务业空间结构演化的中西比较

在演化特征方面,西方大都市生产性服务业空间结构的演化规律较为明显:早期集聚在中心区的CBD,形成中心—外围圈层结构;随后进入集中式扩散阶段,即高端生产性服务业呈现中心性集聚态势,低端生产性服务业呈现离心化、郊区化趋势,并在郊区重要节点重新形成集聚中心,核心—多中心结构开始出现。北京生产性服务业空间结构由单中心到多中心的演化特征尚不明显,总体上呈现由单中心到双中心的演化特征,但行业异质性导致生产性服务业内部类别的单中心、双中心和多中心空间结构并存;在集聚中心外围分布若干区域性峰值中心,围绕集聚中心和峰值中心呈现圈层递减分布特征(表8—3)。

在演化机理方面,西方主流观点认为(赵群毅等,2009):大都市生产性服务业空间结构生成及演化是市场经济条件下的自发过程,自由市场力量为根本动力;强调微观企业区位选择决定了宏观的空间结构,中心地理论、竞租理论、区域均衡理论和集聚经济理论可以从理论上解释企业的区位选择行为。北京生产性服务业空间结构生成及演化是转型期市场和政府双重力量共同作用的结果,是组织与自发相互影响的过程;西方强调的企业区位因子,如交通通达性、区位知名度、地价和租金等发挥作用的同时,政府优惠政策和办事效率等西方通常忽视的因素也具有重要影响,尤其是政府规划建设一定程度上引导和调控市场行为。因此,西方企业区位选择理论在一定程度上适用,但受到政府力量的影响,在不同行业具体区位决策时必须进行适当的修正。

表8—3 大都市生产性服务业空间结构演化的中西比较

	西方	北京
特征	由单中心到多中心的演化规律明显：早期集聚在中心区CBD,形成中心—外围圈层结构；随后进入集中式扩散阶段,核心—多中心结构开始出现。	总体上呈现由单中心到双中心的演化特征,但行业异质性导致生产性服务业内部类别的单中心、双中心和多中心空间结构并存。
机理	①自由市场力量为根本动力；②强调微观企业自由区位选择；③影响企业区位选择的因素集中在接近性、通达性、决策者行为等；④中心地理论、竞租理论、区域均衡理论、集聚经济理论等是企业区位选择的理论基础；⑤空间结构的生成及演化是市场经济条件下的自发过程,规划遵循市场。	①转型期市场和政府双重力量并重；②强调微观企业区位选择和宏观引导调控共同作用；③影响企业区位选择的因素除了西方强调的区位因子,还包括政府优惠政策和办事效率等；④西方区位选择理论一定程度上适用,但受到政府力量的影响,在不同行业具体区位决策时必须进行适当修正；⑤空间结构的生成及演化是转型期市场和政府双重力量共同作用的结果,是组织与自发相互影响的过程,规划一定程度上引导市场行为。

第五节 主要结论与政策启示

以北京为案例进行大都市生产性服务业空间结构演化机理研究表明,1996~2008年北京市生产性服务业单中心、双中心和多中心空间结构并存,生产性服务业由单中心到双中心,流通服务业单中心结构明显,信息服务业由单中心到双中心、再到多中心,金融服务业由"两主两副"多中心到单中心、再到"一主一副"双中心,商务服务业由单中心到"一主一副"双中心、再到单中心,科技服务业由"一主一副"双中心到"一主两副"多中心、到多中心、再到"一主两副"多中心。转型期市场与政府双重力量共同影响北京市生产性服务业空间结构生成及演化:从中央到地方的服务业领域体制改革、经济全球化背景下国际产业转移趋势以及信息化背景下首都产业结构转型升级促进了生产性服务业的快速发展;交通通达性、面对面接触需求、企业形象与品牌效应、配套设施与创新环境、企业发展空间、土地成本或租金价格是生产性服务业企业区位选择的主要因素,行业类型、企业规模和企业性质的差异性对企业区位选择也存在明显影响;政府通过城市土地使用制度改革、城市发展方针政策调整、城市重点功能区规划建设、城市历史文化名城保护等对生产性服务业空间集聚进行宏观引导和调控。西方大都市生产性服务业空间结构生成及演化是市场经济条件下的自发过程,北京则是转型期市场和政府双重力量共同作用下组织与自发相互影响的过程,西方企业区位选择理论在一定程度上适用,但受到政府力量的影响,在不同行业具体区位决策时必须进行适当的修正。

基于上述研究结论,得到如下政策启示。一是以大城市和特大城市为重点,依托完善的硬件设施和制度环境助推生产性服务业集聚发展。通过培育服务功能强、辐射范围广的国家或区域生产性服务中心,加快构建中心城市及周边地区的服务经济网络节点,形成对城市与区域功能转型和能级提升的战略性带动效应。尤其要依托高端生产性服务业集聚发展推进中国特色世界城市建设,进而增强对全球资源要素配置的影响力和控制力、提升在世界城市体系中的地位和作用。二是以产业集聚区或重点功能区为载体推进生产性服务业集聚发展与城市功能转型的良性互动。全面考虑生产性服务业发展的区域差异性、行业异质性、空间关联性和时间波动性,加快推进生产性服务业集聚区合理布局与有序建设,充分发挥生产性服务业对城市功能转型的支撑引领作用,为大都市率先形成以服务经济为主的产业结构创造条件。尤其是城市生产性服务业与现代制造业的互动发展既要加强产业融合以提升产业链综合功能和竞争能力,也要注重培育具有紧密上下游合作的优势产业集群。需要说明的是,转型期政府与市场共同作用下生产性服务业集聚区建设模式还有待进一步深入研究。

第九章 中国服务业发展的政策效应

第一节 中国服务业发展政策演变

中国经济、城镇化和产业结构在空间上存在较大差异,服务业类型和服务需求多样,在国内外服务业发展阶段和影响因素下,如何针对市场需求制定详实、具体可操作的服务业政策,成为弥补市场不足、调控服务业发展的主要问题之一。因此,在服务业政策演化基础上,分析制定政策影响的主要因素,构建服务业政策的体系,对不同省份区域服务业发展政策制定提供依据有着重要意义。

一、服务业发展政策简要回顾

中国服务业发展受到不同阶段各种服务业政策的重要影响和作用,这些产业政策的实施不仅推动服务业行业的发展,还进一步推动了产业格局的形成。从国家层面对服务业发展相关会议或文件,制定年份、内容以及对服务业发展的推进作用如表9—1所示。其中,中国"十一五"规划纲要提出的要大力拓展的六种生产性服务业包括:现代物流业、国际贸易业、信息服务业、金融保险业、现代会展业、中介服务业。作为中间投入,生产性服务业可以影响全社会商品和服务的产出,从而对经济增长产生举足轻重的作用。"十一五"以来,无论国家层面还是省市层面支持服务业发展的政策纷纷出台,服务业发展的政策环境不断改善。

表9—1 国家层面政策体系完善过程及对现代服务业加快发展的作用

会议或文件	时间	内容	对服务业的推进
十五大报告	1997年9月	由农业人口占很大比重、主要依靠手工劳动的农业国,逐步转变为非农业人口占多数、包含现代农业和现代服务业的工业化国家的历史阶段。	首次提出"现代服务业"概念
十五届五中全会报告	2000年10月	"十五"时期,既要继续发展为生活服务的第三产业,又要大力发展为生产服务的第三产业,如金融、电信及法律、资信评估等各类中介服务。	提出大力发展以新兴服务业为重点的第三产业
十六大报告	2002年11月	大力发展金融、保险、物流、信息和法律服务等现代服务业,积极发展文化、旅游、社区服务等需求潜力大的产业,运用现代经营方式和信息技术提升改造传统服务业,提高服务业的比重和水平。	加快发展现代服务业,提高第三产业在国民经济中的比重,服务业全面发展
国务院关于加快发展服务业的若干意见	2007年7月	大力发展面向生产的服务业,推进业务外包,大力发展第三方物流,规范发展法律咨询、会计审计、工程咨询、认证认可、信用评估、广告会展等商务服务业;提升改造商贸流通业,推广连锁经营、特许经营等现代经营方式和新型业态,大力发展面向民生的服务业。	重点发展现代服务业
十七大报告	2007年10月	大力发展金融、现代物流、研究与开发、电子商务、法律、咨询、会计等生产性服务业和医疗卫生、社区服务、文化休闲等消费性服务业,扩大企业、公共事业机构和政府的服务外包业务,努力提高服务业社会化和市场化水平。	提高服务业社会化和市场化水平

续表

会议或文件	时间	内容	对服务业的推进
国民经济和社会发展第十二个五年规划纲要	2011年3月	有序拓展金融服务业,大力发展现代物流业,培育壮大高技术服务业,加强信息服务,提升软件开发应用水平,发展地理信息产业。积极发展检验检测、知识产权和科技成果转化等科技支撑服务。规范提升商务服务业,大力发展专业服务,促进广告、会展业健康发展。优化发展商贸服务业,改造升级农产品批发市场和农贸市场。引导住宿和餐饮业健康规范发展。	加快发展生产性服务业,大力发展生活性服务业
"十二五"现代服务业发展规划	2011年9月	敲定两条主线八大方向。两条主线分别是:①要大力发展面向生产的服务业,包括金融服务业、现代物流业、高技术服务业、商务服务业等;②规范提升面向生活的服务业,大力发展商贸服务业、家庭服务业、旅游业、体育产业等。	对现代服务业作了详细规划
服务业发展"十二五"规划	2012年9月	加快发展生产性服务业,包括金融服务业、交通运输业、现代物流业、高技术服务业、设计咨询、科技服务业、商务服务业、电子商务、工程咨询服务业、人力资源服务业、节能环保服务业、新型业态和新兴产业等。大力发展生活性服务业,包括商贸服务业、文化产业、旅游业、健康服务业、法律服务业、家庭服务业、体育产业、养老服务业、房地产业等。	加快发展生产性服务业,大力发展生活性服务业,并提出服务业的新型业态和新兴产业

续表

会议或文件	时间	内容	对服务业的推进
十八大报告	2012年11月	加快形成新的经济发展方式,把推动发展的立足点转到提高质量和效益上来,……使经济发展更多依靠……现代服务业和战略性新兴产业的带动,……推动服务业特别是现代服务业的发展壮大。	现代服务业和战略性新兴产业双轮驱动,推动经济发展方式转变

另外,从地方出台的服务业政策发展来看,紧紧围绕中央政府主要文件,省市地方政府密集出台加快服务业发展相关政策规定。2010年开始,上海、安徽、江苏、陕西、山东(济南、青岛)、湖北(武汉)等37个城市也根据"国家发展改革委关于开展服务业综合改革试点工作的通知"要求,积极主动探索现代服务业发展政策和方法。其中,37个试点改革城市包括11个省级城市、16个地级城市、8个区县、2个产业园区(表9—2)。

表9—2 三大地带服务业综合改革试点城市

区域	试点改革城市	合计
东部沿海	沈阳铁西区、大连高新区、秦皇岛、天津南开区、北京石景山区、济南、青岛、南京、上海闸北区、杭州、宁波、福州鼓楼区、厦门、广州、深圳、桂林、三亚	11市6区
中部地带	哈尔滨、长春市净月经济开发区、呼和浩特、山西文水县、郑州、武汉江汉区、黄山、景德镇、衡阳	6市县3区
西部地带	石河子、乌鲁木齐、酒泉、西宁、银川、西安、成都、重庆渝中、贵阳、拉萨、大理白族自治州	10市1区

226 中国服务业发展及其空间结构

从三大地带的分布来看(图9—1),试点改革城市主要分布在东部17个市区,中部9个市区县,西部11个市区。

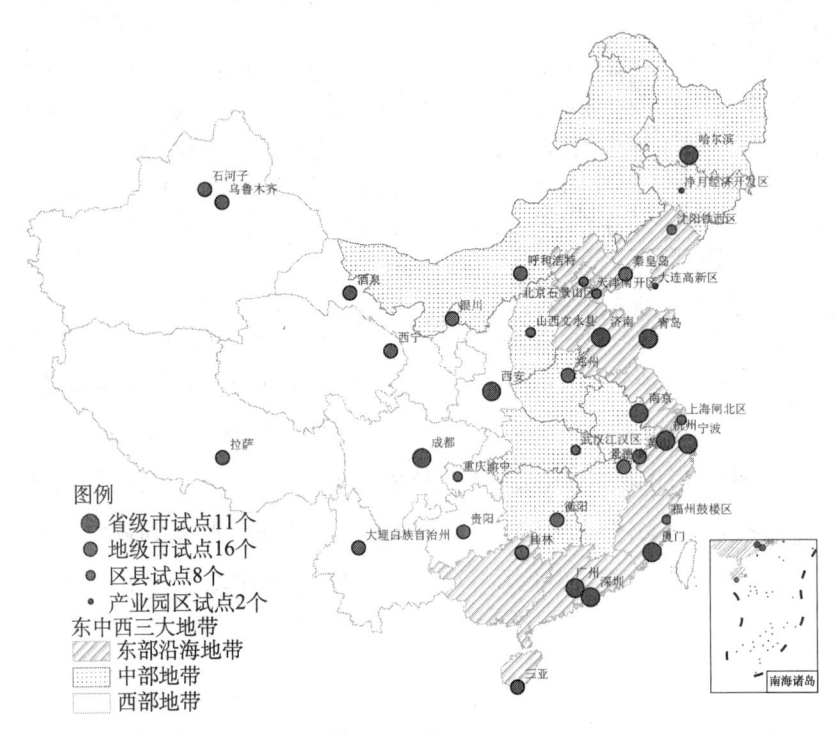

图9—1 中国服务业改革试点城市空间分布

二、中国服务业发展政策阶段划分

从改革开放至今,中国服务业政策经历了初步认识期、认识深入期、认识转变期、认识加速期、认识完善期五个阶段(潘海岚,2009),其每个阶段相应政策的制定和实施,对服务业发展起到推动、改善和提高作用(表9—3)。从三次产业改革的顺序来看,服务业改革在整体上大大滞后于农业改革(农村联产承包责任制)和工业改革(城市国有工业企业改革)。考察经济性分权改革在服务业中全面展开是在1992年国务院颁布"关于加快发展第三产业的决定"之后。而在工业和服务业内部,价格改革先于市场结构改革,最后才触及产权重组。

中国服务业宏观发展政策的变迁不断证明政策制定上越来越明确而呈现出精细化的特征。随着产业结构不断调整升级及国家新型工业化道路走向的确定,发展政策也呈现出多极化特征。在中国服务行业存在门槛高、管制多、垄断经营现象严重、对外开放程度低、市场化程度低、专业化程度低,以及规模小、效率差、市场竞争力不强等问题背景下,过去十几年片面强调优先发展工业,忽视对服务业基础设施的投入也制约了服务业发展,导致服务业总体上供给不足,结构不合理,服务水平低,竞争力不强,对国民经济发展的贡献率不高。加之民营资本、社会资本不能顺利进入这一领域,更使得服务业发展受到掣肘。如何制定有针对性的服务业发展政策,引导、监督、保障服务业发展成为"十二五"末和"十三五"时期服务业发展的重要问题。

表9—3 中国服务业发展政策阶段划分

阶段	时间	相关政策	对服务业发展的作用
第一阶段:初步认识期	1978~1984年	1981年中国报刊首次宣传发展第三产业	第一次撩开第三产业的神秘面纱。
第二阶段:认识深入期	1985~1991年	"关于建立第三产业统计的报告"; 1985年国家统计局使用GNP为统计指标,发布第三产业统计数据	肯定第三产业在国民经济中地位,明确发展第三产业的方针。对学界在服务业理论研究起到推动作用。

续表

阶段	时间	相关政策	对服务业发展的作用
第三阶段:认识转变期	1992~2000年	1992年"关于加快第三产业的决定";十四大确立市场经济体制改革	第三产业发展里程碑,提出第三产业结构调整的目标。
第四阶段:认识加速期	2001~2005年	2001年12月"'十五'期间加快发展服务业若干政策措施的意见";2002年11月"十六"大报告明确提出"加快发展服务业,提高第三产业在国民经济中的比重"	"服务业"代替"第三产业";"十五"计划会议中,提出要发展现代服务业,改组和改造传统服务业;服务业结构优化提到重要位置;提出放宽服务业市场准入,积极鼓励非国有经济服务业发展。
第五阶段:认识完善期(政策细化期)	2006年至今	2007年国务院"关于加快发展服务业的若干意见";2008年3月国务院办公厅发布了"关于加快发展服务业若干政策措施的实施意见";"国民经济和社会发展第十二个五年规划纲要";2012年国务院发布了"服务业发展'十二五'规划"	明确提出重点发展服务业,提高服务业社会化和市场化;对现代服务业发展做了详细规划,加快发展生产性服务业和大力发展生活性服务业。

资料来源:根据《中国服务业发展的政策变迁及效应评析》整理。

第二节　中国服务业发展的政策效应

产业政策是国家为弥补经济运行机制的不足,实现一定的经济和社会目标,对产业活动进行干预而制定的各种政策的总和(周振华,1991;刘家顺等,2006)。它作为国家进行宏观调控、优化产业结构的关键环节,在宏观经济政策体系中居于核心地位(陆大道等,1999;陆大道,2003)。国际经验表明(张可云,2005),相对于西方发达国家经济转型过程中自下而上的内生型变迁,后发国家政府在本国经济的成长与转型过程中扮演着更主动的角色,除承担纠正市场调节失灵、维护市场竞争秩序等常规经济职能外,还载荷着培育引导市场、促进企业改革等使命。在中国特殊的体制背景和产业结构约束下,政府关于产业发展的倾斜性政策能对整个产业带来巨大影响,服务业政策已成为推动转型期中国服务业发展的重要力量。

目前,对中国服务业政策的研究集中于四个方面:服务业政策的演变研究,着重阐述中国服务业政策由起步向完善变迁的阶段特征,其中,特别强调了1992年"关于加快发展第三产业的决定"对于中国服务业领域市场化改革的开创性作用(郭怀英,2006;潘海岚 2009);服务业政策对服务业经济的影响研究,学者们在关注服务业政策对促进服务业规模增长起到积极作用的同时,还从政策体制层面对中国服务业低比重、低效率进行解读,认为中国服务业发展滞后主要由政府管制严格、政策导向失衡、行业垄断突出等原因造成(江小涓、李辉,2004;刘新民,2004;顾乃华,2006;夏杰长,2007;姜磊,2008);国外服务业政策的经验借鉴研究,通过不同经济发展阶段国家或地区服务业政策的对比分析,从成立专门服务业发展机构、服务业私有化改革、鼓励社会多元投资、发挥行业协会作用等方面探讨可供中国借鉴的政策途径(任旺兵、刘中显,2008;高传胜、李善同,2008;毕斗斗,2008;浦军、李荧琳,2010);中国服务业政策的问题与优化路径研究,在指出重制造轻服务、政策体系不健全、行业技术标准与规范不完善等问题的基础上,从财税、土地、立法、管理等角度提出了促进中国服务业发展的具体举措(郑吉昌,2003;许江萍、张洪,2003;刘治,2007;马立行,2010)。

总体上看,已有研究主要基于政府机构和整体行业视角,关于政策效应评价以经济统计数据分析和经验判断为基础,而从服务业企业视角对服务业政策实施绩效的评估鲜有研究,因此,难以全面地回答"企业对现行服务业政策报以何种态度"、"有哪些因素影响了服务业政策效应"、"不同行业或区域对服务业政策有哪些不同的需求"等问题。事实上,企业作为各类产业政策的最终承受者,直接面对政策环境和市场环境的各种变化,他们的诉求是判断服务业政策效应最有效的"标尺"。本章通过中国31个省(市、自治区)的问卷调查,从服务业企业认知与体验的视角出发,对"十一五"时期中国服务业政策效应进行综合测度和影响因素分析,并探讨服务业政策与服务业企业的作用机制,旨在为中国服务业政策优化调整提供依据。

一、数据来源与分析方法

(一)问卷设计与数据获取

问卷的设计包括四个部分:一是企业基本情况,包括地址、从事业务、行业类型、经济性质和经营状况等;二是企业对服务业政策的认知情况,选取"中华人民共和国国民经济和社会发展第十一个五年规划纲要"中"加快发展服务业"部分(以下简称"十一五规划纲要")、"国务院关于加快发展服务业的若干意见"(简称"加快发展服务业意见")、"国务院办公厅关于加快发展服务业若干政策措施的实施意见"(以下简称"服务业政策措施实施意见")以及本领域新近出台的产业政策等四个"十一五"时期国家服务业发展政策的重要方面,代表性考察企业对于服务业政策的认知状态;三是企业对服务业政策的体验情况,借鉴用户满意度评价方法(Patterson et al.,1997;王群等,2006),将服务业政策分解为财政资金支持政策、税收政策、土地政策、价格政策、融资政策、人才政策、"走出去"支持政策、诚信环境规范政策以及准入政策等九个要素,分析服务业企业对服务业政策的体验状态。政策认知与体验评分时,采用李克特五级量表进行指标量化,分值由积极评价向消极评价递减,"非常了解(或非常满意)"得5分最高,"比较了解(或比较满意)"得4分,"一般"得3分,"比较不了解(或比较不满意)"得2分,"非常不了解(或非常不满意)"得1分最低。

本次问卷调查以中国服务业企业的法人或委托代理人为对象,从2010年6月13日至9月23日历时102天共回收问卷3 988份。其中,有效问卷3 715份,占回收总数的93.2%,而未作答内容较多、答案雷同或被访者属工农业企业的无效问卷273份,占总数的6.8%。从有效问卷的区域分布来看,东部、中部和西部的有效问卷比重为50.58∶28.53∶20.89,调查涵盖了31个省(市、自治区)、256个市(地、州、盟),除宁夏、青海、西藏、云南等少数省份外,大都获得了多于100份的有效问卷(图9—2)。表明本次调查具有全局意义,能够在一定程度上反映全国服务业企业对服务业政策的认知与体验状态。调查完毕后,对回收问卷的有效数据进行编码并输入 Microsoft Excel 2010,建立数据库,再采用统计软件 SPSS 13.0 进行处理和分析。

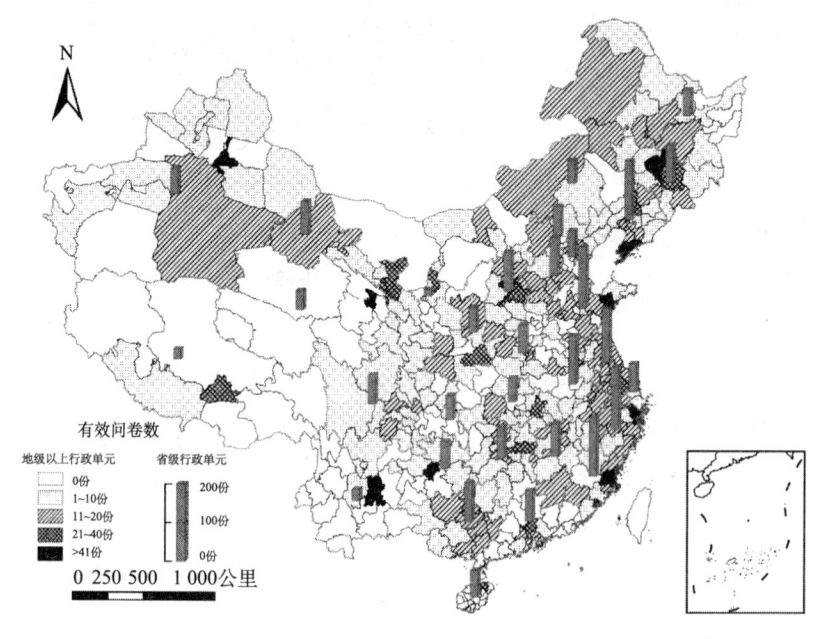

图9—2 有效调查问卷分布

(二)变量设置与模型选取

1. 因变量

采用两组模型分别对认知与体验的影响因素进行分析,故设置认知水平与体验水平两个因变量。使用均值计算方法量化服务业企业对服务业政策的认知或体验水平,即得到认知度或满意度。当五级量表等级评分的均值在1~2.4之间表示反对(或低度),2.5~3.4

之间表示中立(或中度),3.5~5 之间表示赞同(或高度)(Tosun,2002)。需要说明的是,在测度体验水平的影响因素时,认知度则视为其中的一个影响因素,被纳入满意度分析的自变量中。

2. 自变量

采取的自变量可概括为企业特征变量、组织变量(反映企业与所处经济社会背景之间关系的变量)、政策环境变量、区域变量四类。企业特征变量包括 2009 年企业营业额、2009 年企业员工人数、2009 年企业劳动力素质、"十一五"时期企业效益;组织变量包括企业所属的行业类型、所有制类型、行业地位;政策环境变量由问卷中"'十一五'时期相关服务业政策为企业解决的首要问题"选项转化而成,用于说明解决企业面临的何种问题更能够提升认知与体验水平;区域变量按照企业的东、中、西部归属来设置。每个变量的具体解释、界定方法及其基本统计见表 9—4。

表 9—4 变量设置和基本统计分析

名称	解释	定义	频数	比重(%)
因变量				
认知水平	服务业企业对相关服务业政策的认知度得分	低度认知(1~2.4)	126	3.42
		中度认知(2.5~3.4)	1 433	38.91
		高度认知(3.5~5)	2 124	57.67
体验水平	服务业企业对相关服务业政策的满意度得分	低度满意(1~2.4)	83	2.24
		中度满意(2.5~3.4)	1 115	30.04
		高度满意(3.5~5)	2 514	67.73

续表

名称	解释	定义	频数	比重（%）
企业特征变量				
营业额	2009年企业的营业额	1 000万元以下	837	33.47
		1 000~15 000万元	1 025	40.98
		15 000万元以上	639	25.55
员工人数	2009年企业的员工人数	100人以下	1 556	51.25
		100~300人	937	30.86
		300人以上	543	17.89
劳动力素质	2009年企业本科以上学历员工所占比重	20%以下	1 294	46.3
		20%~40%	538	19.25
		40%~60%	374	13.38
		60%~80%	314	11.23
		80%以上	275	9.84
效益	"十一五"时期企业营业额平均增速	下降型（-5%以下）	1 104	43.55
		稳定型（-5%~5%）	278	10.97
		增长型（5%以上）	1 153	45.48
组织变量				
行业类型	企业所属的行业类型	生产性服务业	1 809	48.69
		消费性服务业	1 527	41.1
		公共服务业	379	10.2

续表

名称	解释	定义	频数	比重(%)
所有制类型	企业所属的所有制类型	国有和集体企业	815	21.94
		私营、股份制企业和责任有限公司	2 228	59.97
		外资企业	165	4.44
		事业单位、社会团体和国家机关	507	13.65
行业地位	企业在本地区同行业中所处的地位	行业一般	457	13.86
		行业骨干	1 299	39.4
		行业龙头	1 541	46.74
政策环境变量				
	"十一五"时期相关服务业政策为服务业企业解决的首要问题	资金	1 301	36.65
		税收负担	589	16.59
		土地	263	7.41
		人才	370	10.42
		走出去	137	3.86
		准入条件	438	12.34
		品牌建设	364	10.25
		其他	88	2.48

续表

名称	解释	定义	频数	比重(%)
区域变量				
	企业在中国三大地域类型的归属	东部	1 879	50.58
		中部	1 060	28.53
		西部	776	20.89

注：①营业额、员工人数划分口径根据2003年国家经贸委等部门颁布的"关于印发中小企业标准暂行规定的通知"确立。②根据 Gruble and Walker (1988)对服务业类型的划分以及中国行业统计分类标准，将服务业划分为三类：生产性服务业包括交通运输、仓储和邮政业，信息传输、计算机服务和软件业，金融业，租赁和商务服务业，科学研究、技术服务和地质勘查业，物流业以及以农业服务业为主的其他行业；消费性服务业包括批发和零售业，住宿和餐饮业，房地产业，居民服务和其他服务业，文化、体育和娱乐业，旅游业；公共服务业包括水利、环境和公共设施管理业，教育，卫生，社会保障和社会福利业，公共管理和社会组织。

3. 序数逻辑斯蒂回归模型

由于表达认知与体验水平的因变量分低、中、高度三类，其强度逐步增大，可作为有序多分类变量来处理。因此，采用序数逻辑斯蒂回归模型进行分析，其模型表达如下：若 X 为自变量向量，Y 为多分类有序反应变量，水平数为 k。令 $\pi_i = P_r(Y=i|X), 1, 2, \cdots, k$，对多分类有序变量的逻辑回归，需拟合如下 k−1 个二元逻辑回归模型 (Binary Logistic Regression Model)：

$$\ln\left[\sum_{i=1}^{j}\pi_i \Big/ \left(1-\sum_{i=1}^{j}\pi_i\right)\right] = a_j + \beta'X \quad j=1,2,3,k-1$$

其中，a_j 为截距参数的估计值，β' 为斜率向量。通常以优势比（Odds Ratio, OR）解释 Logistic 回归系数，若 x_i 的回归系数为 β_i，则 OR 值为 e^{β_i}，用于说明自变量变化一个单位导致因变量产生的变化。

（三）认知与体验水平的基本统计特征

"十一五"时期服务业企业对服务业政策的认知度得分为3.3，可见总体认知水平一般。从四项指标来看，企业对"本领域新近出台的产业政策"认知率明显高于其他方面，"比较了解"与"非常了解"所占比重之和达半数以上，认知得分为各项最高的3.57，表明企业对于业务范围内的具体政策相对熟悉（表9—5）。区域比较发现，东、中部地区企业对服务业政策的认知水平较高，尽管三大区域在"本领域新近出台的产业政策"上的认知率相差较小，均接近比较了解，但西部地区由于对"'十一五'规划纲要"、"加快发展服务业意见"等国家宏观服务业政策认知度不高，整体认知得分仅为3.21的较低值。在各省认知度（自治区、直辖市）排名中，山东、江西、湖北、江苏和上海位居前列（图9—3上），倒数后十位的省份除海南、广西和北京外均来自西部，其中，西藏、青海分别以2.88和3.01位列倒数后两位。结果表明，中国服务业政策认知力、影响力的提升空间仍然较大，特别是对西部偏远省份的政策宣传力度亟待加强。

服务业政策各要素指标的评分结果显示，中国服务业企业对相关政策的满意度为3.70，接近比较满意。九个分项政策要素的满意率均高于五成，准入政策以67.81%的满意率居各项之首，而土地政策和融资政策的满意率位列末尾，分别低于首位10.02%、11.55%。据调查发现，目前土地价格高、审批手续流程复杂，无序开发和低效

表 9—5　服务业企业对服务业政策的认知与体验

指标	全国 认知率(%)	得分	东部 认知率(%)	得分	中部 认知率(%)	得分	西部 认知率(%)	得分
"十一五"规划纲要	34.87	3.21	34.78	3.22	36.07	3.26	33.42	3.14
加快发展服务业意见	35.52	3.21	36.14	3.23	36.04	3.26	33.29	3.11
服务业政策措施实施意见	35.07	3.19	35.77	3.21	35.65	3.24	32.53	3.05
本领域新近出台的产业政策	52.06	3.57	52.15	3.56	51.72	3.60	52.34	3.56
认知度		3.30		3.31		3.34		3.21

指标	满意率(%)	得分	满意率(%)	得分	满意率(%)	得分	满意率(%)	得分
财政资金支持政策	66.49	3.78	68.06	3.81	70.72	3.88	56.88	3.59
税收政策	62.04	3.68	61.08	3.66	67.81	3.81	56.49	3.54
土地政策	57.79	3.62	55.45	3.58	66.41	3.78	51.60	3.51
价格政策	59.68	3.65	58.85	3.64	67.78	3.80	50.53	3.47
融资政策	56.27	3.58	57.10	3.60	60.13	3.67	48.88	3.44
人才政策	59.63	3.65	60.09	3.66	65.34	3.77	50.65	3.48
"走出去"支持政策	66.41	3.83	65.56	3.80	71.44	3.94	61.46	3.73
诚信环境规范政策	60.88	3.68	60.78	3.68	67.14	3.80	52.48	3.50
准入政策	67.81	3.80	67.51	3.78	73.35	3.93	60.90	3.65
满意度		3.70		3.69		3.82		3.55

注：认知率为"比较了解"与"非常了解"所占比重之和，满意率为"比较满意"与"非常满意"的比重之和。

利用、科技型中小企业孵化场所不足等是土地政策满意率较低的原因，而融资政策的低满意率是由政策配套执行细则不足、中小型企业融资平台较少、民间融资市场混乱、金融体系和信用保障机制不健全等原因造成。区域比较来看，满意度呈现中、东、西部递减态势，分值

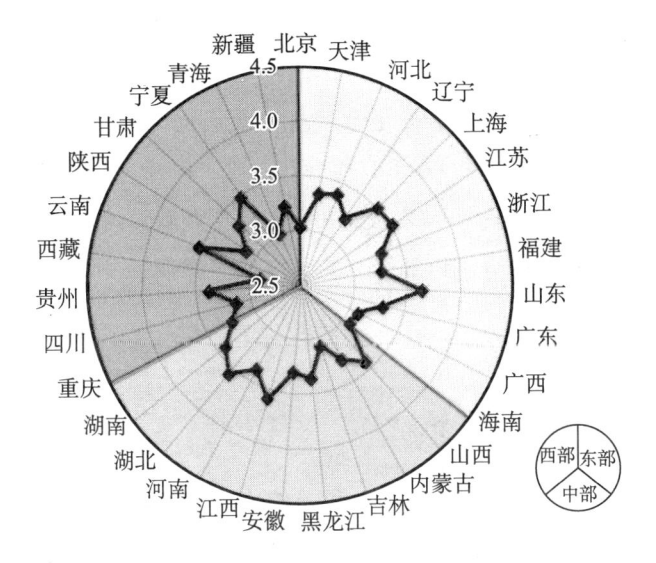

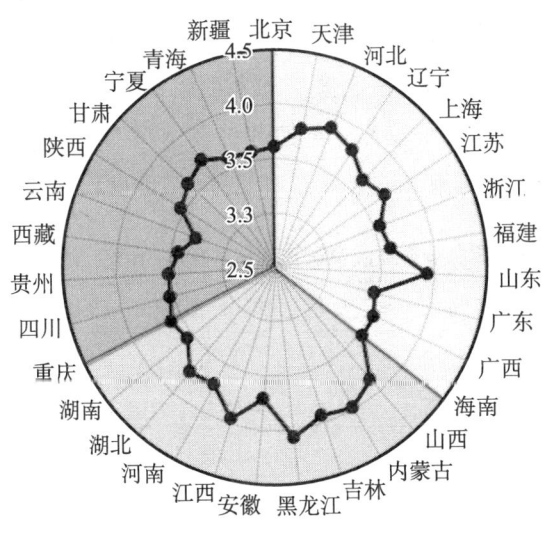

图9—3 各省市自治区服务业企业对服务业政策的
认知度(上)与满意度(下)得分

分别为 3.82、3.69 和 3.55。东部与中部的差距主要表现在土地和价格政策方面,西部与东、中部的差距则是全方位的,其中以财政资金支持政策、人才政策和诚信环境规范政策最为突出。从各省份的满意度得分来看(图 9—3 下),黑龙江是唯一一个分值大于 4 的省份(4.06),该省除融资和人才政策外,其余要素满意度超过 4,而来自西部的西藏、云南分别以 3.42 和 3.29 排名靠后。

二、结果与分析

(一) 信度与效度分析

信度与效度分析用于考察问卷作为测量工具的可靠性与有效性。运用克朗巴哈 α 系数(若 α>0.7 时,则问卷具有较高信度)对问卷的信度分析表明,服务业企业对服务业政策认知度四项指标总的 α 系数值为 0.92,度量政策满意度的九项指标 α 系数亦达 0.91,可判定问卷内部一致性较高,信度可接受。此外,KMO 检验(若 α>0.8 时,则问卷具有良好效度)与巴特利特球度检验结果显示,认

表9—6 服务业企业政策认知度与满意度的信度、效度检验

	克朗巴哈系数	基于标准化项目的克朗巴哈系数	项目数
认知度	0.924	0.924	4
满意度	0.911	0.911	9
	KMO 值	巴特利特球体检验	
		近似卡方分布	显著性概率
认知度	0.822	13 459.636	0.000
满意度	0.945	16 048.076	0.000

知度与满意度的 KMO 值分别为 0.82、0.95,且巴特利特球度检验统计量的概率 p 值均为 0.000,小于显著性水平 0.05,因此拒绝巴特利特球度检验的零假设,说明问卷结构效度良好(表 9—6)。综上可知,能采用此问卷数据进行服务业政策效应的影响因素分析。

(二) 认知模型

1. 总模型

通过 SPSS 13.0 中的序数回归模块,采用强迫法将全部变量纳入模型中,得到最终模型(表 9—7)。统计显示,模型的似然估计值(-2 log likelihood)为 2439.13,卡方值为 144.75,且模型在P=0.01上显著,故模型的拟合效果较好,能有效反映显著影响企业政策认知水平的因素。在企业特征变量中,营业额和劳动力素质因子达到了显著性水平。从参数估计来看,企业的经营规模与政策认知水平呈现正向变化,营业额为 15 000 万元以上企业的政策认知度落入高值的概率是参照类 1 000 万元以下企业的 $e^{0.495}=1.64$ 倍,表明与大企业相比,中小型服务业企业在政府管制中信息不对称更为显著,他们获取政策信息的能力较弱(王俊豪,2001)。此外,劳动力素质因子的系数均为正,表明劳动力素质越高的企业,对服务业政策的认知能力较强的可能性越大,本科以上学历员工所占比重为 20%～40%、40%～60%、60%～80%、80%以上的服务业企业政策认知度落入高值的概率分别是参照类 20%以下企业的 1.42 倍、1.48 倍、1.66 倍和 1.51 倍,可见高素质人才密集企业搜寻政策信息的手段、渠道更为丰富。

表9—7 服务业企业政策认知度的序数逻辑回归模型参数

变量	总模型(1)		东部模型(2)		中部模型(3)		西部模型(4)	
	Estimate	Sig.	Estimate	Sig.	Estimate	Sig.	Estimate	Sig.
营业额(以1 000万元以下为参照)								
1 000~15 000万元	0.140	0.261	0.327*	0.069	0.341	0.149	−0.418	0.157
15 000万元以上	0.495***	0.003	0.591***	0.008	0.744**	0.031	0.057	0.896
员工人数(以100人以下为参照)								
100~300人	0.196	0.110	0.339**	0.048	0.138	0.567	0.010	0.973
300人以上	0.084	0.608	0.411*	0.067	−0.246	0.453	−0.516	0.195
劳动力素质(以20%以下为参照)								
20%~40%	0.415***	0.002	0.180	0.350	0.785***	0.003	0.521	0.102
40%~60%	0.508***	0.002	0.274	0.199	1.095***	0.004	0.852**	0.034
60%~80%	0.392**	0.019	0.340	0.134	0.252	0.460	0.474	0.235
80%以上	0.351*	0.055	0.165	0.494	0.841**	0.042	0.795*	0.093

续表

变量	总模型(1) Estimate	Sig.	东部模型(2) Estimate	Sig.	中部模型(3) Estimate	Sig.	西部模型(4) Estimate	Sig.
效益(以下降型为参照)								
稳定型	-0.148	0.385	-0.378	0.113	-0.132	0.689	0.217	0.624
增长型	-0.101	0.321	-0.253*	0.074	-0.182	0.377	0.138	0.596
行业类型(以公共服务业为参照)								
消费性服务业	0.420*	0.063	0.186	0.600	0.338	0.436	0.544	0.224
生产性服务业	0.503**	0.020	0.296	0.386	0.448	0.290	0.722*	0.082
所有制类型(以事业单位、社会团体和国家机关为参照)								
国有和集体企业	0.125	0.532	0.379	0.235	0.110	0.784	0.056	0.884
私营、股份制企业和责任有限公司	-0.019	0.920	0.320	0.302	0.054	0.884	-0.802**	0.029
外资企业	0.124	0.675	0.187	0.643	0.200	0.788	1.337	0.143
行业地位(以行业一般为参照)								

续表

变量	总模型(1) Estimate	Sig.	东部模型(2) Estimate	Sig.	中部模型(3) Estimate	Sig.	西部模型(4) Estimate	Sig.
行业骨干	0.606***	0.000	0.462**	0.035	0.063	0.880	0.974***	0.006
行业龙头	0.811***	0.000	0.546**	0.013	0.141	0.734	1.683***	0.000
政策环境变量(以其他为参照)								
资金	2.023***	0.000	2.266***	0.000	1.462**	0.041	1.618**	0.027
税收负担	1.466***	0.000	1.765***	0.000	0.493	0.502	1.616**	0.034
土地	1.533***	0.000	1.903***	0.000	0.562	0.470	1.699*	0.054
人才	1.809***	0.000	2.056***	0.000	1.047	0.181	2.092***	0.007
走出去	1.919***	0.000	2.474***	0.000	1.019	0.232	0.833	0.378
准入条件	1.599***	0.000	2.051***	0.000	0.712	0.344	1.470*	0.057
品牌建设	1.294***	0.000	1.459***	0.002	1.029	0.169	0.998	0.200
似然估计值	2 439.125		1 365.307		672.171		525.940	
卡方检验	144.755***		96.624***		44.923***		62.068***	

注:Estimate 为参数估计,Sig. 为显著性水平。*** 显著性水平为 0.01,** 显著性水平为 0.05,* 显著性水平为 0.1。

在组织变量中,行业类型和行业地位为影响企业政策认知水平的重要因子。在行业类型方面,与公共服务业相比,消费性服务业和生产性服务业处于高水平的可能性更大。具体而言,消费性、生产性服务业企业的认知度落入高水平组的概率是公共服务业相应值的1.52倍和1.65倍。在行业地位方面,本地区同行业中处于行业骨干和行业龙头地位的企业,它们处于高认知水平组的概率分别是一般地位企业的1.83倍和2.25倍,表明服务业企业的政策认知水平随着行业地位的提升而提升,政府自觉或不自觉地在政策联系时更多地向影响力大的服务业企业倾斜,与他们的政策信息沟通也因此更加频繁。

政策环境变量各要素均通过了显著水平为0.01的假设检验。若服务业政策为企业首先解决资金问题,则此类企业的政策认知度落入高值的概率是参照类解决其他问题企业的7.56倍。此外,若首先解决企业"走出去"、人才、准入、土地、税收负担、品牌建设问题,那么认知度落入高值的概率依次是参照类的6.82倍、6.10倍、4.95倍、4.63倍、4.33倍和3.66倍。这反映出服务业政策为企业解决运营中的现实问题对于提升认知水平的显著影响,且以解决资金积累、规模扩张和专业人才的问题起到的积极作用最为明显。

2. 区域模型

为考察服务业企业政策认知水平的影响因素在不同区域类型下的差异性,又分别对来自东部、中部、西部的样本采取强迫法序数逻辑回归。由表9—7可见,模型2~4的似然估计值分别为1 365.31、672.17、525.94,卡方值为96.62、44.92和62.07,三个模型均在0.01上显著,表明拟合的效果均较好。就东部回归模型来看,除劳动力素质和行业类型对于所属服务业企业的政策认知水平的影响程度不显著外,企业特征变量中的营业额因子、组织变量中的行业地位因子和政策环境变量的影响与总模型基本一致。特别地,员工人数和效益因子达到了显著性水平。员工人数为100~300人、300人以上企业的政策认知度在高分组的概率分别是参照类100人以下企业的1.40倍和1.51倍,表明东部服务业企业的政策认知水平随就业规模发生正向变化。在效益因子中,增长型企业落入高值的概率仅是下降型企业的0.76倍,即下降型企业的政策认知水平为高值的概率要显著高于增长型企业,究其原因,当经营状况欠佳时,东部服务业企业通过学习相关领域政策、寻求政策支持的动机较强,故而认知水平相对较高。

中部模型与总模型相比,组织变量里各项因子的影响均不显著,而政策环境变量的参数估计,仅"资金"要素对认知水平的影响较为显著,它与参照类的优势比为4.31,表明中部企业的政策认知能力仅对解决资金问题的响应敏感。在西部模型中,营业额因子未达到显著性水平,但所有制类型具有显著影响,私营、股份制企业和责任有限公司的政策认知度为高值的概率是参照类事业单位、社会团体和国家机关的0.45倍。由于内资非公有制企业本身与政府联系就不紧密,加之西部地区信息化水平较低,该区域服务业企业的政策认知能力相对较弱,政策信息的空间距离衰减规律尤为突出。对政策环境变量的分析发现,若首先解决西部企业的人才、土地、资金、税收负担和准入条件问题,则认知度为高值的概率分别是参照类的8.10倍、5.47倍、5.04倍、5.03倍和4.35倍,表明西部企业的政策认知能力受人才、土地、资金、税收等政策环境变化影响显著,且对于人才环境的改善最敏感。

（三）体验模型

1. 总模型

以反映服务业企业政策体验水平的满意度作为因变量，进行序数逻辑回归分析，回归模型参数如表9—8所示。总模型的似然估计值、卡方值分别为1 875.48和725.64，显著性概率P值为小于0.01，可见模型拟合效果较好，能用于解释服务业企业政策体验水平的影响因素。从认知水平变量的估计值来看，认知度因子达到了显著性水平，中度认知和高度认知的服务业企业在政策满意度上居于高分组的概率分别是参照类低度认知企业的6.17倍、85.88倍，表明政策认知水平与体验水平呈显著正向关系，即加大服务业政策宣传力度，能有效放大惠企政策满意度。把各项政策的实施目的、操作办法、执行标准及时推广至服务业市场的主体，对提高其政策实施效应具有重要作用。

在企业特征变量中，员工人数和效益两项因子达到了显著性水平。员工人数对企业政策满意度有显著的负向影响，100～300人、300人以上企业的优势比分别是0.75和0.67，即员工人数较多的中型、大型企业在政策满意度上为高值的概率与参照类小型企业相比分别下降0.25倍和0.33倍。由于目前中国计划经济体制下形成的传统企业管理模式仍然存在、社会保障体系尚不健全，一些本应政府承担的社会服务和社会保障功能却由服务业企业各自承担，这种企业办社会或社会保障企业化的状况，使得员工人数多的企业社社负担较重，故而对政策的满意度较低。效益因子亦通过显著性检验，对于"十一五"时期营业额稳定型和增长型而言，他们对政策的满意度处于高分组的概率分别是下降型企业的1.45倍和1.31倍,表明运营效益较好的服务业企业对政策满意的可能性越大,企业盈利增收状况会被经营者作为判别产业政策优劣的直接标准。

所有制类型和行业地位是组织变量中达到显著性水平的因子,其中,外资企业政策满意度得到高分的概率是参照类事业单位、社会团体和国家机关的3.30倍,表明在内外资差别化引导的政策背景下,外资享受着优于内资企业的诸多优惠政策待遇,甚至是"超国民待遇",这显然有效地提升了服务业外资企业的政策满意度。在行业地位因子方面,本地区同行业中处于行业骨干地位的企业,他们处于高满意度的概率为行业一般企业的1.54倍,说明微小型服务业企业在服务业政策支持体系中受重视程度普遍不高,导致这些企业怀有强烈的被忽视感。以财政资金支持政策项上的满意度得分为例,行业地位一般的企业得分仅为3.62,明显低于骨干或龙头行业,小企业纷纷表示"财政资金偏向大型服务业项目,得到的支持与大型企业或国家垄断企业相比差距很大"。

对政策环境变量的估计显示,政策各要素均通过显著性检验且为正向相关,说明"十一五"期间国家各类服务业政策的实施对于提升企业的满意度起到积极作用。若服务业政策为企业首先解决土地的问题,那么他们的满意度落入高值的概率是参照类解决其他问题的5.04倍,表明服务业企业在对政策的体验过程中,对于解决土地问题的正向响应较为敏感。此外,若首先解决企业的资金、税收负担、"走出去"、人才、准入条件、品牌建设问题,对应满意度处于高水平组的概率将是参照类的4.07倍、3.97倍、3.59倍、3.22倍、2.64倍和2.28倍。

表9—8 服务业企业政策满意度的序数逻辑回归模型参数

变量	总模型(5)		东部模型(6)		中部模型(7)		西部模型(8)	
	Estimate	Sig.	Estimate	Sig.	Estimate	Sig.	Estimate	Sig.
认知水平(以低度认知为参照)								
中度认知	1.820***	0.000	2.169***	0.000	0.313	0.660	2.359***	0.000
高度认知	4.453***	0.000	4.866***	0.000	3.332***	0.000	4.527***	0.000
营业额(以1 000万元以下为参照)								
1 000~15 000万元	0.009	0.953	−0.197	0.380	0.310	0.315	0.291	0.404
15 000万元以上	0.053	0.793	−0.224	0.420	0.467	0.293	0.514	0.280
员工人数(以100人以下为参照)								
100~300人	−0.282*	0.064	0.225	0.293	−1.010***	0.002	−0.782**	0.023
300人以上	−0.398**	0.045	0.243	0.386	−1.119***	0.008	−1.448***	0.001
劳动力素质(以20%以下为参照)								
20%~40%	−0.122	0.461	−0.089	0.708	−0.222	0.517	−0.146	0.693
40%~60%	0.186	0.350	0.546**	0.043	−0.243	0.605	−0.188	0.671

续表

变量	总模型(5)		东部模型(6)		中部模型(7)		西部模型(8)	
	Estimate	Sig.	Estimate	Sig.	Estimate	Sig.	Estimate	Sig.
60%~80%	0.092	0.655	0.500*	0.081	−0.375	0.389	−0.409	0.362
80%以上	−0.080	0.722	0.167	0.574	−0.510	0.325	−0.390	0.486
效益(以下降型为参照)								
稳定型	0.370*	0.079	0.063	0.831	0.516	0.218	0.738	0.163
增长型	0.274**	0.028	0.039	0.825	0.611**	0.024	0.061	0.840
行业类型(以公共服务业为参照)								
消费性服务业	0.398	0.139	−0.280	0.523	0.965*	0.066	0.698	0.165
生产性服务业	0.001	0.995	−0.646	0.125	0.387	0.456	0.571	0.218
所有制类型(以事业单位、社会团体和国家机关为参照)								
国有和集体企业	0.271	0.257	0.707*	0.063	0.106	0.832	−0.039	0.929
私营、股份制企业和责任有限公司	0.235	0.302	0.679*	0.067	0.210	0.645	−0.374	0.374
外资企业	1.194***	0.002	1.492***	0.004	1.764	0.156	1.640	0.203

续表

变量	总模型(5) Estimate	Sig.	东部模型(6) Estimate	Sig.	中部模型(7) Estimate	Sig.	西部模型(8) Estimate	Sig.
行业地位(以行业一般为参照)								
行业骨干	0.430**	0.029	−0.275	0.321	1.120*	0.033	1.316***	0.001
行业龙头	0.206	0.297	−0.397	0.157	0.620	0.215	1.021**	0.012
政策环境变量(以其他为参照)								
资金	1.404***	0.000	1.833***	0.000	1.880**	0.023	0.797	0.322
税收负担	1.379***	0.000	1.824***	0.000	1.613*	0.057	1.040	0.212
土地	1.617***	0.000	2.045***	0.000	2.208**	0.017	1.028	0.298
人才	1.168***	0.003	1.525***	0.004	1.926**	0.036	0.746	0.381
走出去	1.279***	0.005	1.677***	0.007	1.523	0.128	0.695	0.509
准入条件	0.970**	0.011	1.375***	0.008	1.431	0.101	0.356	0.674
品牌建设	0.825**	0.031	1.399***	0.007	1.670*	0.055	−0.335	0.695
似然估计值	1875.479	1000.905	470.355	420.095				
卡方检验	725.636***	411.800***	204.240***	157.238***				

注：Estimate 为参数估计，Sig. 为显著性水平。***显著性水平为 0.01，**显著性水平为 0.05，*显著性水平为 0.1。

2. 区域模型

围绕服务业企业的政策体验水平,再分别对东部、中部和西部样本进行序数逻辑回归,得到模型 6～8,拟合优度检验反映出三个模型的模拟效果均较好(表 9—8)。与总模型相比,东部模型中的员工人数因子对于政策满意度的影响并不显著,说明东部地区受到计划经济时期的体制"惯性"影响得到较大缓解,服务业企业因员工增加而导致经营成本增大的压力减弱,市场竞争机制下的现代企业制度正逐渐形成。行业地位因子对政策满意度的影响不显著,可以推断东部地区在服务业政策实施过程中的受益面相对较广,地方的微小企业也能有所顾及。东部地区的个性化影响因子包括劳动力素质和所有制类型两项,本科学历以上员工比重为 40%～60% 和 60%～80% 的服务业企业在政策满意度上是高分组的概率分别为参照类 20% 以下企业的 1.73 倍、1.65 倍,表明劳动力素质高的企业对政策满意的可能性就越大;在所有制类型方面,国有和集体企业、私营企业(股份制企业和责任有限公司)以及外资企业的政策满意度在高分组的概率依次是参照类事业单位、社会团体和国家机关的 2.03 倍、1.97 倍和 4.45 倍,表明东部劳动力素质高、营利性的服务业企业对政策整体评价满意的可能性较大。尽管与总模型一样,东部政策环境变量的影响也很显著,但他们对于提升企业政策满意度的作用更加明显,例如,若首先解决企业的土地、资金、税收负担问题,则其优势比将比总模型中的对应值高出 2.69 倍、2.23 倍和 2.18 倍。

除行业类型因子显著、所有制类型因子不显著外,中部模型参数估计的结果与总模型基本一致。在行业类型方面,消费性服务业企业的政策满意度落入高水平组的概率是公共服务业的 2.62 倍,说明消费性服务业企业对政策表示满意的可能性较高。在西部模型中,政策环境变量因子的各个要素均未通过显著性检验,表明西部服务业政策的实施未能给企业政策满意度带来影响。另外,效益、所有制类型因子对政策满意度的影响均不显著。优势比的进一步对比发现,中西部地区企业的政策满意度受员工人数因子的负向影响更加突出,如中部、西部 300 人以上企业在政策满意度上为高值的概率与 100 人以下企业相比分别下降 0.67 倍和 0.76 倍,显著高于总模型的估计值,这种差异表明中西部服务业企业因员工增加而导致经营成本增大的压力较大,区内服务业企业的市场化改革和政府主导的社会保障体系配套更待深化。

第三节 结论与讨论

(1) 改革开放以来,中国服务业政策经历了初步认识期、认识深入期、认识转变期、认识加速期、认识完善期五个阶段,未来服务业政策制定需要综合考虑服务业发展的国际或者区域环境、国际大都市服务业发展模式及趋势、城市化水平和区域经济发展水平、服务业自身发展水平和发展结构、不同类型服务业监管体制等因素,加快构建涵盖服务业集中布局政策、服务业产业组织政策、服务业结构政策、服务业技术和人才创新政策等服务业政策框架体系。基于服务业企业视角的服务业政策认知与体验分析是研究产业政策发布后实施绩效的重要手段。

(2)"十一五"时期服务业企业对服务业政策的总体认知水平一般,服务业政策认知力的提升空间仍然较大,特别是对西部偏远省份的政策宣传力度亟待加强。在体验水平方面,服务业企业对服务业政策的满意度接近比较满意,其中,准入政策以67.81%的满意率居各项政策之首,而土地政策和融资政策的满意率位列末尾。中部服务业企业的满意度最高,东部与中部的差距主要表现在土地和价格政策方面,西部与中东部的差距则以财政资金支持政策、人才政策和诚信环境规范政策较为突出。

(3)"十一五"时期服务业企业的营业额、劳动力素质、行业类型、行业地位和所处政策环境等因素对其政策认知水平具有重要影响。当企业营业额较大、劳动力素质较高、在本地区同行业中地位较高、属生产性或消费性服务业、服务业政策能为他们首先解决资金(或"走出去"、人才、准入等)问题,则企业对服务业政策的认知水平趋高。东部企业的政策认知水平受员工规模的正向影响显著,员工人数较多时认知水平趋高。当经营状况欠佳时,东部企业通过学习相关领域政策、寻求政策支持的动机较强,表现出营业额下降型企业政策认知水平趋高的态势。在中部的政策环境因素中,企业的政策认知能力仅对资金环境的改善敏感。由于内资非公有制企业本身与政府联系不紧密、区域内信息化水平较低,西部服务业企业的政策认知能力相对较弱,政策信息的空间距离衰减规律突出。此外,其认知能力还受到人才、土地、资金等政策环境变化的影响显著,且对于人才环境的改善最敏感。

(4)认知水平、员工人数、效益、所有制类型、行业地位和所处政策环境等因素对服务企业政策体验水平影响显著。当企业政策认知水平较高、员工人数较少、"十一五"时期营业额增长较快、在本地区同行业中地位较高、属外资企业、服务业政策能为他们首先解决土地(或资金、税收负担等)问题,则企业对服务业政策趋于满意的概率较大。东部企业员工人数对政策满意度的负向影响不显著,而劳动力素质高、属营利性质的企业对政策的整体评价趋于满意,说明东部受到计划经济时期的体制"惯性"影响弱化,企业因员工增加而导致经营成本增大的压力减弱。中部消费性服务业企业对政策表示满意的可能性较高,西部各政策要素均未通过显著性检验,表明服务业政策的实施未能给西部企业政策满意度带来显著影响。此外,中西部企业的员工人数对政策满意度的负向影响显著,表明企业因员工增加而导致经营成本增大的压力较大,区内服务业企业的市场化改革和政府主导的社会保障体系配套等方面更待深化和完善。

在上述影响因素分析基础上,从认知与体验的视角对服务业政策与服务业企业的作用机制进行初步探讨(图9—4)。

本研究得到的政策启示包括:从服务业企业最关注的融资、人才、土地、财税等方面着手,加入政策和投入支持力度,增强政策可操作性,完善服务业政策体系;深化服务业体制改革,推进经营性事业单位的转企改制,对竞争性领域的国有服务企业实行股份制改组,鼓励非公有制企业参与市场化改造;建立统一、规范、完善的社会保障体系,推进福利分配社会化进程,从根本上减轻服务业企业特别是大中型企业的负担;转变过度追求境外服务业投资的政策取向,逐步废止外资企业享受的"超国民待遇",采取内外资平等的鼓励和优惠政策,通过创造平等的市场竞争环境,吸引多渠道资金优化服务业投资结构;中小型服务业企业(特别在生产性服务业领域)尽管规模小、资产少,但创新力往往较强,对这些企业的政策支持通常能起到"四两

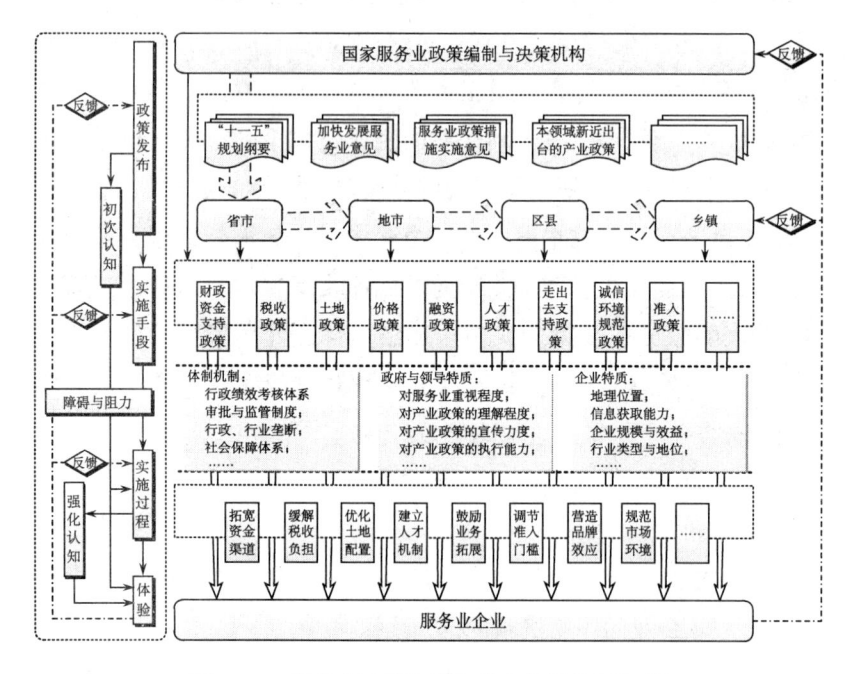

图 9—4　服务业政策与服务业企业的作用机制

拨千斤"的效果，应针对中小型服务业企业在研发、创意、设计等创新环节，拓宽政策支持覆盖面，给予更广阔的发展空间；构建服务业企业对服务业政策实施情况的反馈机制，在全国选取典型服务业企业作为反映本地区、本行业服务业发展动态的代表，建立服务业企业动态管理库，在国家政策编制决策机构与企业间形成定时定向的联系制度。

本研究的不足和有待深入研究的问题包括：由于调查成本控制、服务业企业对问卷回复的积极性等原因，西部地区获取的问卷数量偏少（占总体比重为 20.89%）、公共服务业领域回收问卷不足（占总体比重为 10.2%),这可能对研究结果的全面性造成一定影响;企业对产业政策的需求具有强烈的动态性,不同成长阶段的服务业企业对政策调节强度、深度与广度的需求不同,其适应与应变能力也有较大差别,因此产业政策的干预和调节时效性值得探讨;本章主要围绕国家层面的服务业政策对企业的影响进行研究,难免对区域性、地方性服务业政策有所忽视,实际上,地方服务业政策是对宏观政策的延伸和重要补充。

参考文献

1. Aarhus, K. 2000. Office Location Decisions, Modal Split and the Environment: The Ineffectiveness of Norwegian Land Use Policy. *Journal of Transport Geography*, Vol. 8, No. 4, pp. 287-294.
2. Aguilera, A. 2003. Services Relationship, Market Area and the Intrametropolitan Location of Business Services. *The Service Industries Journal*, Vol. 23, No. 1, pp. 43-58.
3. Airoldi, A. et al. 1997. The Impact of Urban Structure on the Location of Producer Services. *The Service Industries Journal*, Vol. 17, No. 1, pp. 91-114.
4. Bayson, J. R. 1997. Business Service Firms, Service Space and the Management of Change. *Entrepreneurship and Regional Development*, Vol. 9, No. 2, pp. 93-111.
5. Bayson, J. R., P. W. Daniels and B. Warf 2004. *Service Worlds: People, Organisations, Technologies*. New York: Routledge.
6. Bell, D. 1973. *The Coming of Post-Industrial Society: A Venture in Social Forecasting*. New York: Basic Books.
7. Benntt, R. J., D. J. Graham and W. Braggon 1999. The Location and Concentration of Business in Britain: Business Clusters, Business Services, Market Coverage and Local Economic Development. *Transactions of the Institute of British Geographers*, Vol. 24, No. 4, pp. 393-420.
8. Beyers, W. B. 1993. Producer Services. *Progress in Human Geography*, Vol. 17, No. 2, pp. 219-231.
9. Beyers, W. B. and D. P. Lindahl 1996. Explaining the Demand for Producer Services: Is Cost-driven Externalization the Major Factor. *Papers in*

Regional Science, Vol. 75, No. 3, pp. 351-374.
10. Boiteux-Orain, C. and R. Guillain 2004. Changes in the Intrametropolitan Location of Producer Services in Lie-d-France (1978-1997): Do Information Technologies Promote a More Dispersed Spatial Pattern? *Urban Geography*, Vol. 25, No. 6, pp. 550-578.
11. Castells, M. 1996. *The Rise of the Network Society*. Oxford: Blackwell Publishers.
12. Coffey, W. J. 2000. The Geographies of Producer Services. *Urban Geography*, Vol. 21, No. 2, pp. 170-183.
13. Coffey, W. J. and A. S. Bailly 1990. Service Activities and the Evolution of Production Systems: An International Comparison. *Environment and Planning A*, Vol. 22, No. 12, pp. 1607-1620.
14. Coffey, W. J. and A. S. Bailly 1991. Producer Service and Flexible Production: An Exploratory Analysis. *Growth and Change*, Vol. 22, No. 4, pp. 95-117.
15. Coffey, W. J. and A. S. Bailly 1992. Producer Services and Systems of Flexible Production. *Urban Studies*, Vol. 29, No. 6, pp. 857-868.
16. Coffey, W. J. and M. Polese 1989. Producer Services and Regional Development: A Policy-oriented Perspective. *Papers of the Regional Science Association*, Vol. 67, No. 1, pp. 13-27.
17. Coffey, W. J. and R. G. Shearmur 2002. Agglomeration and Dispersion of high-order Service Employment in the Montreal Metropolitan Region, 1981-96. *Urban Studies*, Vol. 39, No. 3, pp. 359-378.
18. Coffey, W. J., R. Drolet and M. Polese 1996. The Intrametropolitan Location of High Order Services: Patterns, Factors and Mobility in Montreal. *Papers in Regional Science*, Vol. 75, No. 3, pp. 293-323.
19. Cohen, S. and J. Zysman 1987. *Manufacturing Matters: The Myth of the Post-industrial Economy*. New York: Basic Books.
20. Damesick, P. J. 1986. Service Industries, Employment and Regional Development in Britain: A Review of Recent Trends and Issues. *Transactions of the Institute of British Geographers*, Vol. 11, No. 2, pp. 212-226.
21. Damiam, H. Z. and C. M. Susanna 1998. Role of Intermittency in Urban

Development: A Model of Large-scale City Formation. *Physical Review Letters*, Vol. 79, No. 3, pp. 523-526.
22. Daniels, P. W. 1985. *Service Industries: Growth and Location*. Cambridge: Cambridge University Press.
23. Daniels, P. W. 1989. Some Perspectives on the Geography of Services. *Progress in Human Geography*, Vol. 13, No. 3, pp. 427-437.
24. Daniels, P. W. 1995. Producer Services Research in the United Kingdom. *Professional Geographer*, Vol. 47, No. 1, pp. 83-87.
25. Diaz, F. D. 1998. On the Limits of Post-industrial Society: Structural Change and Service Sector Employment in Spain. *International Review of Applied Economics*, No. 12, pp. 483-495.
26. Esparza, A. X. and A. J. Krmenec 1994. Producer Services Trade in City Systems: Evidence from Chicago. *Urban Studies*, Vol. 31, No. 1, pp. 29-46.
27. Eswaran, M. and A. Kotwal 2002. The Role of Service in the Process of Industrialization. *Journal of Development Economics*, Vol. 68, No. 2, pp. 401-420.
28. Forstall, R. L. and R. P. Greene 1997. Defining Job Concentrations: The Los Angeles Case. *Urban Geography*, Vol. 18, No. 8, pp. 705-739.
29. Francois, J. F. 1990. Producer Services, Scale, and the Division of Labor. *Oxford Economic Papers*, No. 42, pp. 715-729.
30. Fujii, T. and T. A. Hartshorn 1995. The Changing Metropolitan Structure of Atlanta, Georgia: Locations of Functions and Regional Structure in a Multinucleated Urban Area. *Urban Geography*, Vol. 16, No. 8, pp. 680-707.
31. Geo, W. R. 1991. The Growth of Producer Services Industries: Sorting through the Externalization Debate. *Growth and Change*, Vol. 22, No. 4, pp. 118-141.
32. Gershuny, J. I. and I. D. Miles 1983. *The New Service Economy: The Transformation of Employment in Industrial Societies*. Praeger Publishers, New York.
33. Gillespie, A. E. and A. E. Green 1987. The Changing Geography of Producer Services Employment in Britain. *Regional Studies*, Vol. 21, No. 5, pp. 397-411.

34. Gillis, W. R. 1987. Can Service-producing Industries Provide a Catalyst for Regional Economic Growth. *Economic Development Quarterly*, Vol. 1, No. 3, pp. 249-256.
35. Gleave, M. B. 1997. Port Activities and the Spatial Structure of Cities: The Case of Freetown, Sierra Leone. *Journal of Transport Geography*, Vol. 5, No. 4, pp. 257-275.
36. Greenfield, H. 1966. *Manpower and the Growth of Producer Services*. New York: Columbia University Press.
37. Gritsai, O. 1997. Business Services and Restructuring of Urban Space in Moscow. *Geo Journal*, Vol. 42, No. 4, pp. 365-376.
38. Grubel, H. and M. Walker 1988. *Service and the Changing Economic Structure*. Services in World Economic Growth Symposium Institute.
39. Guerrieri, P. and V. Meliciani 2003. *International Competitiveness in Producer Services*. Paper Presented at the SETI Meeting Rome.
40. Guerrieri, P. and V. Meliciani 2005. Technology and International Competitiveness: The Interdependence between Manufacturing and Producer Services. *Structural Change and Economic Dynamics*, Vol. 16, No. 2, pp. 489-500.
41. Hansen, N. 1990. Do Producer Services Induce Regional Economic Development? *Journal of Regional Science*, Vol. 30, No. 4, pp. 465-476.
42. Hansen, N. 1991. Factors in Danish Field: How High-wage, Flexible Production has Succeeded in Peripheral Jutland. *International Regional Science Review*, No. 14, pp. 109-132.
43. Harrington, J. W. 1995. Empirical Research on Producer Service Growth and Regional Development: International Comparisons. *Professional Geographer*, Vol. 47, No. 1, pp. 66-69.
44. Harrington, J. W. and H. S. Campbell 1997. The Suburbanization of Producer Service Employment. *Growth and Change*, Vol. 28, No. 3, pp. 335-359.
45. Hatch, C. 1987. Learning from Italy's Industrial Renaissance. *The Entrepreneurial Economy*, Vol. 12, pp. 4-11.
46. Hessels, M. 1992. *Locational Dynamics of Business Services: An Inter*

Metropolitan Study on the Randstad Holland. Utrecht: Royal Dutch Geographical Society.

47. Howells, J. and A. Green 1985. Location, Technology, and Industrial Organization in UK Services. *Progress in Planning*, Vol. 26, No. 2, pp. 16-34.

48. Hutton, T. 2003. Service Industries, Globalization, and Urban Restructuring within the Asia-Pacific: New Development Trajectories and Planning Responses. *Progress in Planning*, Vol. 61, No. 1, pp. 1-74.

49. Hutton, T. and D. Ley 1987. Location, Linkages, and Labor: The Downtown Complex of Corporate Activities in a Medium Size City, Vancouver, British Columbia. *Economic Geography*, Vol. 63, No. 2, pp. 126-141.

50. Illeris, S. 1989. *Services and Regions in Europe*. Avebury, Aldershot.

51. Illeris, S. and J. Philippe 1993. Introduction: The Role of Services in Regional Economic Growth. *Service Industries Journal*, Vol. 13, No. 2, pp. 3-10.

52. Illeris, S. and P. Sjoholt 1995. The Nordic Countries: High Quality Services in a Low Density Environment. *Progress in Planning*, Vol. 43, No. 3, pp. 205-221.

53. James, A. 2009. *Services, Professional-international Encyclopedia of Human Geography*. Elsevier.

54. Jessica, Y, G. and R. B. Chandra 2007. Operationalizing the Concept of Neighborhood: Application to Residential Location Choice Analysis. *Journal of Transport Geography*, Vol. 15, No. 1, pp. 31-45.

55. Karaomerioglu, D. C. and B. Carlsson 1999. Manufacturing in Decline? A Matter of Definition. *Economics of Innovation and New Technology*, Vol. 8, No. 3, pp. 175-196.

56. Keeble, D. and L. Nachum 2002. Why do Business Service Firms Cluster? Small Consultancies, Clustering and Decentralization in London and Southern England. *Transaction of the Institute of British Geographers*, Vol. 27, No. 1, pp. 67-90.

57. Kirn, T. J. 1987. Growth and Change in the Service Sector of the U. S. : A Spatial Perspective. *Annals of the Association of American Geographers*, Vol. 77, No. 3, pp. 353-372.

58. Klodt, H. 2000. *Structural Change towards Services: The German Experience*. University of Birmingham IGS Discussion Paper.
59. Longcore, T. R. and P. W. Rases 1996. Information Technology and Downtown Restructuring: The Case of New York City's Financial District. *Urban Geography*, Vol. 17, No. 4, pp. 354-372.
60. Lundvall, B. and B. Borras 1998. *The Globalizing Learning Economy: Implication for Innovation Policy*. TESER Programmer Report, DG. Commission of the European Union.
61. Macpherson, A. 1997. The Role of Producer Service Outsourcing in the Innovation Performance of New York State Manufacturing Firms. *Annals of the Association of American Geographers*, Vol. 87, No. 1, pp. 52-71.
62. Makse, H. A. et al. 1998. Modeling Urban Growth Patterns with Correlated Percolation. *Physical Review E*, Vol. 58, No. 6, pp. 7054-7062.
63. Marshall, J. N. and A. E. Green 1990. Business Reorganization and the Uneven Development of Corporate Services in the British Urban and Regional System. *Transactions of the Institute of British Geographers*, Vol. 15, No. 2, pp. 162-176.
64. Martinelli, F. 1991. *A Demand-Oriented Approach to Understanding Producer Services*. In the Changing Geography of Advanced Producer Services. London: Belhaven Press.
65. Morshidi, S. 1998. Producer Services and Growth Management of a Metropolitan Region: The Case of Kuala Lumpur, Maleysia. *Asia Pacific Viewpoin*, Vol. 39, No. 2, pp. 221-235.
66. Moulaert, F. and Gsllouj 1993. *The Location Geography of Advanced Producer Firm: The Limits of Economies Agglomeration in Daniels*. The Geography of Services Frank Cass.
67. Nelson, H. J. 1995. A Service Classification of American Cities. *Economic Geography*, Vol. 31, No. 3, pp. 189-210.
68. Noyelle, T. J. and T. M. Stanback 1984. *The Economic Transformation of American Cities*. Totawa, NJ: Rowman & Allanheld.
69. O' Connor, K. and T. Hutton 1998. Producer Services in the Asia Pacific Region: An Overview of Research Issue. *Asia Pacific Viewpoint*, Vol. 39,

No. 2, pp. 139-143.
70. O' Farrell, P. and P. Wood 1998. Internationalisation by Business Service Firms: Towards a New Regionally Based Conceptual Framework. *Environment and Planning A*, Vol. 30, No. 1, pp. 109-128.
71. O'Farrell, P. and D. Hitchens 1990. Producer Services and Regional Development: A Review of Some Major Conceptual Policy and Research Issues. *Environment and Planning A*, Vol. 22, No. 9, pp. 1141-1154.
72. Oh'Uallachain, B. and N. Reid 1991. The Location and Growth of Business and Professional Services in American Metropolitan Areas, 1976-1986. *Annals of the Association of American Geographers*, Vol. 181, No. 2, pp. 254-270.
73. Oh'Uallachain, B. and T. Leslie 2007. Producer Services in the Urban Core and Suburbs of Phoenix, Arizona. *Urban Studies*, Vol. 44, No. 8, pp. 1581-1601.
74. Ozdemir, D. 2002. The Distribution of Foreign Direct Investments in the Service Sector in Istanbul. *Original Research Article Cities*, Vol. 19, No. 4, pp. 249-259.
75. Pandit, N. R. et al. 2002. A Comparison of Clustering Dynamics in the British Broadcasting and Financial Services Industries. *International Journal of the Economics of Business*, Vol. 9, No. 2, pp. 195-224.
76. Pappas, N. and P. Sheehan 1998. The New Manufacturing: Linkage between Production and Service Activities in P. Sheehen and G. Tegart (eds) *Working for the Future*. Melboume: Victoria University Press.
77. Patterson, P. G. et al. 1997. Modeling the Determinants of Customer Satisfaction for Business-to-business Professional Services. *Journal of the Academy of Marketing Science*, Vol. 25, No. 1, pp. 4-17.
78. Pedersen, P, O. 1986. *Business Service Strategies: The Case of the Provincial Centre of Esbjerg*. Brussels: Commission of the European Communities.
79. Porter, M. 1990. *The Competitive Advantage of Nations*. London: Macmillan.
80. Quinn, J. B. and T. L. Doorley 1988. Key Policy Issues Posed by Services. *Technological Forecasting and Social Change*, Vol. 34, No. 4, pp. 405-423.
81. Rowthron, R. and R. Ramaswamy 1999. Growth, Trade and Deindustrializa-

tion. *IMF Staff Papers*, Vol. 46, No. 1, pp. 18-41.
82. Sassen, S. 1991. *The Global City: New York, London, Tokyo*. Princeton, NJ, Princeton University Press.
83. Scott, A. J. 1988. Flexible Production Systems and Regional Development: The Rise of New Industrial Spaces in North American and Western Europe. *International Journal of Urban and Regional Research*, Vol. 12, No. 2, pp. 171-186.
84. Searle, G. H. 1998. Changes in Produce Services Location, Sydney: Globalization, Technology and Labor. *Asia Pacific Viewpoint*, Vol. 39, No. 2, pp. 237-255.
85. Sehweitzer, F. and J. Steinbrink 1998. Estimation of Megaeity Growth: Simple Rules versus Complex Phenomena. *Applied Geography*, Vol. 18, No. 1, pp. 69-81.
86. Selya, R. M. 1994. Taiwan as a Service Economy. *Geoforum*, Vol. 25, No. 3, pp. 305-322.
87. Shearmur, R. and C. Alvergne 2002. Intrametropolitan Patterns of Highorder Business Service Location: A Comparative Study of Seventeen Sectors in Iie-de-France. *Urban Studies*, Vol. 39, No. 7, pp. 1143-1163.
88. Singlemann, J. 1978. *From Agriculture to Service: The Transformation of Industrial Employment*. Beverly Hills: Sage Publications.
89. Stanbackt, M. 1980. *Understanding the Service Economy*. Baltimore, Johns Hopkins University Press.
90. Stein, R. 2002. Producer Services, Transaction Activities and Cities Rethinking Occupational Categories in Economic Geography. *European Planning Studies*, Vol. 10, No. 6, pp. 723-743.
91. Thisse, J. F. 1968. *Location Theory*. New York: Random House.
92. Tosun, C. 2002. Host Perceptions of Impacts: A Comparative Tourism Study. *Annals of Tourism Research*, Vol. 29, No. 1, pp. 231-253.
93. Tschetter, J. 1987. Producer Service Industries: Why Are They Growing So Rapidly? *Monthly Labor Review*, No. 12, pp. 31-40.
94. Yu Zhou. 1998. Beyond Ethnic Enclaves: Location Strategies of Chinese Producer Services Firms in Los Angeles. *Economic Geography*, Vol. 74, No.

3,pp. 228-251.
95. Yusuf,S.,Nabeshima,K. 2005. Creative Industries in East Asia.*Cities*,Vol. 22,No. 2,pp. 109-122.
96. 白光润、李仙德:"商业微区位空间关联类型与测度",《人文地理》,2008 年第 4 期。
97. 白光润:"微区位研究的新思维",《人文地理》,2004 年第 5 期。
98. 毕斗斗:"亚洲'四小龙'地区生产性服务业政策导向及启示",《国际经贸探索》,2008 年第 5 期。
99. 毕斗斗:《生产服务业发展研究》,经济科学出版社,2009 年。
100. 毕秀晶、李仙德:"上海现代服务业外资企业空间格局及其机理研究",《城市规划学刊》,2010 年第 1 期。
101. 蔡国田、陈忠暖、林先扬:"广州市老城区零售商业服务业区位类型特征及发展探析",《现代城市研究》,2002 年第 5 期。
102. 陈建军、陈国亮、黄洁:"新经济地理学视角下的生产性服务业集聚及其影响因素研究——来自中国 222 个城市的经验证据",《管理世界》,2009 年第 4 期。
103. 陈建军、陈国亮:"集聚视角下的服务业发展与区位选择:一个最新研究综述",《浙江大学学报》(人文社会科学版),2009 年第 5 期。
104. 陈前虎、徐鑫、帅慧敏:"杭州城市生产性服务业空间演化研究",《城市规划》,2008 年第 8 期。
105. 陈文福:"西方现代区位理论述评",《云南社会科学》,2004 年第 2 期。
106. 陈宪、黄建锋:"分工、互动与融合:服务业与制造业关系演进的实证研究",《中国软科学》,2004 年第 10 期。
107. 陈秀山、邵晖:"大都市生产者服务业区位选择及发展趋势——以北京市为案例的研究",《学习与实践》,2007 年第 10 期。
108. 陈彦光、刘继生:"城市形态分维测算和分析的若干问题",《人文地理》,2007 年第 3 期。
109. 陈殷、李金勇:"生产性服务业区位模式及影响机制研究",《上海经济研究》,2004 年第 7 期。
110. 陈勇、陈嵘、艾南山等:"城市规模分布的分形研究",《经济地理》,1993 年第 3 期。
111. 陈忠暖、闫小培:"区位模型在公共设施布局中的应用",《经济地理》,2006

年第 1 期。
112. 陈祖华:"金融中心形成的区位、集聚与制度探析",《学术交流》,2010 年第 5 期。
113. 程春生、魏澄荣:"闽台两地服务业合作的实证分析与发展对策",《国际贸易问题》,2009 年第 4 期。
114. 程大中、黄雯:"中国服务业的区位分布与地区专业化",《财贸经济》,2005 年第 7 期。
115. 程大中:《生产者服务论:兼并中国服务业发展与开放》,文汇出版社,2006 年。
116. 崔世林、龙毅、周侗等:"基于元分维模型的江苏城镇体系空间均衡特征分析",《地理科学》,2009 年第 2 期。
117. 代合治:"中国城市规模分布类型及其形成机制研究",《人文地理》,2001 年第 5 期。
118. 邓丽姝:"北京制造业和服务业的协调发展研究",《北京工商大学学报》(社会科学版),2006 年第 6 期。
119. 丁成日:《城市空间规划——理论、方法和实践》,高等教育出版社,2007 年。
120. 段杰、阎小培:"粤港生产性服务业合作发展研究",《地域研究与开发》,2003 年第 3 期。
121. 段学军、虞孝感、陆大道等:"克鲁格曼的新经济地理研究及其意义",《地理学报》,2010 年第 2 期。
122. 方创琳、宋吉涛、张蔷等:"中国城市群结构体系的组成与空间分异格局",《地理学报》,2005 年第 5 期。
123. 方远平、阎小培:"服务业区位论:概念、理论及研究框架",《人文地理》,2008 年第 5 期。
124. 方远平、阎小培:《大都市服务业区位理论与实证研究》,商务印书馆,2008 年。
125. 丰志勇、何骏:"中国生产性服务业迅速崛起的动因、空间及研究重点",《开发研究》,2008 年第 4 期。
126. 冯健、吴芳芳:"质性方法在城市空间研究中的应用",《地理研究》,2011 年第 11 期。
127. 高传胜、李善同:"中国服务业:短处、突破方向与政策着力点——基于中、美、日、德四国投入产出数据的比较分析",《中国软科学》,2008 年第 2 期。
128. 高传胜、刘志彪:"生产者服务与长三角制造业集聚和发展——理论、实证与潜力分析",《上海经济研究》,2005 年第 8 期。
129. 高春亮、乔均:"长三角生产性服务业空间分布特征研究",《产业经济研究》,2009 年第 6 期。
130. 高春亮:"文献综述:生产者服务业概念、特征与区位",《上海经济研究》,2005 年第 11 期。
131. 格鲁伯、沃克:《服务业的增长:原因和影响》,上海三联书店,1993 年。
132. 葛本中:"北京经济职能与经济结构的演变及其原因探讨(上)",《北京规划建设》,1996 年第 3 期。
133. 葛本中:"北京经济职能与经济结构的演变及其原因探讨(下)",《北京规划建设》,1996 年第 4 期。
134. 谷永芬、费军伟、李松吉:"长三角都市圈生产性服务业分工必要性研究",《商业研究》,2007 年第 12 期。
135. 顾乃华、毕斗斗、任旺兵:"中国转型期生产性服务业发展与制造业竞争力关系研究——基于面板数据的实证分析",《中国工业经济》,2006 年第 9 期。
136. 顾乃华:"服务业低效率体制的成因以及后果",《社会科学研究》,2006 年第 5 期。
137. 顾乃华:"生产性服务业发展趋势及其内在机制——基于典型国家数据的实证分析",《财经论丛》,2008 年第 2 期。
138. 顾乃华:"我国服务业对工业发展外溢效应的理论和实证分析",《统计研究》,2005 年第 12 期。
139. 管驰明、高雅娜:"我国城市服务业集聚程度及其区域差异研究",《城市发展研究》,2011 年第 2 期。
140. 郭海宏、卢宁、杨城:"粤港澳服务业合作发展的现状及对策思考",《中央财经大学学报》,2009 年第 2 期。
141. 郭怀英:"我国服务业政策的调整与创新",《宏观经济管理》,2006 年第 2 期。
142. 贺天龙、伍检古:"珠三角生产性服务业集聚的实证研究",《中国市场》,2010 年第 4 期。
143. 洪银兴:"城市功能意义的城市化及其产业支持",《经济学家》,2003 年第 2 期。

144. 胡霞:"集聚效应对中国城市服务业发展差异影响的实证研究",《财贸研究》,2007 年第 1 期。
145. 胡霞:《中国城市服务业发展差异研究》,经济科学出版社,2009 年。
146. 黄少军:《服务业与经济增长》,经济科学出版社,2000 年。
147. 江小涓、李辉:"服务业与中国经济相关性和加快增长的潜力",《经济研究》,2004 年第 1 期。
148. 姜磊:"政府规模与服务业发展——基于中国省级单位面板数据的分析",《产业经济研究》,2008 年第 3 期。
149. 蒋三庚、张杰:"中国主要 CBD 现代服务业发展特点",《首都经济贸易大学学报》,2009 年第 6 期。
150. 来有为:"全球生产性服务业的产业发展趋势",《对外经贸实务》,2009 年第 4 期。
151. 李非、蒋亚杰:"台湾生产者服务业区位分布影响因素研究",《厦门大学学报》(哲学社会科学版),2011 年第 1 期。
152. 李冠霖、任旺兵:"我国第三产业就业增长难度加大",《财贸经济》,2003 年第 10 期。
153. 李冠霖:《第三产业投入产出分析——从投入产出的角度看第三产业的产业关联与产业波及特性》,中国物价出版社,2002 年。
154. 李辉:"我国地区服务业发展影响因素研究",《财贸经济》,2004 年第 7 期。
155. 李江帆、毕斗斗:"国外生产服务业研究述评",《国外经济与管理》,2004 年第 11 期。
156. 李江帆:"第三产业的产业性质、评估依据和衡量指标",《华南师范大学学报》(社会科学版),1994 年第 3 期。
157. 李立勋、买买提江:"广州的生产服务业与 CBD 发展",《城市规划》,2011 年第 2 期。
158. 李美云:《服务业的产业融合与发展》,经济科学出版社,2007 年。
159. 李普峰、李同升:"西安市生产性服务业空间格局及其机制分析",《城市发展研究》,2009 年第 3 期。
160. 李善同、高传胜:《中国生产者服务业发展与制造业升级》,上海三联书店,2008 年。
161. 李文秀、胡继明:"中国服务业集聚实证研究及国际比较",《武汉大学学报》

(哲学社会科学版),2008 年第 12 期。
162. 李小建、李国平、曾刚等:《经济地理学》,高等教育出版社,2008 年。
163. 李学鑫、苗长虹:"城市群产业结构与分工的测度研究——以中原城市群为例",《人文地理》,2006 年第 4 期。
164. 林其屏:"闽台服务业合作和服务贸易发展的探讨",《亚太经济》,2007 年第 3 期。
165. 林彰平、闫小培、方远平:"东莞市金融服务业分散化空间格局——企业金融服务消费行为视角",《地理研究》,2007 年第 1 期。
166. 林彰平、闫小培:"转型期广州市金融服务业的空间格局变动",《地理学报》,2006 年第 8 期。
167. 刘畅、吴国蔚:"北京与台湾服务业比较分析",《对外经贸实务》,2008 年第 10 期。
168. 刘继生、陈彦光:"城市地理学的分形研究的回顾与前瞻",《地理科学》,2000 年第 2 期。
169. 刘佳、陈瑛:"生产性服务业空间集聚特征研究——以西安市为例",《贵州师范大学学报》(自然科学版),2009 年第 4 期。
170. 刘家顺、杨洁、孙玉娟:《产业经济学》,中国社会科学出版社,2006 年。
171. 刘曙华、沈玉芳:"生产性服务业的区位驱动力与区域经济发展研究",《人文地理》,2007 年第 1 期。
172. 刘新民:"我国服务业发展滞后的原因和政策建议",《经济研究参考》,2004 年第 39 期。
173. 刘云刚:"中国资源型城市的职能分类与演化特征",《地理研究》,2004 年第 1 期。
174. 刘志彪:"发展现代生产者服务业与调整优化制造业结构",《南京大学学报》(哲学·人文科学·社会科学),2006 年第 5 期。
175. 刘治:"促进我国服务业加快发展的政策措施",《宏观经济研究》,2007 年第 11 期。
176. 刘重:"京津冀经济区服务业发展的非均衡性与协调发展",《天津行政学院学报》,2006 年第 2 期。
177. 卢明华、李国平、孙铁山:"东京大都市圈内各核心城市的职能分工及启示研究",《地理研究》,2003 年第 2 期。
178. 陆大道、刘毅、樊杰:"我国区域政策实施效果与区域发展的基本态势",《地理学报》,1999年第6期。

179. 陆大道:《中国区域发展的理论与实践》,科学出版社,2003年。
180. 吕拉昌、闫小培:"服务业地理学的几个基本理论问题",《经济地理》,2005年第1期。
181. 吕晓蔚:"全球金融中心的分类和区位布局",《特区经济》,2007年第7期。
182. 吕政、刘勇、王钦:"中国生产性服务业发展的战略选择——基于产业互动的研究视角",《中国工业经济》,2006年第8期。
183. 马凤华、刘俊:"我国服务业地区性集聚程度实证研究",《经济管理》,2006年第23期。
184. 马凤华:"珠三角地区服务业发展差异与分工选择",《广东工业大学学报》(社会科学版),2011年第2期。
185. 马健:"产业融合与融合产品的需求增长——基于修正的Bass模型的分析",《当代财经》,2005年第2期。
186. 马立行:"现行土地政策调整及其对现代服务业发展的支持",《上海经济研究》,2010年第5期。
187. 倪鹏飞:"中国城市服务业发展假设与验证",《财贸经济》,2004年第7期。
188. 聂清:"生产者服务业与制造业关联效应研究",《国际商务研究》,2006年第1期。
189. 宁越敏:"上海市区生产服务业及办公楼区位研究",《城市规划》,2000年第8期。
190. 潘朝相、徐玲:"长三角区域的生产性服务业空间集聚与体系构建",《中国科技论坛》,2008年第12期。
191. 潘海岚:"中国服务业发展的政策变迁及效应评析",《北京工商大学学报》(社会科学版),2009年第5期。
192. 彭迪云、李林:"中部地区生产性服务业发展的分工协作机制初探",《江西社会科学》,2011年第5期。
193. 浦军、李荧琳:"拉美国家发展服务业的政策",《拉丁美洲研究》,2010年第6期。
194. 秦波、王新峰:"探索识别中心的新方法——以上海生产性服务业空间分布为例",《城市发展研究》,2010年第6期。
195. 邱灵、申玉铭、任旺兵:"北京生产性服务业与制造业的关联及空间分布",《地理学报》,2008年第12期。

196. 任旺兵、刘中显:《我国制造业发展转型期生产性服务业发展问题》,中国计划出版社,2008年。
197. 任旺兵:《我国服务业发展的国际比较与实证研究》,中国计划出版社,2005年。
198. 任英华、游万海、徐玲:"现代服务业集聚形成机理空间计量分析",《人文地理》,2011年第1期。
199. 尚慧丽:"提升区域服务业竞争力的对策研究",《经济纵横》,2010年第1期。
200. 邵晖:"北京市生产者服务业聚集特征",《地理学报》,2008年第12期。
201. 申玉铭、邱灵、任旺兵等:"我国服务业发展的基本特征与空间差异研究",《人文地理》,2007年第6期。
202. 申玉铭、邱灵、任旺兵等:"中国服务业空间差异的影响因素与空间分异特征",《地理研究》,2007年第6期。
203. 申玉铭、邱灵、尚于力等:"京沪生产性服务业比较研究",《地理研究》,2009年第2期。
204. 申玉铭、邱灵、王茂军等:"中国生产性服务业产业关联效应分析",《地理学报》,2007年第8期。
205. 沈玉芳、刘曙华、张婧等:"长江三角洲生产性服务业的空间分布特征分析",《资源开发与市场》,2010年第3期。
206. 宋吉涛、方创琳、宋敦江:"中国城市群空间结构的稳定性分析",《地理学报》,2006年第12期。
207. 孙鹏、王兴中:"西方国家社区环境中零售业微区位论的一些规律(二)",《人文地理》,2002年第3期。
208. 孙鹏、王兴中:"西方国家社区环境中零售业微区位论的一些规律(一)",《人文地理》,2002年第2期。
209. 孙钰、姚晓东:"城市服务业发展的国际比较——天津与巴黎的对比研究",《东北财经大学学报》,2006年第2期。
210. 谈明洪、范存会:"Zip维数和城市规模分布的分维值的关系探讨",《地理研究》,2004年第2期。
211. 谈明洪、吕昌河:"以建成区面积表征的中国城市规模分布",《地理学报》,2003年第2期。
212. 汤国安、杨昕:《ArcGIS地理信息系统空间分析实验教程》,科学出版社,

2006年。

213. 唐钰岚:"国际化大都市与生产性服务业集聚",《世界经济与政治》,2004年第11期。
214. 陶纪明:《上海生产者服务业的空间集聚》,格致出版社,2009年。
215. 田光进、贾淑英:"中国城市职能结构的特征研究",《人文地理》,2004年第4期。
216. 田文祝、周一星:"中国城市体系的工业职能结构",《地理研究》,1991年第1期。
217. 王德利、方创琳:"中国跨区域产业分工与联动特征",《地理研究》,2010年第8期。
218. 王贵全:"论生产性服务对贸易格局的影响",《亚太经济》,2002年第2期。
219. 王海江、苗长虹:"我国中心城市对外服务能力的空间格局",《地理研究》,2009年第4期。
220. 王缉宪:《中国港口城市互动与发展》,东南大学出版社,2010年。
221. 王劲峰、廖一兰、刘鑫:《空间数据分析教程》,科学出版社,2010年。
222. 王俊豪:《政府管制经济学导论——基本理论及其在政府管制实践中的应用》,商务印书馆,2001。
223. 王泉泉:"中国与印度服务业比较:竞争力及其影响因素",《对外经济贸易大学学报》(国际商务版),2007年第4期。
224. 王群、丁祖荣、章锦河等:"旅游环境游客满意度的指数测评模型——以黄山风景区为例",《地理研究》,2006年第1期。
225. 王如渊、李燕茹:"深圳中心商务区的区位转移及其机制",《经济地理》,2002年第3期。
226. 王小平、陈永国:"基于大梯度极差理论的生产性服务业协作政策研究——以京津冀经济圈为例",《经济与管理》,2008年第1期。
227. 魏作磊、胡霞:"发达国家服务业需求结构的变动对中国的启示——一项基于投入产出表的比较分析",《统计研究》,2005年第5期。
228. 吴智刚、段杰等:"广东省生产性服务业的发展与空间差异研究",《华南师范大学学报》(自然科学版),2003年第3期。
229. 仵宗卿、戴学珍、杨吾扬:"帕雷托公式重构及其与城市体系演化",《人文地理》,2000年第1期。
230. 夏传文、刘亦文:"长株潭城市群服务业竞争力的实证分析",《人文地理》,

2010 年第 3 期。

231. 夏杰长、李勇坚、刘奕等:《迎接服务经济时代来临》,经济管理出版社,2010 年。

232. 夏杰长:"我国服务业发展的实证分析与财税政策选择",《经济与管理研究》,2007 年第 2 期。

233. 徐学强、周一星、宁越敏:《城市地理学》,高等教育出版社,2009 年。

234. 许江萍、张洪:《我国新型服务业发展政策研究》,中国计划出版社,2003 年。

235. 许媛、李靖华、盛亚:"长江三角洲生产性服务业分工布局研究——以软件产业为例",《科技进步与对策》,2009 年第 7 期。

236. 宣国富、徐建刚、赵静:"基于 ESDA 的城市社会空间研究——以上海市中心城区为例",《地理科学》,2010 年第 1 期。

237. 薛立敏、王素弯等:《生产性服务业与制造业互动关系之研究》,台湾中华经济研究院,1993 年。

238. 闫小培、钟韵:"区域中心城市生产性服务业的外向功能特征研究——以广州市为例",《地理科学》,2005 年第 5 期。

239. 闫小培、许学强:"广州城市基本—非基本经济活动的变化分析——兼释城市发展的经济基础理论",《地理学报》,1999 年第 4 期。

240. 闫小培、姚一民:"广州第三产业发展变化及空间分布特征分析",《经济地理》,1997 年第 17 期。

241. 闫小培:"广州信息密集服务业的空间发展及其对城市地域结构的影响",《地理科学》,1999 年第 5 期。

242. 闫小培:"信息产业的区位因素分析",《经济地理》,1996 年第 1 期。

243. 杨亚琴、王丹:"国际大都市现代服务业集群发展的比较研究——以纽约、伦敦、东京为例的分析",《世界经济研究》,2005 年第 1 期。

244. 叶立梅:"我国金融中心的区位条件分析",《地理科学》,1993 年第 1 期。

245. 易虹、叶嘉安:"广州市生产服务业发展初期空间格局形成机理研究",《城市规划学刊》,2011 年第 1 期。

246. 余佳、丁金宏:"全球化、新国际劳动分工与全球城市的崛起",《华东师范大学学报》(哲学社会科学版),2007 年第 5 期。

247. 袁瑞娟:"长三角城市群现代服务业一体化发展浅析",《改革与战略》,2009 年第 6 期。

248. 曾慧琴:"服务贸易对服务业和经济增长的影响研究——基于 OECD 国家面板协整检验的实证分析",《开发研究》,2009 年第 4 期。
249. 张诚、赵奇伟:"中国服务业外商直接投资的区位选择因素分析",《财经研究》,2008 年第 12 期。
250. 张景秋、陈叶龙:"北京城市办公空间的行业分布及集聚特征",《地理学报》,2011 年第 10 期。
251. 张可云:《区域经济政策》,商务印书馆,2005 年。
252. 张克:"武汉与上海两地服务业发展比较",《商业时代》,2009 年第 17 期。
253. 张林、刘继生:"信息时代区位论发展的新趋势",《经济地理》,2006 年第 2 期。
254. 张明海、盛维:"什么因素影响生产者服务业的区位选择——对外资生产者服务业国际转移区位选择影响因素的调查",《科学发展》,2009 年第 12 期。
255. 张三峰:"我国生产者服务业城市集聚度测算及其特征研究——基于 21 个城市的分析",《产业经济研究》,2010 年第 3 期。
256. 张世贤:"工业投资效率与产业结构变动的实证研究——兼与郭克莎博士商榷",《管理世界》,2000 年第 5 期。
257. 张旺、申玉铭、周跃云:"长株潭城市群生产性服务业集聚的空间特征",《热带地理》,2011 年第 4 期。
258. 张文忠、刘旺:"北京市住宅区位空间特征研究",《城市规划》,2002 年第 2 期。
259. 张文忠:"大城市服务业区位理论及其实证研究",《地理研究》,1999 年第 3 期。
260. 张亚斌、刘靓君:"生产性服务业对我国经济增长的影响研究——基于东、中、西部面板数据的实证分析",《世界经济与政治论坛》,2008 年第 4 期。
261. 赵弘:"全球生产性服务业发展特点、趋势及经验借鉴",《福建论坛》(人文社会科学版),2009 年第 9 期。
262. 赵群毅、谢从朴、王茂军等:"北京都市区生产者服务业地域结构",《地理研究》,2009 年第 5 期。
263. 赵群毅、周一星:"北京都市区生产者服务业的空间结构——兼与西方主流观点的比较",《城市规划》,2007 年第 5 期。
264. 赵群毅:"北京生产者服务业空间变动的特征与模式——基于单位普查数

据的分析",《城市发展研究》,2007年第4期。
265. 赵莹:"我国省级地区服务业竞争力评价",《统计与决策》,2005年第9期。
266. 甄峰、刘慧、郑俊:"城市生产性服务业空间分布研究:以南京为例",《世界地理研究》,2008年第3期。
267. 郑吉昌、夏晴:"论生产性服务业的发展与分工的深化",《科技进步与对策》,2005年第2期。
268. 郑吉昌:"服务业革命:中国的战略意义与政策取向",《产业经济研究》,2003年第4期。
269. 郑吉昌:"全球产业与市场整合下的服务业国际化",《中国软科学》,2004年第5期。
270. 植草益:"信息通讯业的产业融合",《中国工业经济》,2001年第2期。
271. 钟韵、闫小培:"改革开放以来香港生产性服务业对广州同行业的影响",《地理研究》,2006年第1期。
272. 钟韵:"广州市生产性服务业规模体系结构与空间布局结构——总部经济浪潮中的思考",《热带地理》,2009年第6期。
273. 钟韵:《区域中心城市与生产性服务业发展》,商务印书馆,2007年。
274. 周一星、R.布雷德肖:"中国城市(包括辖县)的工业职能分类——理论、方法和结果",《地理学报》,1988年第4期。
275. 周一星、孙则昕:"再论中国城市的职能分类",《地理研究》,1997年第1期。
276. 周一星:《城市地理学》,商务印书馆,1995年。
277. 周振华、陈向明、黄建富:《世界城市——国际经验与上海发展》,上海社会科学院出版社,2004年。
278. 周振华:"新型工业化道路:工业化与信息化的互动与融合",《上海经济研究》,2002年第12期。
279. 周振华:《产业政策的经济理论系统分析》,中国人民大学出版社,1991年。
280. 朱瑞博:"价值模块整合与产业融合",《中国工业经济》,2003年第8期。
281. 朱有为、张向阳:"国际制造业与服务业向中国转移的协同关系分析",《中国软科学》,2005年第10期。